스포츠 PR 커뮤니케이션

저자 김봉경

상지대학교 체육학과 졸업
상지대학교 대학원 체육학 석사
숙명여자대학교 대학원 체육학 박사

현) 남서울대학교 스포츠경영학과 조교수
　　한국스포츠산업경영학회 이사
　　한국체육정책학회 편집위원
　　한국사회체육학회 논문 심사위원
　　한국체육학회 논문 심사위원

저서: 『논문작성법』, 『Sport Sponsorship』, 『프로스포츠경영』

E-mail 주소: kbg4340@nsu.ac.kr

스포츠 PR 커뮤니케이션

2017년 7월 25일 초판 인쇄
2017년 7월 30일 초판 발행

지은이 | 김봉경
교정자 | 정난진
펴낸이 | 이찬규
펴낸곳 | 북코리아
등록번호 | 제03-01240호
주소 | 462-807 경기도 성남시 중원구 상대원동
　　　146-8 우림2차 A동 1007호
전화 | 02)704-7840
팩스 | 02)704-7848
이메일 | sunhaksa@korea.com
홈페이지 | www.북코리아.kr
ISBN | 978-89-6324-556-0(93690)

값 18,000원

스포츠 PR 커뮤니케이션
SPORT PR COMMUNICATION

김봉경 지음

:: 머리말

우리나라는 해방 이후 70여 년 동안 국민 전체가 경제적 발전을 위해 노력해왔고, 그 결과 세계적으로 놀라운 성장을 이뤘다. 스포츠 분야 또한 프로리그가 출범한 지 35년 동안 수익을 올리기 위해 마케팅에 대한 투자를 크게 늘려 프로야구 800만 관중의 흥행을 올리고 있다.

그러나 이러한 빠른 성장에 비해 스포츠 분야에서 체계적인 PR에 대한 방식은 아직까지 마련되어 있지 않은 것이 현실이다. 이와 같은 PR 의식의 부족은 스포츠선수의 약물 파동이나 해외 원정도박, 승부조작 등 사회적 문제가 되고 있다.

이러한 상황에서 볼 때 1988년 서울올림픽과 2002년 한·일월드컵, 2011년 대구세계육상선수권대회, 2018년 평창동계올림픽 등의 메가 스포츠이벤트 개최와 함께 우리나라의 경제적인 성장을 가져왔고, 세계적인 시각으로 변하면서 이제는 우리나라의 스포츠 분야에서도 스포츠 PR 활동의 필요성이 더욱 강조되는 시점이라고 할 수 있다.

이를 위해서는 먼저 PR에 대한 올바른 인식 변화가 요구된다. 왜냐하면 PR 활동이 광고와 선전 같은 다른 커뮤니케이션에 비해 공신력이 있고, 비교적 저렴한 비용으로 효과적인 메시지를 전달할 수 있는 수단이기 때문이다. 특히, PR이 커뮤니케이션 도구로서 적극적으로 활용되기 위해서는 무엇보다 스포츠 경영층이 이와 같은 사실을 먼저 깨닫는 것이 중요하다. 우리는 흔히 PR을 홍보와 광고, 선전 등으로 표현하기도 하는데, 이것들이 의미하는 내용은 확실히 구분된다. 이러한 내용에 대해 과거 한국홍보학회는 '한국PR학회'로 명칭을 변경하고 PR(public relations)과 커뮤니케이션, 공중관계를 연구하는 학술단체라고 설명하고 있다.

그러나 아직도 스포츠 분야의 많은 사람들은 PR과 홍보, 광고, 선전을 혼용하여 스포츠 이벤트나 스포츠 마케팅 분야에서 사용하는 경우를 볼 수 있다. 효과적으로 스포츠 발전을 이루기 위해서는 명확한 PR의 이해와 함께 내부 공중인 종업원, 투자자와 외부 공중인 고객, 기증자, 정부, 지역사회, 언론 등과의 관계에서 PR 커뮤니케이션을 통한 노력으로 상호 일관성 있는 적합관계를 유지해야 한다.

따라서 이 책에서는 PR과 광고, 선전에 대한 차이에 대해 설명하고 스포츠 분야의 PR 커뮤니케이션에 대한 올바른 인식과 이해를 돕고자 하는 목적으로 1장에서는 PR에 대한 혼란과 과장된 설명을 벗겨냄으로써 PR의 개념을 확실히 하고자 그 본질에 대해 살펴보았고, 2장에서는 PR이 사회·문화·역사적으로 어떤 영향을 받고 성장했는지를 알기 위해 PR의 기원과 발달을 정리했으며, 3장에서는 스포츠 조직이 공중과의 관계에서 커뮤니케이션과 퍼블리시티를 기본으로 하는 PR에 대해 설명했다. 그리고 4장에서는 설득을 통해 태도변화를 가져오고 여론이라는 힘을 형성하는 PR과 설득·여론에 대해 알아보았고, 5장에서는 PR 활동이 어떻게 전개되어가고 의도한 대로 성취되는지에 대한 PR의 과정을 살펴보았으며, 6장에서는 스포츠 조직의 위기 발생 시 대처방법을 위한 위기관리 PR에 대해 정리했다. 또한 7장에서는 내부 공중 관계 커뮤니케이션을 알아보았고, 8장에서는 외부 공중 관계 커뮤니케이션으로 나누어 요인들 간의 상호 일관성 있는 적합한 관계에 대한 내용으로 구성했다. 마지막으로 9장에서는 현대의 커뮤니케이션이 인쇄, 음성, 영상, 디지털 매스미디어를 도구로 하여 포괄적인 사회공론의 장을 확대하고 있으므로 합의, 협상, 조정 등의 기능을 극대화하는 상황에 대한 구체적인 내용을 살펴보았다.

이 책은 우리나라의 스포츠가 향후 장기적으로 바람직한 방향으로 발전하기를 바라는 마음에서 스포츠 분야의 PR 커뮤니케이션에 대해 바람직한 정보를 제공하고자 노력했으니 부족하더라도 부디 넓은 마음으로 이해해주시기를 바라며, 이 책을 접하는 독자들에게 조금이라도 도움이 되어 의미 있는 작업이었기를 간절히 바라는 마음이다.

끝으로 이 책의 편집과 출판을 위해 도와주신 분들께 진심으로 감사의 말씀을 드린다.

저자 씀

:: 차례

제1장
PR의 본질

PR에 대한 혼란과 과장된 설명을 벗겨내고 광고와 선전과의 차이점을 확실히 나타내어
스포츠 조직에서 활동하는 PR에 대한 개념을 확실히 하고자 그 본질을 살펴본다.

    스포츠 조직이 성공할수록 이들 구성원에 속하는 고용인과 투자자, 고객, 기부자, 정부, 언론, 지역사회와의 PR(public relations)에 더욱 주의를 기울여야 한다. 그러나 현대에는 PR을 다른 사람에게 잘 보이기 위한 과장, 과시, 책략, 속임수로 잘못 이해하고 매스미디어를 통해 상업적으로 이용하기 때문에 고객으로부터 허위와 불신을 가져와 대중이 조직을 신뢰하기가 어렵게 되었다. 그렇기 때문에 스포츠 조직이나 개인이 사업에서 판매를 촉진시키기 위해, 경력을 늘리기 위해, 자신을 알리기 위해, 남에게 인정받기 위해, 명성을 지키기 위해, 주장을 더욱 효과적으로 펼치기 위한 PR의 기능을 높이려면 PR에 대한 혼란과 과장의 잘못된 설명을 벗겨내는 것이 필요하다.

    흔히 PR이라고 하면 주로 퍼블리시티(publicity), 즉 언론 홍보를 떠올리고 PR과 광고를 같은 범주로 생각하기도 하는데, 둘은 엄연히 다른 내용이거나 포함되는 내용으로 이해해야 한다. 따라서 이 장에서는 PR의 개념을 확실히 하기 위한 내용을 소개하고, 홍보와 광고의 차이점에 대해 그 본질을 살펴보며, PR이 현대사회에 가져다줄 수 있는 힘이 무엇인지를 알아보고자 한다.

1. PR의 정의

PR(public relations)이라는 용어는 1882년 미국 예일대학교 졸업식에서 도먼 이튼(Dorman Eaton)이라는 변호사가 처음 사용한 말로서 '선을 베풀다'라는 의미로 쓰였다. 영국의 여론연구소(british institute of public opinion)는 PR이란 "조직과 공중 사이에 상호 이해를 확립하고 유지하기 위해 행해지는 의도적이고 계획적이며 지속적인 활동"이라고 정의하고 있다.

그리고 1976년 할로(Harlow)는 매니지먼트의 기능을 강조하면서 "조직과 공중 사이에 이해와 협조를 바탕으로 한 쌍방적 커뮤니케이션의 일환으로서 경영상의 기능적 활동"이라고 했다. 현재 우리나라에서 PR은 '홍보'라는 말로 번역되어 사용되고 있다.

PR은 19세기 후반부터 미국을 중심으로 설득 커뮤니케이션의 한 유형으로 활용되기 시작했다. 미국의 공공정보위원회는 전국적인 선전 캠페인을 통해 제1차 세계대전 참전을 지지하는 여론형성을 책임지고 있었다. 이 시기에 PR은 사람들에게 영향을 미치기 위한 퍼블리시티(publicity) 활동으로 이해되었다. 그러나 제2차 세계대전이 끝난 후 수십 년 동안 PR은 설득적 퍼블리시티로서의 초기 개념으로 시작하여 쌍방 커뮤니케이션, 상호관계 및 조직 행동의 개념들을 수용하게 되었다. PR은 조직과 공중 간의 상호 커뮤니케이션, 이해, 용인과 협력을 도모하고 유지하는 데 도움을 주는 특수한 경영 기능이다. PR은 문제나 쟁점을 관리하고, 경영진으로 하여금 여론을 인지하여 이에 반응을 보이도록 돕고, 조기 경고체계로 작용하면서 경영자로 하여금 주위환경의 변화를 관찰하고 그 변화를 효과적으로 이용하도록 돕는다.

그리고 다른 학자들도 PR의 정의를 내리고 있다. 커틀립과 센터 (Cutlip & Center, 1978)는 자신들의 저서에서 PR을 "상호 만족할 만한 쌍방 커뮤니케이션을 기초로 사회적으로 책임 있고 수용될 수 있는 행동을 통해 여론에 영향을 미치기 위한 계획된 노력"으로 정의를 내리고 있다. 그루닉과 헌트(Grunig & Hunt, 1984)는 PR을 "조직과 공중 간의 커뮤니케이션 관리"로 규정했다. 이와 같이 PR은 설득 커뮤니티에서 쌍방향 커뮤니티와 서로 간의 상호작용으로 변화되어왔다. 물론 설득 커뮤니티도 아직 많이 사용되고 있지만, PR은 대부분 "상호 호혜적 관계를 유지하기 위해 조직과 다양한 공중 사이의 커뮤니케이션을 구축하고 유지하는 역할을 한다"고 규정한다.

또한, 1978년 멕시코 전 세계 PR인의 모임에 의하면 "PR은 트렌드를 분석하고, 그 결과를 예측하며, 조직의 리더십에 대한 카운슬링을 제공하고, 조직과 대중의 이익에 모두 부합하는 계획된 실행 프로그램을 수행하는 예술이며 사회과학"이라고 정의했고, 영국 PR협회는 "PR은 조직과 대중 사이에 신뢰와 상호이해를 확립하고 유지하기 위한 계획적이고 일관된 노력"이라고 했으며, 미국 PR협회는 "PR은 조직과 대중이 서로 적응할 수 있도록 돕는 것이며 여러 그룹에 속한 사람들의 협력을 얻기 위한 조직의 노력이자, 주요 대중과 효과적으로 상호작용하고 커뮤니케이션하는 것을 돕는 행위"라고 했다. 따라서 PR을 정의하면 "조직과 공중 사이의 호혜적 관계를 목적으로 사용되는 조직 자체의 제반 커뮤니케이션 활동과 그를 대행하거나 조력하는 활동"이라고 할 수 있다(Harlow, 1942).

이와 같은 모든 정의는 결국 '커뮤니케이션(communication)'으로 요약된다고 할 수 있다. 즉, PR은 본질적으로 상호이해의 커뮤니케이션이다. PR은 조직이 공중에게 메시지를 전달하고 설득하는 활동일 뿐만 아니라 공중의 관심사를 이해하고 추적하는 활동을 포함하는 쌍방향 커뮤니케이션 활동이다.

공중은 자신들의 관심사에 맞는 조직을 선택하고 이슈를 지각하여 이슈에서 이익을 증진시키기 위해 이슈를 창출할 수 있는 스포츠 조직을 선택하는데, 이때 조직의 PR 활동은 적극적으로 행동하는 공중과 수동적으로 행동하는 공중인 두 가지 공중과 커뮤니케이션해야 한다.

먼저 적극적으로 행동하는 공중은 문제에 맞선 수단이 무엇인가를 생각하고 행동하며 조직에 반응을 보인다. 반면에 수동적으로 행동하는 공중은 아무것도 하지 않거나 호기심이 자극될 때만 문제를 보며 제약을 생각한다.

그중에서도 적극적인 스포츠 공중은 스포츠 스타들을 역할 모델로 만들어 이들의 삶을 모방하기도 하고, 스포츠를 삶의 질을 높일 수 있는 수단으로 여겨 웰빙 열풍과 함께 스포츠 문화 확대에 큰 영향을 미치기도 한다.

다시 말해, 적극적인 공중은 사회적 관계를 중시하고 폭넓은 대인관계를 유지하며, 스포츠뿐만 아니라 정치, 경제, 사회, 문화, 재테크 등 다양한 영역에서 수동적인 공중보다 관심이 높은 편이며, 매사에 조직의 PR에 대한 주목과 호응이 높다.

따라서 PR 활동은 피고의 유죄나 무죄에 대해 배심원을 설득하려는 변호인과 같이 두 가지 대중 모두와 커뮤니케이션하여 조직과 공중 모두 유익하게 하는 것이 PR의 역할이다.

그러나 과거 우리나라에서 미국 수입 쇠고기 파동과 같이 대중에게 '메시지 집중포격'을 쏟아붓는다면 대규모 여론 조작 효과를 가져올 위험이 있다. 그렇기 때문에 공중은 이에 대한 방어 수단으로 인터넷, 위성방송, 공중파, 케이블 등 시장 자유화로 상업적인 성장을 하고 있는 매스미디어에 대해 올바르게 판단할 수 있는 능력을 키워야 한다. 공중의 이러한 능력은 조직이 더 이상 상업적 이익을 위한 거짓된 상술이 아닌 공중문화의 핵심에 놓여 있는 스포츠가 미디어의 '스포츠 스타', '유명인'을 이용한 경영이나 캠페인 또는 엔터테인먼트의 한 요소로서 PR 활동으로 발전시키는 환경이 되어야 한다.

결국, PR은 스포츠 조직이 공중과의 관계에서 신뢰를 형성하고 목표공중의 이해와 이익에 합치되어야 하며, 계속적인 쌍방 커뮤니케이션을 활용한 대화 관계를 유지해야 한다. 그리고 진실한 커뮤니케이션 공개 원칙이 뒷받침되어야 한다.

PR은 스포츠 조직이 공중(public)과의 관계 속에서 좋은 이미지를 구축하기 위해 '좋은 것을 좋다'라고 보여주는 모든 활동이므로 공중 관계 고객(현재 고객, 잠재적 고객)에게 직접적 영향을 줄 수 있는 주변인(투자자, 조직의 구성원, 공급업체, 유통업체, 정부/정치권, 기타 기업의 유지와 발전을 위해 필요한 그룹, 언론, 시민단체, 금융권 등)이 공중 관계 고객과 좋은 관계를 형성하여 유지하고, 위기를 방지하거나 관리할 수 있게 하며, 기업과 스포츠 조직 브랜드의 좋은 이미지를 심어나가야 한다.

실재(reality), 이상(ideal), 기대(expectation), 희구(aspiration)

2. 이미지

　PR은 명성, 속성, 태도, 지각, 신념, 신뢰를 포함하는 여러 가지 개념을 통합한 약칭으로 '이미지(image)'라는 용어를 사용한다. 조직의 목적을 위한 이미지는 그 조직의 제품 또는 서비스에 대한 대중의 지각이 집합된 것을 말하는데, 조직이 가장 중요하게 생각하는 것은 조직의 현재 이미지이지만, 그에 못지않게 중요한 것은 희망하는 이미지, 즉 자사의 이미지가 가까운 미래에 어떻게 비치기를 원하느냐 하는 것이다.

　이미지는 견고한 실재(reality)에 바탕을 두고 있을 때 관련된 사람 모두에게 만족스러울 수 있다.

　명성 높은 스포츠 조직이 강력하고 오래 지속되는 이미지를 만들

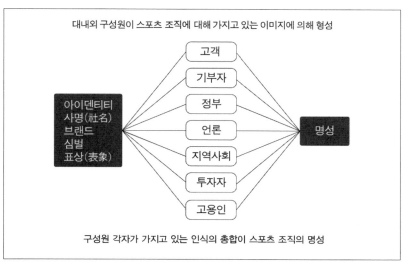

대내외 구성원이 스포츠 조직에 대해 가지고 있는 이미지에 의해 형성

| 아이덴티티
사명(社名)
브랜드
심벌
표상(表象) | 고객 / 기부자 / 정부 / 언론 / 지역사회 / 투자자 / 고용인 | 명성 |

구성원 각자가 가지고 있는 인식의 총합이 스포츠 조직의 명성

출처: Paul, A. A. & Janis, F. (2006). 기업홍보의 힘 자료를 기초로 재구성

그림 1-1 | 이미지, 아이덴티티, 명성

어낼 수 있는 요인은 조직이 만들어내는 아이덴티티와 대중이 갖고 있는 전반적인 이미지의 일관성, 스포츠 조직의 아이덴티티와 구성원들이 조직에 대해 가지고 있는 이미지와의 일치성이다.

1) 아이덴티티

스포츠 조직은 원하는 이미지를 추구하는 과정에서 회사의 상징으로 로고, 유니폼, 건물 형태, 심벌 등과 같이 구체적인 형태로 확장된다.

스포츠 조직이 아이덴티티(identity)를 창조하는 접근법을 보면 아래와 같다.

① 업무처리 방식에 반영된 가치
② 명성을 최대한 활용하는 브랜드
③ 아이덴티티가 보강해줄 수 있는 서비스의 성격
④ 일관성과 신뢰성을 보증할 수 있는 조직의 연혁과 구조
⑤ 사회적 책임을 강조하는 스폰서십
⑥ 즉각 인지할 수 있는 일관된 디자인

아이덴티티란 스포츠 조직의 실체를 외부에 구체적으로 드러내는 것이다. 때로는 비주얼적이기도 한 이러한 아이덴티티에는 스포츠 조직의 이름이나 제품명, 브랜드, 심벌, 기타 표상, 기부나 후원 행위, 그리고 가장 중요한 것으로 스포츠 조직의 비전 등이 포함된다. 스포츠 조직이 이러한 실체를 어떻게 구축해나가는가에 따라 조직의 각

구성원이 이를 수용하고 자신들이 조직과 연계되어 있다는 인식을 가질지의 여부가 결정된다. 스포츠 조직의 비전은 조직 내부의 경영진

표 1-1 | 조직의 아이덴티티 매뉴얼 구성요소

구분	구성요소	설명
MI	조직이념	조직이 사회에서 추구해야 할 가치, 창립자의 의지
	경영철학	경영자가 기업경영을 위해 최우선으로 두는 경영이념
	사명(mission)	조직의 존재이유를 위해 지켜야 할 임직원의 의무
	조직비전	궁극적으로 추구하고자 하는 조직의 미래 모습
	임직원 정신	임직원이 조직 사명과 비전을 성취하기 위해 지켜야 할 정신
VI	조직 명칭	회사의 명칭으로 조직의 사업내용과 철학, 조직이념 등이 내재되어 있음
	로고(logo)	조직을 표현하는 문자와 기호
	심벌(symbol)	조직을 표현하는 상징적인 도형이나 기호
	조직 색상 (corporate color)	조직의 이념이나 비전을 표현해주는 일관된 색상
	캐릭터(character)	조직을 친근감 있게 나타내거나 의인화하기 위해 표현하는 상징물, 일러스트, 그래픽 등
	아이콘(icon)	조직을 대표할 수 있는 기호나 표식, 상징
BI	임직원 실천강령	임직원이 조직 활동을 하는 데 반드시 지켜야 할 규율
	슬로건(slogan)	조직의 목표나 사기진작을 위한 표어나 문구
	사가 (corporate song)	조직정신을 표현하기 위한 기업의 노래
	사훈	조직의 창립 이념이나 사명을 나타낸 문구
	사원예절	임직원이 사내외 고객에게 기본적으로 지켜야 할 예절이나 에티켓

출처: 김태욱(2009). 똑똑한 홍보팀을 만드는 실전 홍보세미나 자료를 기초로 재구성

이나 외부 환경에 좌우되어서는 안 되며, 스포츠 조직이 추구하는 핵심 가치와 일치하여 핵심 가치의 지원을 받아야 한다.

스포츠 조직 아이덴티티(corporate identity)를 고객이나 기부자 등과 같은 외부 구성원들이 그 기업에 대해 가지는 이미지와 일치시키려면, 우선 내부 종업원들의 소속감을 강화시키기 위해 스포츠 조직의 비전과 사명을 확고하게 알도록 해야 한다. 내부 구성원들로부터 퍼져 나온 이러한 소속감은 고객과 기부자, 나아가서는 지역사회와 언론 전반에까지 영향을 미치는 데 도움이 된다(Paul & Janis, 2006).

스포츠 조직의 아이덴티티는 일반적으로 MI(mind identity), VI(visual identity), BI(behavior identity)의 3가지 요소로 이뤄지는데 사전적인 의미로 '정체성', '동일성'이라는 뜻을 가지고 있는 조직의 아이덴티티를 정의하면 "조직의 차별화된 핵심특성이나 콘셉트"로 이해해야 하고 '~다움'이라고 보아야 할 것이다(김태욱, 2009).

조직의 아이덴티티가 국내에 적극적으로 도입된 시기는 대략 30년 전인 1988년 서울올림픽 전후로 볼 수 있다. 1970년대를 거쳐 1980년대 초반까지만 해도 우리나라 조직들은 수출드라이브 정책으로 인한 급속한 산업성장에 매진하고 있어 '조직문화'라는 개념보다는 생산성을 중심으로 많은 발전을 이룬 시기였다고 볼 수 있다. 그 시기를 지나 우리나라의 조직들은 대기업을 중심으로 비로소 조직문화 개념이 서서히 싹트기 시작하면서 생산성 위주의 정책이 종업원 복지, 조직문화 등 종업원중심, 문화중심으로 변화하게 되었다.

2) 명성(reputation)

이미지가 직접 접촉하지 않고 원거리에서 형성된 스포츠 조직의 신념을 바탕으로 형성된 것을 말한다면, 명성은 고객의 질문에 대한 직원의 처리과정, 친구나 친척의 평가와 같이 직접적이건 간접적이건 개인적인 경험에서 형성된다. 또한, 경험하는 명성이 이미지를 기초로 형성된 기대를 뛰어넘으면 커다란 만족을 줄 수 있다.

또한, 스포츠 조직이 견고한 명성을 유지하고 있다면, 대내외 구성원들은 시간이 지남에 따라 나타나는 조직의 사소한 약점을 대체로 기꺼이 용서해주려는 경향이 있다. 그 결과 '명성'이라는 눈에 보이지 않는 자산은 의심할 여지없이 경쟁에서 우위를 차지할 수 있는 원천이 된다.

내·외부 구성원들에게 인식되는 명성을 지속적이고 오래 살아남을 수 있도록 하기 위해서는 실상을 제대로 반영한 조직의 명확한 아이덴티티와 조직의 실제 모습이 내·외부 구성원들이 가지고 있는 이미지와 부합될 때 나타나는 엄청난 영향력을 잘 알아야 하고, 이 중요한 자원을 어떻게 효과적으로 관리해야 하는지를 배워야 한다. 성공

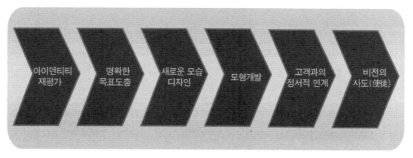

그림 1-2 | 오래 지속되는 명성 쌓기

적인 관리는 고용인, 고객 그리고 일반 대중이 조직에 대해 갖는 자부심과 헌신을 성숙시키며, 결국 이것이 오늘날 치열한 경쟁 환경에서 다른 그 무엇과도 바꿀 수 없는 중요한 자산이 된다.

3. PR의 목적

PR은 경영관리에서 인사·예산·기획과 함께 4대 관리 기능의 중요한 영역이다. 다수의 여론이 소수의 엘리트를 지배할 때 PR이 성장하는 사회가 된다. 그러나 사회가 소수의 지배층이 다수의 여론을 지배하는 전근대적인 사고방식을 탈피하지 못할 때는 PR의 성장을 저해한다. 최근 사회구조의 복잡성, 인구의 증가, 조직 규모의 확대로 말미암아 PR의 체계적이고 의도적인 관리가 필요하다. 특히, 조직은 영리추구뿐만 아니라 사회적 책임성을 각성하게 되었고, 공중과의 호의적인 관계를 유지할 필요성을 가지게 되었다. 이에 따라 PR의 성장·발전은 가속화되어가고 있다.

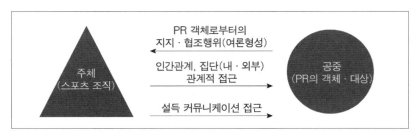

그림 1-3 | PR 설명도

PR은 궁극적으로 한 조직체의 목적·정책 및 실제 생활을 다양한 커뮤니케이션 수단을 통해 대중에게 전달·해석해야 한다는 것을 내용으로 한다. 스포츠 조직체가 대중에게 자신들의 목적을 설명하고 정책을 해설하며 실제 활동을 합리화시키는 구체적인 수단을 강구하지 않는다면 대중으로 하여금 오해나 비판적인 태도를 불러일으키게 될 것이기 때문이다.

모든 생명체나 유기적인 조직체는 자신이 존속하고 성장·발전해 나가기 위해 그 환경으로부터 필요로 하는 모든 것을 획득해야 하는데, 그러기 위해서는 의도적 계획과 노력으로 대가를 지불해야 한다. 개인이 사익을 추구하는 것과 마찬가지로 사회(공중)는 공익과 사회적 책임 및 윤리적 타당성을 요구한다. 단기적으로 볼 때 사익은 추구하는 것과 마찬가지로 배타적일 수 있으나, 장기적으로는 사회 공동체 내에서 조화를 이룰 수 있다. 공익과 사회적 윤리성을 외면한 사익의 추구는 상호의존적인 사회 내에서 생존·발전할 수 없다고 보는 것이 곧 PR 의식이다.

오늘날 공익사업이 번영하고 영속화하기 위해서는 첫째, 나날이 심해져가는 상호의존적인 사회가 강요하는 사회적 책무를 수락해야 한다. 둘째, 지리적 거리와 심리적 차이에 의해 소원해진 의사소통의 장벽을 넘는 대중과의 의사소통 수단을 찾아내야 한다. 셋째, 그 조직체가 대상으로 삼은 대중 속에 침투할 수 있는 방법을 강구해야 한다.

PR의 목적이나 목표는 여러 학자에 의해 다양하게 설명될 수 있는데, 먼저 디목 등(Dimok, M. E. & Dimok, G. O.)에 의하면 PR은 소극적·사후적인 의미로 대중·언론계의 부당한 공격과 비난 또는 오해와 불만을 중화·해소시켜 PR 주체를 보호하기 위한 방어적 목적, 그리고 적극적·사전적인 의미로 PR의 주체가 공중으로부터 위신과 신임을 획득하고 영향력을 증가함으로써 대중을 PR 주체 편에 설 수 있도록 여론을 조성하기 위한 공격적 목적으로 보았다. 그리고 고용인의 사기앙양은 대내적으로 자발적인 협조를 유도하고, 대외적으로는 대중으로 하여금 PR 주체의 호의적인 이미지를 갖게 할 수 있다고 했다. 그리고 그루닉과 센터는 PR을 "반대 의견을 변화 또는 중화시키거나, 아직 형성되지 않았거나, 잠재적 의견을 자기편으로 끌어들이거나, 유리한 의견을 지속시키려는 데 있다"고 한다.

또한 레슬리(Lesly)는 PR이 "고용원, 주주, 자재공급자, 정부, 상인, 소비자와 고객, 기타 기업체 및 지역사회로부터 호의와 협동, 지지를 획득하고 회사나 기관 및 단체의 이미지를 개선하고 향상시키며 상품의 판매 혹은 서비스의 이용을 촉진시킨다"고 했다. 그리고 PR은 노사문제에서 비롯되는 온갖 갈등과 쟁의를 미리 방지·해결하고, 조직에 대한 오해와 편견을 불식시키며, 조직에 매력을 갖게 하여 유능한 인재들을 끌어들이고, 대중에게 상품의 사용 방법을 교육시키고 경제적·정치적 및 사회적 동향이나 사정을 알려주며, 조직이나 기관에 대한 여러 사회 계층의 태도나 여론을 조사하며, 정책 또는 경영 방침의 설정에 반영시킨다고 했다.

이와 같이 PR 목적은 PR의 실천 활동을 통해 관리되어야 하는데, 우선 자신을 둘러싸고 있는 공중의 여론이나 반향을 알고, 내면적으로는 자신의 정책이나 봉사 등을 반성·개선하며, 대외적으로는 이것을 대중에게 광범위하게 설명함으로써 그 목적을 달성할 수 있다.

4. PR의 기능

PR은 대내적으로는 고용인의 총화를, 그리고 대외적으로는 공중과 선린관계를 유지함으로써 PR 주체의 이미지를 향상시켜나감과 동시에 성장·발전 프로그램을 효율적으로 관리해나가는 목적을 지니고 있으며, 이러한 목적을 충족시키는 것이 곧 PR의 기능이다.

표 1-2 | PR 기능의 주요 활동

- 전략 도출 및 집행
- 조직 아이덴티티, 이미지, 명성
- 조직 PR과 특정 입장 지지(advocacy)
- 고객 관계
- 고용인 관계
- 투자자 관계
- 정부 관계
- 지역사회 관계
- 언론 관계
- 위기관리
- 커뮤니케이션 기술의 관리

많은 조직들은 토털 커뮤니케이션의 한 부분으로서 PR 서비스를 제공하고 있다. 이 경우 PR 집행자들이 어떻게 클라이언트의 업무에 도움을 줄 수 있는지를 파악하고 잘 이용할 수 있어야 한다. 여기에는 신상품 소개, 특별히 절박한 위기상황, 스포츠 조직의 공적·사적 계획, 특정한 이벤트 기회(신구장 준공, 세일즈미팅 등), 홍보 기회, 공동체나 고용인 관계 향상 등의 사항이 포함된다.

PR의 기능은 다음과 같다.

① 다양한 의사교환 과정을 통해 개인, 집단 및 사회를 조정하고 이해시키며 통합시키는 기능이 있다.
② PR은 국제, 국내 및 사회 내부에서 집단 간의 사회적 기능인 경쟁을 효율적인 것으로 만든다.
③ PR은 조직이나 개인으로 하여금 교통과 통신의 결과로 상징되는 사회 변화(social change)의 속도에 효율적으로 대응하게 만든다.
④ PR은 여론의 잠재적 상태를 평가하고 특정한 상황을 해결하도록 만들어준다.
⑤ PR은 대인관계에서 오는 오해, 무시, 무관심을 지양하고 상호 간의 이해와 화목을 촉진시킨다.
⑥ PR은 집단 내·외의 우호적인 지지태세를 증가시킨다는 점에서 조직 지도자로 하여금 더욱 유능한 지도자가 되게끔 지식과 기술을 얻는 방법을 제시한다.

PR에 대한 올바른 실천은 위와 같은 기능을 수행하는 것이지만, 일상에서는 'PR의 선전 업무나 그 이하의 것', 'PR이란 광고나 선전의 뜻을 가진 귀족적인 용어'를 뜻하기도 한다. 다시 말해, "PR이란 보이지 않는 선전 수단을 통해 대중의 여론을 이기적으로 조종코자 하는 비건설적인 힘"이라고 잘못 인식되고 있다.

PR은 결코 사실을 기피하거나 왜곡하여 PR 주체의 이익만 추구하려는 것이어서는 안 되며, 사실을 있는 그대로 밝혀주고, 공중으로부터 이해와 설득을 받는 것이어야 한다. PR의 행위를 나타낸 후에 대중의 인정이 있어야 비로소 그 효과가 나타난다.

PR = Performance + Recognition

표 1-3 | PR 기능

사회 관습적 발전	스포츠 조직에 미치는 영향	공중 관계의 역할
정보 과부하	다중적인 언론이 정보에 대한 끊임없는 수요를 만들어내고, 이로 인해 근거 없는 소문이 유포된다.	어떤 정보가 사실이고, 어떠한 것이 조직에 유용한지를 가려낸다.
커뮤니케이션의 중요성 증대	조직 메시지를 잘못 전달하면 판매 및 수익이 감소한다.	빠르고, 정확하고, 간결한 메시지 생성, 메시지 전달 확인
사회 및 사업적 변화	관리 기구의 규정 변화, 선수 부상이나 거래는 팀의 성과에 영향을 준다. 경기력 향상을 위한 약물 복용 같은 중요한 사안에 대한 사회적 인지도가 높아졌다.	변화가 조직에 미칠 잠재적 영향을 식별한다. 변화를 다룰 수 있는 순향적 전략을 개발한다. 관리를 위한 특정 조치를 제안한다.
세계화	모든 스포츠가 국제적 수준에서 이뤄지고 있다. 조직의 브랜드가 세계적으로 알려지는 것은 곧 수익을 의미하게 되었다.	조직이 다양한 문화에 미친 영향을 이해한다. 그러한 시장과 직접적인 커뮤니케이션을 추구한다.
여론형성 속도	음성적인 뉴스 중 특히 위기상황에 대한 반동으로 판매와 수익이 감소할 수 있다.	핵심 대중의 움직임을 모니터링한다. 관리를 위한 특정 조치를 제안한다.

5. PR의 종류

PR이란 기업, 단체 또는 관공서 등의 조직체가 대가를 지불하지 않고 제품, 서비스, 기업의 정보를 매체에 제시하는 비대인적 활동으로, 편집인이 뉴스의 가치 유무에 따라 게재를 결정하므로 신뢰성이 높으며 다음과 같이 분류할 수 있다.

① 언론PR: 언론사 매체를 통해 신뢰성을 구축한다.

② 방송PR: 주로 TV를 이용하여 기업의 특성과 경쟁업체들 간의 차별화 포인트를 찾아 그 내용을 극대화시키고, 시청자에게 브랜드와 제품을 인지시키거나 구매할 수 있도록 동기를 부여한다. 예) VJ 특공대

③ 온라인 언론PR: 네이버, 다음, 야후, 네이트, 파란 등을 통한 언론PR로, 기업의 인지도, 브랜드 구축, 신뢰성 상승, 홈페이지 방문, 매출증진 등의 효과를 얻는다.

④ 잡지PR: 기업의 타깃이 되는 연령대와 성별이 가장 많이 구독하는 잡지에 칼럼, 제품소개, 체험기 등의 형식으로 소비자가 직접 제품과 서비스를 이용하는 느낌을 주는 것이 주된 목적이다.

표 1-4 | PR

	PR
개념	PR = Public + Relations
목표	공중과의 호의적 관계 강화 (고객의 마음 열기)
특징 및 기능	쌍방향적, 전략적 위기관리, 마케팅을 통한 판매촉진, 이미지 관리 전략

6. 광고

광고(advertising)란 확인 가능한 광고주가 특정한 상품 또는 아이디어나 해당 조직체의 이미지에 관한 정보를 주로 비대인적인 대중매체

를 이용하여 유료로 불특정 다수의 고객이나 일반 대중에게 전달하여 이들의 태도 행동을 변용시켜 구매 행동을 유발함으로써 판매를 촉진하는 일방 또는 상호작용적 설득 마케팅 커뮤니케이션을 말한다.

PR에 활용되는 광고의 유형에는 첫째, 광고라는 설득 커뮤니케이션을 통해 휴머니즘, 공익성, 범국민성, 비영리성, 비정치성을 기본 이념으로 하는 공익광고, 둘째 광고대행사의 자사광고, 셋째 비영리기관과 함께 이뤄지는 기업광고를 들 수 있다.

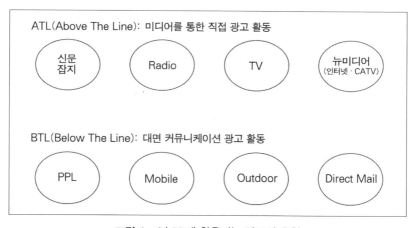

그림 1−4 | PR에 활용되는 광고의 유형

제2장
PR의 기원과 발달

PR이 사회·문화·역사적으로 어떤 영향을 받고 성장했는지를 알기 위해
PR의 기원과 발달 배경을 정리했다.

우리나라에서 PR이라는 학문이 3대 관리 기능인 기획·예산·인사에 비해 체계적인 연구나 인식이 미진했던 이유는 미국, 일본에 비해 여론이나 공중 혹은 대중이 가지는 힘이 선진 민주주의 국가에 비해 미약했기 때문이다.

우리나라에서 PR이 성장하기 위해서는 다수의 여론이 소수의 엘리트를 지배하는 사고방식으로 사회가 성숙해야 하고, PR 활동은 단지 조직의 이익만을 추구하는 것이 아닌 공중의 이익에 기여하는 것으로 스포츠 조직과 공중 모두에게 상호 이익을 제공해야 한다. 이 장에서는 PR이 사회·문화·역사적으로 어떤 영향을 받고 그에 따른 변화를 거치면서 어떻게 성장해왔는지에 대해 선전과 광고와의 비교를 통해 살펴보기로 한다.

1. PR의 역사

오늘날 PR의 개념은 다음과 같은 변화단계를 거치면서 발전했다.

과거에는 기업에 대해 적게 알면 알수록 더 효율적이라는, 공중을 철저히 무시한 공중관을 가졌다. 그러나 공중은 무시할 수 없는 존재이며 알릴 것은 알려야 한다는 개념에서 커뮤니케이션을 통한 PR로 점차 발전했다. 그리고 현대에는 공공선을 위해 조직이 무언가를 해야만 하는 시대가 옴으로써 행동이 수반된 커뮤니케이션의 중요성이 강조되었다.

이와 관련하여 그루닉은 PR 활동을 상징적 활동과 행위적 관계구축의 두 가지 차원으로 분류하고, 이를 로프의 두 가닥에 비유했다. 상징적 활동이란 조직의 평판(이미지)을 올리기 위한 제반 활동을 의미하며, 현재 PR 실무자들의 언론 관계 활동 등을 포함하는 대부분의 활동이라고 할 수 있다. 이에 반해 행위적 관계구축은 실천적 의미를 포함하며, 궁극적으로 공중의 행동 변화에 영향을 미치는지를 평가해야 한다는 것이다. 그루닉은 커뮤니케이션 상징과 조직의 행위 이 두 가지는 PR에 동시에 중요하다고 지적했다. 그루닉은 조직과 공중 사이의 긍정적 이미지를 위한 다양한 상징적 활동과 행동적인 관계성 사이에 현대 PR의 패러다임 갈등이 있다고 주장했다.

1) 근대 PR의 기원

근대 PR을 살펴보면 고대 로마의 문구, 시저의 '갈리아 전쟁'과 그의 '회고록', 일간소식지 Acta Diruna, 중세시대의 천으로 짜인 벽걸

이(영국의 노르만 정복 찬양), 자유의 대선언, 권리대장전에서 PR이 시작했고, 15세기 라틴어 성경번역, 책과 신문의 대량 제작으로 여론의 증대를 가져왔으며, 17세기 가톨릭 신앙선교회의 선전 개념이 생겨났다. 그리고 프랑스에서 '남성과 시민의 권리선언'과 함께 선전부를 수립했는데, 선전부는 프랑스 혁명(1789~1799)에 대한 공중의 지지를 얻기 위해 수립되었다.

2) 미국의 PR

미국의 PR은 독립전쟁과 애덤스의 활동에서 비롯되었는데, PR을 위한 도구와 기술을 정치적 운동에 활용하여 미국을 건국하는 데 기여(작문과 웅변, 팸플릿, 기사를 이용하여 국민을 설득하고 자신들이 의도하는 방향으로 여론을 조성 또는 조작함)했고, 7대 대통령 잭슨은 PR 전문가인 켄달을 기용하여 의회와 국민에게 자신의 사상을 전달했으며, 언론대행인 바넘(Barnum, P. T.)은 서커스를 PR하기 위해 언론을 조작했다. 당시 이러한 언론 조작은 매우 성공적이었으나, 사람들이 서커스를 보면서 어떤 행동을 하는지 조사하여 교묘히 심리를 이용했고, 시민의 호기심을 자극하여 거부가 되는 등 점차 문제점이 드러나게 되었다. 이러한 영향은 오늘날까지 남아서 PR 전문가들에게 상업적 프로모션들이 제공하는 내용에 대해 회의적 시각을 갖게 하는 원인이 되었다.

그리고 1875년부터 1900년까지는 신문, 잡지 등의 매스미디어가 크게 발전함으로써 20세기 PR 발전의 기초가 마련되었고, 1889년 전기회사인 웨스팅하우스는 영리 기업체가 세운 최초의 PR부를 설립했으며, 1900년대는 PR 실무자들이 개별적인 언론대행인과 선전가의 위치에서 기업을 카운슬링하는 분야의 전문가로 발전했다.

3) PR 선도자

PR의 역사에서 가장 대표적 인물로는 아이비 레드베터 리(Ivy Ledbetter Lee: 1877~1934)를 들 수 있는데, 그는 최초의 기자 출신 PR 활동가로서 미국의 모든 신문과 시민에게 솔직하게 공개하여 신속하고 정확하게 알리는 것에 PR의 목적이 있다는 원칙을 선언했다. 또한, 광산업계의 악덕기업으로 유명했던 록펠러가의 이미지를 탐욕적 이미지에서 박애와 자선의 이미지로 바꿔놓음으로써 기업운영에서 인간적 요소를 강조하고 부각시키는 데 선도자 역할을 했다.

그리고 1920년대 PR 인식에 변화를 가져온 에드워드 버네이즈(Edward Bernays)의 생애는 20세기 전체에 걸쳐 있는데, 1890년대 초에 출생한 그는 백 살을 넘게 살았으며, 그중 약 89년을 PR 분야에서 일했다. 그는 PR을 기업체에 대한 대중의 태도를 파악하고 나아가 그들로 하여금 호의적 태도를 갖게 하는 데 그 목적이 있다고 인식하고, 여론의 결정에서 처음으로 'PR 고문'이라는 용어를 사용했으며, PR 붐을 조성하고 발전시키는 데 크게 공헌했다.

4) PR의 성숙

(1) 제1기(1900~1917; 1900~1914)

미국의 현대적 PR 발전사의 기초 연대는 1900년을 기점으로 한다. 이 시대에 가장 대표적인 PR 인물은 아이비 레드베터 리였다. 일방적인 선전업이 PR로 발전되는 과정에 지대한 영향을 미쳤고, PR 활동의 원칙을 발표했다. 요지는 솔직하고도 공개리에 미국의 모든 신문과 시민에게 신속하고 정확하게 알리고자 함에 PR의 목적이 있다는 것이다.

록펠러 기업의 '탐욕적인 노자본가' 개념을 박애와 자선을 하는 친절한 노인으로 호전시켜놓았다. 또한, 루스벨트(Theodore Roosevelt: 1858~1919) 대통령은 최초로 백악관에 기자실을 설치하고, 백악관 PR의 새로운 기틀을 마련하여 대통령과 대중의 밀착성에 획기적인 증진을 이뤘다.

(2) 제2기(1917~1919; 1914~1918)

제1차 세계대전(1914~1918)이 발발했던 기간이므로 미국 정부가 전쟁의 목적이나 이념에 대해 국민을 설득시킨 시대다.

(3) 제3기(1919~1933; 1918~1929)

전시에 배운 선전의 여러 원칙이 제품을 선전하는 데 활용되었고 대규모로 산업계의 선전이 시작된 시대로, 1929년 세계 대공황으로 수백만 달러의 자선사업 모금을 하는 데 이용되었다.

1920년대에는 에드워드 버네이즈에 의해 PR이 선전이나 광고에 국한되어서는 안 되며, 대중으로 하여금 호의적인 태도를 갖게끔 만드는 데 목적이 있다고 인식하게 되었다. 특히, 시장조사(market research), 사회조사(social surveys), 여론조사(public opinionpolls) 등의 활동이 활발했다. 전문 분야로서의 발전을 거듭하면서 PR 협력단체를 형성하고, 갤럽 여론조사 연구소가 등장하면서 여론조사의 신뢰도를 높인 시기였다.

(4) 제4기(1933~1945; 1929~현재)

대공황을 극복하기 위한 프랭클린 루스벨트 대통령의 뉴딜정책(new deal policy, 1933)으로 PR 활동을 효과적으로 전개하여 민중의 지지를 성공적으로 규합했고, 사회 내의 기업과 조직으로 하여금 사회적 책임을 인식하게 했다. 대공황의 여파는 사회복지사업과 국민봉사기구를 운영하는 사람들에게 대중의 이해증진이 절실하다는 것을 인식시켰다. 제2차 세계대전의 발발로 국가적인 공보활동의 필요성에 따라 제1차 세계대전 때보다 대규모 PR 활동으로 국민의 사기를 향상시키기 위한 집중적인 PR 활동을 전개했다.

제2차 세계대전은 PR이 명실상부한 전문직으로 발전하게 된 계기로, 전쟁지원을 위한 국민여론을 형성하기 위해 PR 대행사의 급속한 발전과 설립이 이뤄지게 했고 전후 산업복구에 기여했다. 예를 들어 포드자동차의 사장인 헨리 포드 2세는 '얼 뉴섬(Earl Newsom)' 사의 PR 컨설턴트를 고용하여 자사를 책임감 있고 존경받는 기업으로 부각시키는 데 성공했다.

(5) 제5기(1945~현재)

이 기간 동안 PR은 오늘날 복잡한 대규모 조직체들의 운영에 있어 PR이 차지하는 긴요한 기능에 관한 관념이 친숙화되었고, 실제로 커다란 발전을 이뤘으며, 초기 TV의 활성화로 PR의 차원이 달라졌다. TV토론의 영상 이미지 영향으로 정치 PR에서 케네디 대통령이 닉슨 대통령을 누르고 당선되었다.

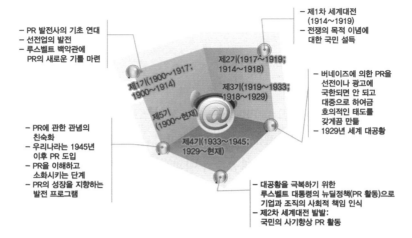

- PR 발전사의 기초 연대
- 선전업의 발전
- 루스벨트 백악관에
  PR의 새로운 기틀 마련

- 제1차 세계대전
  (1914~1919)
- 전쟁의 목적 이념에
  대한 국민 설득

제2기(1917~1919;
1914~1918)

제1기(1900~1917;
1900~1914)

제3기(1919~1933;
1918~1929)

제5기
(1900~현재)

- 버네이즈에 의한 PR을
  선전이나 광고에
  국한되면 안 되고
  대중으로 하여금
  호의적인 태도를
  갖게끔 만듦
- 1929년 세계 대공황

- PR에 관한 관념의
  친숙화
- 우리나라는 1945년
  이후 PR 도입
- PR을 이해하고
  소화시키는 단계
- PR의 성장을 지향하는
  발전 프로그램

제4기(1933~1945;
1929~현재)

- 대공황을 극복하기 위한
  루스벨트 대통령의 뉴딜정책(PR 활동)으로
  기업과 조직의 사회적 책임 인식
- 제2차 세계대전 발발:
  국민의 사기향상 PR 활동

그림 2-1 | PR 활동의 성장과정

　우리나라는 1945년 이후에 PR이 도입되었기 때문에 과거 어느 때보다 PR이 요구되는 위기와 변혁의 시기이므로 PR을 이해하고 소화시키는 단계를 거치면서 PR의 성장을 지향하고 온갖 변화에 대응하는 발전 프로그램을 전제해야 한다.

　현재는 기업 내의 PR 실무자의 책임이 커지고, 다국적 기업의 PR 역할이 크게 증대되는 현상이 두드러지고 있다.

5) 한국의 스포츠 PR

　한국에 PR 개념이 도입된 지는 60여 년이 지났지만, 한국사회에서 PR이 구체적이고도 본격적인 산업으로 자리 잡기 시작한 지는 이제 불과 30여 년 정도다. 스포츠 PR이 국내에 적극적으로 도입된 시기는 대략 1988년 서울올림픽 전후로 볼 수 있고, 그 후에도 2002년

한·일월드컵과 2011년 대구세계육상선수권대회 등을 개최하면서 한국의 스포츠 조직의 PR은 의미 있는 성장을 거듭했으며 수많은 성공 사례를 만들어내기도 했다.

앞으로 개최될 2018년 평창동계올림픽은 정부, 월드컵 조직위, 개최 도시뿐만 아니라 국민 전체가 주체가 되어 국가 스포츠 행사를 통해 우리나라를 방문하는 세계 여러 나라의 공중과 매스미디어를 활용해 우리나라에 주목하는 공중에게 좋은 평판을 쌓아서 장기적으로 국익에 기여하는 좋은 관계를 형성해나가야 한다. 이것은 스포츠에 기인하여 국가적인 PR을 함으로써 세계에 우리나라의 조직을 소개할 기회를 얻을 수 있을 뿐 아니라 조직의 발전이 국가적인 발전으로 이어지는 영향을 줄 수 있다.

또한, 근래에 우리나라에서 프로스포츠가 인기를 얻어감에 따라 기업의 이미지 상승 활동으로 스포츠경기를 수단으로 이용하고 있는데, 구단이 돈벌이에만 급급한 이미지보다는 지역사회를 위한 사회적 책임과 팬들과의 커뮤니케이션 횟수를 늘리면서 장기적인 관계를 유지하는 스포츠 PR 활동이 필요하다.

왜냐하면 PR 활동이 다른 커뮤니케이션에 비해 공신력이 있고, 비교적 저렴한 비용으로 강력한 메시지를 전달할 수 있는 수단이기 때문이다.

따라서 앞으로 우리나라 스포츠 조직의 PR 방식은 수동적이고 일시적인 마케팅 활동수단에서 벗어나 구단뿐만 아니라 선수 개인이 주체가 되어 공중과 일체감을 느끼며, 공중과 스포츠 조직의 이익이라는 관계를 연결시켜주는 스포츠 PR 활동이 우리나라 프로스포츠 구단들의 마케팅전략에서 그 범위가 넓어져야 한다.

2. 선전의 역사적 배경

선전은 인간의 역사와 그 기원을 함께한다. 흔히 모세, 이사야, 예레미야 등의 예언서를 '종교적 선전서'라고 하는데 고대 그리스의 플라톤의『국가론』, 마키아벨리의『군주론』,『맹자』또한 이에 속한다.

'선전'이라는 용어는 1622년 로마 황제 그레고리 15세 때 최초로 사용되었다. 선전은 '여론(public opinion)'이라는 용어와 쌍벽을 이루면서 18세기 말 이후 시민혁명 시대에 정치권력을 획득하기 위해 대중의 의견, 즉 여론을 얻는 것이 필수불가결한 때에 발전했다.

프랑스 혁명은 정치 선전으로 당파적 이익과 정치적 이데올로기와 밀접하게 결합되었고, 20세기 전반 세계대전 중의 러시아 혁명으로 정치선전이 더욱 가속화되었으며, 영국에서는 1914년 전쟁선전부를 두어 조직적으로 대외 선전을 수행했다.

이 시기에 볼셰비키 혁명(1917~1922)과 중공의 혁명(1922~1927)은 선전을 잘 이용했으나, 공산국가의 선전은 대중조작의 도구로 이용되어 대중을 기만하기에 이르렀고 선전에 대한 나쁜 관념을 낳게 했다.

3. 광고의 기원과 발전

고대 광고의 초기 형태는 왕의 위업이나 찬사를 새긴 비문(고대 이집트의 비문. 태양의 아들, 인간 행복의 수호자)에서 볼 수 있는데, 고대 광고의 특성은 활자가 없어서 그림이나 기호를 사용했다(예: 금방울 3개→전당포, 도끼에 양→푸줏간).

광고다운 광고는 근세 이후 인쇄술의 발명과 더불어 시작(1649~1660)되었고, 인쇄광고와 정기간행물, 1525년 독일의 팸플릿, 1625년경 영국의 신문광고, 19세기 시장의 개척과 대량 생산으로 판매·소비 수단인 광고를 이용했으며, 설득 기능 중심으로 성격이 변화했다. 그러나 초기의 대량 생산은 기업의 일방적인 견지에서 상품화한 것을

표 2-1 | PR과 광고 · 선전의 차이

	PR	광고	선전
목적	이미지 제고 (사회적 신뢰도 증진)	판매 촉진	이념 주입
의사경로	수평성, 쌍방적	일방적	수직성, 일방적
호소의 대상과 방법	사실을 있는 그대로 다루어 이성에 호소한다.	적당한 과장, 은폐, 왜곡이 있을 수 있다.	사실을 은폐 또는 왜곡시켜 정서나 감정에 호소한다.
반응	협력	알림	무비판적인 추종 기대
주체	정부/기업/조직단체	상품/서비스	정치/종교
수단	간접적	직접적	직접적
시기	뉴스성	필요 시	수시
효과	시간경과 후	즉시	단기간
비용	저비용	고비용	저/고비용
이용방식	기사, 논평, 기행문, 해설 등 언론 (publicity) 활용	유료, 시간, 형식 요구	일정한 광고료를 내지 않는다.

생산했으므로 설득하는 과정에서 고압적인(high pressure selling) 방법을 사용했고, 그 결과 광고는 점차 진실성을 상실하게 되었다.

20세기에 들어와서 시장분석, 소비자분석, 광고심리학 등의 학문적 영역이 광고에 깊이 적용되었다. 이와 같이 선전·광고심리학 등의 학문적 영역이 광고에 더욱 적용되기에 이르렀다.

이상의 내용과 같이 PR은 선전·광고의 역사보다 짧은 전력을 가지고 있고, PR은 선전·광고로부터 크게 영향을 받았다고 볼 수 있다. 그러나 오늘날 광고나 선전의 발전 방향이 허위성이나 왜곡성 및 과장성을 탈피하고 PR적인 성격을 가지는 것으로 볼 때, PR의 위치는 선전과 광고의 기둥이 되고 있다고 할 수 있다.

제3장
PR의 도구

PR의 도구로서 커뮤니케이션과 퍼블리시티를
기본으로 하는 PR에 대해 살펴본다.

PR의 체계적인 발달은 산업의 발달과정과 함께했다고 볼 수 있다. 처음에는 산업이 조직의 생산성만을 추구하는 단계에서 과학적 관리론으로, 공장에서 많은 제품을 만들기 위해 분업과 공정관리를 시행했다. 그 과정이 발달하면서 1930년대에는 단순히 종업원을 고용하여 생산성을 높이기 위해서가 아니라 고용인과의 관계를 중시하여 대우를 해주고 커뮤니케이션을 시도하면서 산업의 발전과정이 인간행태를 중심으로 발전해왔고, 그와 함께 조직의 대내외 직원 및 공중과의 관계형성이 중시되어왔다.

공중과의 관계가 많아지면 서로 많은 정보를 주고받지 않아도 서로를 이해하기 쉽게 되고 이야기하기도 편하게 되므로 그만큼 수고를 줄이고 서로 커뮤니케이션을 할 수 있다. 이것이 스포츠 조직이 공중과 커뮤니케이션하려는 목적이다(김태욱, 2009). 이 장에서는 PR의 도구로서 커뮤니케이션과 퍼블리시티를 기본으로 하는 PR에 대해 살펴보기로 한다.

1. 커뮤니케이션

커뮤니케이션(communication)이 PR의 가장 중요한 도구일 때 한 조직체의 목적, 정책 및 실제 생활을 다양한 커뮤니케이션 수단을 통해 대중에게 전달한다. 여기서 PR은 쌍방 커뮤니케이션 과정이기 때문에 일방적인 선전과 광고의 의사전달보다는 의사소통이라는 해석이 적절하다.

1) 커뮤니케이션의 개념

커뮤니케이션의 개념은 현상을 보는 관점에 따라 차이를 가져올 수 있는데, 유기체들이 기호를 통해 서로 정보나 메시지를 전달하고 수신해서 서로 공통된 의미를 수립하고, 나아가서는 서로의 행동에 영향을 미치는 과정 및 행동을 3가지로 구분할 수 있다.

(1) 구조적 관점

커뮤니케이션을 정보나 메시지의 단순한 '송수신과정'으로 보고 구조(송신자-메시지-수신자) 자체에 중점을 두는 견해로서 구조, 체계에 역점을 두기 때문에 정보의미나 그것이 유발하는 결과는 등한시되며, 단기간 내에 다량의 정보를 신속·정확하게 전달할 수 있느냐 하는 기술적 문제만을 취급한다.

(2) 기능적 관점

커뮤니케이션을 인간의 기호사용 행동 자체로 보아 기호화 및 해독화 과정(encoding-decoding process)에 역점을 두고, 인간이 기호를 어떻게 사용해서 상호 간에 의미를 창조하고 공유하느냐 하는 언어심리학 일반의미론 학자들의 입장이다.

(3) 의도적 관점

커뮤니케이션이란 한 인간이 다른 인간에게 영향을 미치기 위해 의도적으로 행한 계획된 행동으로, 공유 영역이 넓을수록 커뮤니케이션 효과가 커지게 된다.

이 과정에서 원활한 커뮤니케이션을 이루기 위해 몇 가지 중요한 변수가 발생하는데, 크게 나누어 송신자의 요인, 수신자의 요인, 메시지 구성, 채널의 정확성 등이 있다. 송신자가 메시지를 잘 구성하는 능력을 갖춰야 하고, 송신자의 신뢰도가 있어야 수신자도 메시지를 수용하는 태도가 형성된다. 또한 송신자가 구성한 메시지는 채널을 통

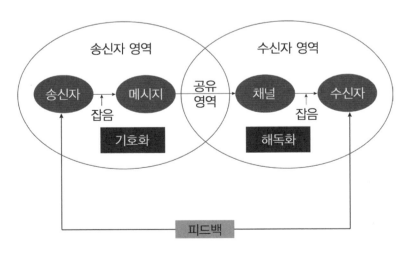

그림 3-1 | 커뮤니케이션 모형

해 전달되는데, 두 사람의 대화인 경우는 공기가 그 역할을 하고 매스 커뮤니케이션인 경우는 언론미디어가 채널이다. 그러나 거기에는 잡음(noise) 현상이 있어 메시지를 왜곡하는 경우가 있다. 이를테면 대화 중 걸려오는 전화라든지 TV를 시청할 때 시청을 가로막는 잡념 등이 모두 잡음이다. 수신자가 이런 메시지를 받아들여 반응하여 송신자에게 피드백하게 된다. 수신자의 답변, 표정 등이 모두 피드백이다.

2) 커뮤니케이션의 목적(people)

사피르(Edward Sapir)는 사회란 "주로 커뮤니케이션에 의해 유지되는 인간관계의 네트워크(network)"라고 지적하고, 커뮤니케이션을 인체의 혈관 계통에 비유했다.

① 커뮤니케이션은 환경감시, 합의 기능, 사회화 및 오락적 기능, 집단의 규범과 구성원의 역할 부여, 사회화 기능을 갖고 있다. 환경감시와 합의 기능이란 외계를 감시하고 외계의 반응에 대해 각 부문을 협력시키는 것이다. 다시 말해, 우리의 주위 환경에서 일어나고 있는 일들에 대한 정보를 수집·전파해서 사람들로 하여금 사회 환경에 대처하고 사회 조직을 연결하여 적응하도록 만든다. 사회화 기능이란 한 세대로부터 다음 세대에 사회적 유산을 전달하는 것이다. 바꾸어 말하면, 한 사회의 문화나 전통, 가치 및 규범 등을 새로운 사회 구성원에게 전달하는 커뮤니케이션의 사회·교육적 역할을 말한다.
② 커뮤니케이션은 정보 제공과 이해, 교육, 지도와 학습, 설득과 수확, 조작, 경영, 결정 기능을 가져온다.

③ 커뮤니케이션은 정보설득, 새로운 태도를 형성시킨다.

④ 커뮤니케이션의 목적은 상품의 이름을 기억하게 하기 위해 수단적인 것인지, 제품을 사도록 하기 위한 궁극적인 것인지, 주의를 끌고 감정을 자극하며 즐거움을 주기 위한 과정적인 것인지, 학습·태도의 변화를 가져오고자 하는 것인지에 따라 다르게 설정할 수 있다.

3) 커뮤니케이션의 유형

커뮤니케이션의 유형은 관점과 기준에 따라 다양하게 분류되지만, 가장 일반적인 분류 형태는 다음과 같다.

(1) 자아 커뮤니케이션

개인이 자신과 주변 환경을 이해하기 위해 의식적 또는 무의식적으로 자신의 머릿속에서 생리적·심리적으로 메시지를 처리하는 모든 과정으로 정의할 수 있다. 다시 말해 자기 자신과의 의사소통을 가리키며, 자아개념 형성 및 다른 사람과의 대화·경청상황에서 중요한 기능을 하게 된다. 자아를 표현하기 위한 이용매체로는 일기장 등을 들 수 있으며 연구주제로는 자아존중(self respect), 자기통제(self control), 자기인식(self awareness) 등 개인적 차이에 관한 연구가 많이 이뤄지고 있다.

(2) 대인 커뮤니케이션

두 사람 또는 소수의 사람들이 대면하거나 전화, 서신 등을 통한 대담, 연설 등의 상호적 커뮤니케이션을 말하는 것으로 최근에는 인터넷 휴대폰, BMB 등 방송과 통신이 융합된 커뮤니케이션 기기를 많이 활용하는 추세다. 대인 간 커뮤니케이션과 관련된 연구주제는 가족, 친지, 친구 등의 관계 형성 및 갈등 해결에 대한 연구 등이 있다.

(3) 집단 커뮤니케이션

대인 커뮤니케이션과 비슷하지만 기술적 매체요소가 많이 포함되고 사람들의 수가 집단적 규모라는 점에서 구별된다. 신제품 출시 후 소비자 반응을 점검하기 위해 10여 명의 포커스그룹을 가동하는 경우가 있는데, 이 사례도 집단 커뮤니케이션에 해당한다. 연구주제는 누가 그룹을 리드하는지에 대한 리더십 역할 또는 기타 구성원의 역할에 대한 연구 등이 있다.

(4) 매스 커뮤니케이션

대체로 기술적 매체를 이용하여 불특정 다수에게 대량으로 커뮤니케이션하는 것으로, 방송, 신문, 잡지, 서적, 인터넷 등을 매개로 이뤄지는데 현대사회의 사회화 과정의 필수요소라 할 수 있다. 매스커뮤니케이션은 주로 일방적인 메시지 흐름으로 진행되지만, 최근에는 인터넷을 통한 쌍방향 커뮤니케이션이 이뤄지고 있고 쌍방향 TV도 가능해지고 있다. 국내외적으로 커뮤니케이션 분야에서 이뤄진 대다수의 연구가 매스미디어의 기능과 효과에 관한 연구라고 해도 지나치지 않은데, 텔레비전 영상물의 폭력효과를 측정한 문화개발 효과 이론과 매스미디어 폭력과 선정성의 유해 효과에 대한 연구가 이뤄지고 있다.

4) PR 커뮤니케이션의 구성요소

(1) PR 커뮤니케이터

PR 커뮤니케이터란 PR 활동을 주관하는 단체에서 PR 프로그램을 작성하고 수행하는 담당자를 말한다. PR 커뮤니케이터의 목적은 먼저, 공중의 태도와 반응에 대한 정보를 경영진에게 전달·설명하며, 경영진에게 정치·경제·사회적 추이를 인식시켜 공중이 갖게 될지도 모를 나쁜 여론에 미리 효과적으로 대처하게 함으로써 추진하고자 하는 사업이나 활동과 관련하여 공중 관계에 대한 대책이나 방향을 제안한다. 그리고 여론조사를 해서 경영진의 방침 설정에 반영시킨다.

PR 커뮤니케이터의 업무로는 조사연구(research), 기획, 조정, 관리(administration), 제작(production), 지역사회 활동 참여, 자문 등의 일을 담당한다.

(2) PR 메시지

PR 메시지란 커뮤니케이터가 수신자에게 어떠한 반응을 일으킬 목적으로 사상, 정보, 감정, 의견 등의 내용을 기호로 표현·처리해서 수신자에게 보내는 자극이다.

① 메시지 내용

커뮤니케이터가 자신의 의도를 표현하기 위해 선정해놓은 지식, 정보, 주장, 판단, 사상, 의견, 신념, 태도, 추리 등이다.

② 메시지 기호

sign, symbol, code로 표현하고 언어, 악보, 그림, 무용 등이 포함된다. 인간은 기호를 통해 세계를 이해하며, 기호를 통해 커뮤니케이션한다. 기호학은 이런 상징체를 이해·창출하기 위한 학문이다. 인간은 삶에서 끊임없이 기호를 읽거나 만드는 일을 한다. 기호의 조직원리를 '코드(code)'라 한다. 송신자는 자신이 원하는 메시지를 코드화하는데, 이를 '인코딩'이라 하고 코드화된 메시지는 다시 수신자에게 전해져서 디코딩하는 과정을 거쳐 메시지가 해석된다. 이렇게 메시지를 코드화하고 해석하는 과정이 커뮤니케이션이다(김경용, 1994). 커뮤니케이션에 오류가 생기는 이유는 메시지를 만들고 푸는 코드에 차이가 있기 때문인데, 코드가 맞느니 다르니 하는 말은 여기서 나온 것이다.

③ 메시지 처리

내용과 기호를 선정하고 배열하는 과정에서 어떤 것을 어떻게 선택·배열할 것인지를 결정하는 것을 말한다. 핵심 메시지를 선정할 때 현재 조직이 필요로 하는 메시지가 어떤 상황에서 누구를 대상으로 어떤 이해관계를 갖고 활용되어야 하는 것인지를 알고, 항상 조직의 입장만을 대변하는 형태의 메시지보다는 설득의 효과를 극대화시키기 위해 공중으로부터 공감을 얻을 수 있는 메시지가 개발되어야 한다. 대부분의 PR평가는 조직의 메시지를 공중이 수신했고, 그 메시지가 받아들여져 어떤 형태로 태도를 바꾸었으며, 실제 공중의 행동을 이끌어냈는가에 대한 증거자료로 활용될 수 있다. PR 메시지란 PR 주체인 PR 커뮤니케이터가 수신자로부터 어떤 반응을 일으킬 목적, 즉 PR 목적을 달성하기 위한 자료 자체나 그 자료들이 조직·배열되어 수신자에게 전달되는 모든 자극을 포함한다.

(3) PR 매체

PR 매체를 medium, channel, vehicle, modes, network라고 표기하고, 메시지를 담는 용기(vehicle), 메시지를 운반하는 운반체(vehicle-carrier)라고 하며, 메시지가 흐르는 통로(channel), 통로망(network)이다.

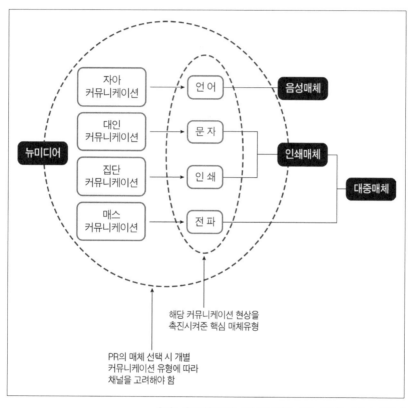

출처: 이종혁(2006), PR 프로젝트 기획 자료를 기초로 재구성

그림 3-2 | 커뮤니케이션 발전과정에 따른 매체 이해

① 대중매체

신문, 잡지, 방송 등과 같은 대중적인 성격을 띠는 매체로, 이러한 매체를 이용하여 PR 메시지를 뉴스나 기사 형식으로 수용자에게 무료로 전달할 수 있는 퍼블리시티(publicity)는 PR의 중요한 도구다.

② 특수매체

PR 기관에서 자체적으로 활용할 수 있는 인쇄물이나 시청각물, 사내화보, 게시판, 포스터, 영화, 슬라이드, 폐쇄회로 TV, 전시회 등이 여기에 속한다.

③ 구두매체

대인접촉을 통해 구두로 메시지를 전달하는 경우로, 집회를 통한 연설이라든가 훈시, 면담 등이 여기에 속한다.

(4) PR 수신자

일반적으로 커뮤니케이션 수신자는 피동적이고 단순한 수신자가 아니라 능동적으로 정보를 추구하고 집단 성원으로서 주어진 정보에 대해 서로 다른 반응을 보이면서 커뮤니케이터와 상호작용하는 대상을 의미한다.

① 내부 공중

PR의 주체에 따라 차이가 있으나 조직체의 구성원인 고용인, 주주 등이 여기에 속한다.

② 외부 공중

직간접으로 PR 주체에 영향을 미치는 집단으로 지역사회 주민, 스포츠 용품 제조업자, 고객, 정부, 언론 등이 여기에 속한다.

③ 특수공중

회사 업무와 직접적 이해관계를 갖는 개별적 특성을 갖는 인간군, 개별 사안에 대해 특별한 이해관계와 관심이 있는 쟁점공중을 말한다.

④ 일반공중

막연히 '대중'이라 불리는 불특정 다수의 인간군, 다양한 구성과 요구 복합체로서의 사회 환경을 말한다.

표 3-1 | 수신자의 비교

종류	특징
군중(crowd)	공유하는 감정 상태에 의한 비이성적인 결합
대중(mass)	공유하는 관심에 의한 독립된 개인의 익명적인 결합
공중(public)	이슈를 둘러싼 논의와 반박 등 이성적인 담론을 통한 결합

(5) PR 커뮤니케이션 효과

영향(effects)은 커뮤니케이터가 수신자로부터 의도한 반응이나 의도하지 않은 반응을 얻을 때도 사용할 수 있는 데 반해 효과(effectiveness)는 수신자로부터 의도한 반응을 얻었을 경우 사용된다. 따라서 PR 커뮤니케이션 효과란 수신자의 변화 중에서도 PR 주체가 의도한 대로의 바람직한 반응으로 의견, 태도, 환경 변화를 가져온 것을 의미한다.

PR 효과분석을 위해서는 이론적 근거로 내용분석을 하는 이론적 예측(theoretical prediction) 방법과 사람들의 의견이나 증거문헌으로 효과를 측정하는 동시발생적 보고(contemporaneous reports)에 의한 방법, 설문조사, 면접조사를 이용하는 여론조사 방법(public opinion polls), 그리고 피험자 집단의 반응과 효과측정을 하는 실험적 방법(experimentation), 선거의 투표 결과나 광고의 판매성과에 따라 그 효과를 측정하는 수신자 행동관찰 방법 등이 있다.

(6) 잡음

메시지 전달을 방해하는 모든 요인이 잡음(noise, interference)에 해당하는데, 개인적으로 발생하는 내부적 잡음과 환경적 요인으로 발생하는 외부적 잡음이 있다. 가령, PR 커뮤니케이터가 말을 더듬는다거나 수신자가 산만하여 귀를 기울이지 않는 경우가 내부적 잡음에 해당한다. 반면에 대화 또는 책을 읽는 상황에서 초인종이나 전화벨이 울린다거나 아이 울음소리 등이 외부적 잡음에 해당한다. 그 외에도 라디오 채널 혼선, 급격한 기온 변화 등도 외부적 잡음이라고 할 수 있다.

(7) 상황

상황(situation)은 대화가 이뤄지는 시공간을 말한다. 대화는 항상 특정 상황에서 발생한다. 야구장에서의 키스 타임은 여자 친구와의 친밀감에 상황적 요인이 도움을 준다. 반면에 좋지 않은 소식을 누군가에게 전해야 할 경우는 언제 어디서 그 소식을 전해주어야 할지를 적절하게 판단해야 한다. 공공 연설을 하는 상황에서도 협소한 내부 공간에서 연설하는 경우와 야외에서 연설하는 경우는 각기 다른 방식으로 메시지 전달을 해야 할 것이다. 즉, 누군가와 대화를 해야 할 상황에서는 자신에게 다음과 같은 질문을 해야 한다. 언제가 대화하기 적절한 시간인가? 대화 공간이 내부인가, 외부인가? 또는 비좁은 장소인가, 탁 트인 장소인가?(최양호, 2006).

2. 퍼블리시티

1) 퍼블리시티의 개념

퍼블리시티(publicity)는 PR의 도구로서 뉴스미디어, 즉 매체에 실린 기사를 말한다. 즉, PR과 매체가 연결되어 유익한 정보를 제공해주는 것이다.

주체의 이익과 상대방의 이익을 공유할 수 있는 선에서 상호 간최대로 활용할 수 있는 활동이 필요하다. 이런 점에서 PR 주체의 관심인 홍보와 매체의 관심인 유익한 공보의 제공을 상호 연결시켜줄 수 있는 방식이 퍼블리시티로 나타날 수 있다.

PR은 이해와 설득을 통해 지지와 협조를 얻게끔 여론을 조절하지만, 퍼블리시티는 보도 PR의 기술·수단일 뿐이다.

퍼블리시티는 대중매체를 통해 대중에게 전달되므로 공신력이 더 크다는 점에서 PR 효과에 큰 영향을 미치기 때문에 PR의 수단이 된다.

광고는 이용자가 대중매체에 사용료를 지불하지만 퍼블리시티는 대중매체 기관에 상품과 서비스에 대한 정보를 제공하여 뉴스로서 게재·방송되므로 무료일 뿐 아니라, 공신력이 인정되어 설득력이 있다.

웹스터사전에 의하면 퍼블리시티란 "장소, 사람, 주의 또는 기관의 이익을 촉진하기 위한 뉴스, 가치 있는 정보로서 보통 공적 인쇄물(대중매체)에 게재되는 것"이라고 정의하고 있으며, 영어에서는 보통 보도자료(press release) 또는 퍼블리시티 자료(publicity item) 등으로 쓰인다. 즉, 퍼블리시티는 PR 주체의 이익을 반영하는 PR 메시지가 신문·잡지 등 매체의 편집장을 거쳐 기사, 논설, 사진, 만평 등의 편집면에 게재되는 공적 정보다. 방송의 경우에는 프로그램, 쇼, 뉴스 등으로 방영되는 형식을 취한다(김정기, 1981).

퍼블리시스트가 갖춰야 할 자격으로는 상상력(inveniveness)과 창조력(creativity), 추진력(planned follow-through)이 중요하다.

2) 퍼블리시티의 기능

퍼블리시티는 오늘날 거대화·다양화하는 사회의 온갖 집단 속에서 대중매체를 통한 몇 가지 기능을 수행하는데, 윤정길(2000)은 퍼블리시티의 기능과 관련하여 다음과 같은 3가지 순기능(plus functions)을 언급하고 있다.

첫 번째는 언론 정보원으로서의 기능(information sources)으로, 퍼블리시티는 대중매체가 추구하는 뉴스성을 가지고 있다는 점에서 대중매체의 중요한 정보원이 된다. 커틀립에 따르면 미국 신문의 경우, 취급 기사의 35%가량이 PR 정보원에서 나왔다고 추정했으며, 뉴스 내용이 기자가 취재 보도하기에 복잡하고 전문적일수록 그 비중은 증가

한다고 했다.

두 번째는 기업·정부 및 각종 단체의 PR 커뮤니케이션 수단으로서의 기능이다. 퍼블리시티는 사보, 편람, 기업광고, PR영화와 더불어 PR 커뮤니케이션 수단이 된다. 그런데 이 가운데 퍼블리시티는 뉴스성과 홍보성을 동시에 담고 있고, 매체 측의 편집자를 거치는 동안 공공적 객관성을 검증받게 되어 수용자로부터 더욱 효과적인 반응을 가져올 수 있다. 특히 기업이나 공공단체는 퍼블리시티를 통해 공중과의 커뮤니케이션을 유지할 수 있어 PR 주체의 호의적 이미지를 유지·강화할 수 있다.

세 번째는 조직의 마케팅 커뮤니케이션 수단으로서의 기능이다. 먼저 순기능(plus function)으로 퍼블리시티는 광고에 비해 권위성과 공공성을 가짐으로써 PR 객체인 공중으로부터 더 많은 공신력을 유발하고, 이로써 마케팅 촉진의 지원 수단이 된다. 일반 공중에게 조직의 활동이 참모습으로 전달됨으로써 그 조직에 대한 이해와 지지·협조를 끌어내게 되어 효과적인 발전 관리에 기여하는 기능을 갖게 된다.

그러나 역기능(minus function)으로서는 퍼블리시티 자료나 기사가 PR 주체의 이익만을 반영하기 위해 진실을 왜곡하고 분장하는 경우, 공중으로부터 강한 반발을 가져오게 되며, 불신의 토대가 되어 그 뒤의 모든 퍼블리시티나 PR 활동에 악영향을 가져오게 된다.

3) 퍼블리시티의 방법

(1) 뉴스 유출(news release, press release)

PR의 주체가 정보기관(신문, 잡지, 라디오, TV 등)에 자기의 정보를 제공하는 통신문서로서 내용으로는 PR 주체의 정책결정, 사무활동 과정에서 발생하는 뉴스, 즉 인사이동, 새로운 점포의 개설, 중요한 계약, 신제품 입하, 새로운 서비스 업무개시 등 각종 활동이나 행사를 기사화하는 것이다.

(2) 기자회견(press conference, news conference)

조직체의 책임자와 퍼블리시티 담당자가 기자들과 상면하여 조직체의 정책 및 활동이나 자신의 소신을 발표하는 것을 의미한다. 이 회견은 지도적인 고위층의 인물을 중심으로 이뤄지는 공동 취재이므로 뉴스 유출보다 중요하고 효과적인 퍼블리시티 활동이다.

(3) 현장견학, 경기장견학(open house)

경기장이나 시설물 현장에 기자들을 초청하여 경기라든지 새로운 시설설비, 조직체의 활동 상황이나 발전 경과 등에 관한 정보를 알려주고 호의적인 관심을 갖도록 한다.

4) 퍼블리시티의 원칙

현대 PR의 대표적 학자인 커틀립과 센터는 언론을 대상으로 하는 퍼블리시티 원칙을 다음과 같이 나타냈다.

① 보도기관이나 언론인과의 관계에서 정직함이 최선의 지침(honesty is best policy)임을 알아야 한다.
② 뉴스 가치가 있는 정보를 제공하고 봉사하는 자세가 중요하다.

③ 기사의 게재를 지나치게 요청하거나 시비를 걸지 말아야 한다.

④ 불리한 기사의 취소를 요구하지 말아야 한다.

⑤ 보도자료의 마구잡이식 배포를 남발하지 말아야 한다.

⑥ 배포대상 언론인의 최신 명단을 준비해야 한다.

5) 퍼블리시티의 유형

무어와 캔필드(Moore & Canfield, 1977)에 따르면 퍼블리시티의 유형은 다음과 같다.

(1) 뉴스 퍼블리시티(news publicity)

뉴스 퍼블리시티는 두 종류로 나뉘는데, 첫째 자연발생적 뉴스 퍼블리시티로 파업, 사고, 화재, 폭발, 홍수, 태풍 같은 예상치 못한 사건을 다루는 것이고, 둘째 계획적 뉴스 퍼블리시티는 기업과 비영리 단체의 조직 내에서 일어나는 공장 확장, 주요 시설 변경, 인사이동, 해고 및 고용, 보직 임용, 기념행사, 외빈방문, 지방, 지역, 전국적 가치가 있는 논제 등이 포함된다.

(2) 경제 피처 기사(business feature articles)

경제 피처 기사는 경제지나 업계전문지 등에 많이 게재된다. 기업의 마케팅 촉진을 위해 마련되는데, 그 내용으로는 대개 업계의 공통적인 문제들을 부각시키고 특정 회사 제품을 사용함으로써 어떤 업체가 당면한 문제를 해결했다는 식의 내용이다.

(3) 서비스 피처 기사(service feature articles)

서비스 피처 기사는 실내장식, 패션, 건강, 식품, 여행, 관광, 주택관리, 육아, 미용, 정원관리, 도서 및 기타 많은 생활 주제에 관한 정보, 권고 및 제안 등을 신문·잡지 독자들에게 보여주기 위해 작성된다. 이런 것이 바로 고객의 삶의 질을 높이는 데 필요한 정보의 하나이기 때문이다.

(4) 금융 퍼블리시티(financial news release)

금융 퍼블리시티 기사는 일간지의 금융란이나 금융 관련 잡지들에 흔히 게재되는 뉴스 및 피처 기사들로서 주식배당, 기업합병, 연례 및 분기보고서, 연차회담, 새로운 제품, 연구개발, 자본지출, 중역 인사이동 및 기타 금융뉴스 등의 기사는 회사의 신용에 큰 영향을 끼친다.

(5) 제품 퍼블리시티(product publicity)

제품 퍼블리시티는 제품회사 홍보부가 제작하며 복잡한 기술 시설, 약품, 과학 제품 등에 관한 정보를 제공하여 고객으로 하여금 시장의 다양한 제품 가운데서 현명하게 선택할 수 있도록 해준다. 제품의 특징, 성분, 성능 및 응용을 기술하는 제품홍보는 구매자에게 도움이 될 뿐만 아니라 제품에 대한 호의나 고객으로부터 성실성을 인정받게 된다.

(6) 사진 퍼블리시티(pictorial publicity)

사진 퍼블리시티는 오늘날과 같이 영상매체가 위력을 발휘하는 시대에 더욱 필요하다. 신문이나 방송 및 잡지 등에 실린 사진이나 화보로 구성된 기사는 일반적인 뉴스보다 더 긍정적인 효과를 얻어낼 수 있기 때문에 이러한 사진 퍼블리시티를 활발하게 활용해야 한다. 행사, 인터뷰, 뉴스 특종 등의 사진을 뉴스 유출, 잡지 기사, 연차보고서, 광고 면에서 활용하는 뉴스 가치를 담고 있다.

(7) 배경 설명 자료(back ground editorial material)

배경 설명 자료는 보도자료에 포함되지 않는 편집상의 배후 정보로서 주요 중역의 임명, 승진, 사망 및 은퇴와 관련해서 경력에 관한 정보를 제공한다든지 기념일에 즈음하여 회사의 연혁에 관한 정보를 제공하기도 한다.

(8) 비상 퍼블리시티(emergency publicity)

비상시의 언론 관계에 효과적으로 대처하기 위해 사전에 신중히 검토된 비상 홍보 계획을 마련해야 하고, 사고가 발행하면 책임자 한 사람을 조직 대변인으로 지명하여 기자의 질문에 답변하며 다른 종사원들은 조직을 대신하여 기자들에게 말하지 말아야 한다.

(9) 방송 퍼블리시티(radio and television publicity)

방송 퍼블리시티는 담화, 인터뷰, 원탁회의, 심포지엄 및 특별행사에서 중역과 외빈과의 대담이나 유능한 연사로 하여금 시의적절한 주제를 택하여 라디오나 텔레비전을 통해 담화를 내는 것으로 공중의 호의적인 이미지를 부각시킬 수 있다. 시사해설가와 중역과의 인터뷰는 퍼블리시티를 형성하게 된다.

제4장
PR과 설득 및 여론

설득을 통해 태도 변화를 가져오고 여론이라는 힘을
형성하는 PR과 설득 · 여론에 대해 알아본다.

　　설득(persuasion)은 PR 객체가 지니고 있는 태도나 의견의 변용과 관계되며, 여론(public opinion)은 어떤 사회적 현상에 대해 논의를 통해 도달될 수 있는 공통적인 의견의 종합을 의미한다. 즉, PR의 성과는 설득과 여론에 좌우되므로 효과적인 PR은 설득과 여론을 잘 다스릴 수 있어야 한다. 또한 공중을 향한 커뮤니케이션은 설득을 통해 태도를 변화시키고 여론이라는 힘을 형성한다.

1. PR과 설득

1) 설득

(1) 의미

설득은 한 사람의 태도나 행동이 구두로 하는 커뮤니케이션을 통해 강제성 없이 다른 사람으로부터 영향을 받는 과정으로 사람의 마음을 변화시키려는 시도를 의미하는데, PR에서 설득이라는 방법을 쓰는 이유는 상호 커뮤니케이션이 가능하며 강제성을 띠지 않고 사람들의 태도 변화를 일으키기 때문이다.

(2) 목표

사람들은 때때로 자극에 대한 느낌이 변화하고 있을 때 그에 대한 자신의 견해를 거의 나타내지 않는다(Zajonc, 1968). 그러나 이것은 일반적으로 사람들이 그 자극에 대해 친숙하지 못하거나 모르는 상태에서 발생한다. 어떤 자극에 대해 더 많이 알게 되면 사람들의 생각은 점차 태도에서 훨씬 중요한 결정인자가 된다. 그리고 새로운 태도의 형성에 더 잠재적인 영향을 미치게 될 것이다. 예를 들어 종교적 선도 활동이 이에 속한다.

설득은 인간이 심리적 안정을 찾으려 할 때 여기에 맞는 메시지를 제공하여 인간의 태도 변화에 효과를 준다.

설득의 목표는 3가지 형태의 인간관계를 나타내는데 반대·적대 관계인 불화관계, 의견이나 태도가 형성되지 않은 관계인 무관심 혹은 무관계, 정도의 차이가 있지만 친화관계에 따라 반대 의견이나 그 관계를 약화시키거나 중화시키고, 미형성, 잠재적 의견이나 그 관계

표 4-1 | PR의 기본적인 설득목표

의견의 종류	PR의 설득목표
• 반대의견(적대관계) • 미형성 의견(무관심) • 호의적 의견(친화관계)	• 변화 또는 중화 • 호의적 의견으로 유도, 형성시킴 • 유지시킴

에 대해서는 이를 호의적인 의견 또는 관계로 선도하고 형성시키며, 호의적인 의견 및 관계를 유지시켜나가는 데 있다.

설득의 영향은 항상 태도 변화로 시작되고, 이것은 의견 변화, 인지 변화, 정서 변화 및 행동 변화를 이끌어간다.

2) 설득 커뮤니케이션

다른 사람들에게 특정행위를 야기할 것을 목적으로 한 소위 어떤 영향을 미치기 위한 상징의 조작이다. 미국의 사회심리학자 로버트 치알디니(Robert Cialdini)는 3년 동안 세일즈맨, 광고업자, 자선기금조성자 등 설득 전문가들의 참여적 관찰을 통해 사람들을 설득하기 위해 사용한 수천 가지 설득 전략을 6개의 설득 법칙으로 설명했다.

첫째, 대부분의 사람은 남이 베푼 호의를 그대로 갚지 않으면 죄의식에 시달린다는 상호성의 법칙이다. 둘째, 일단 사람이 어떤 선택을 하거나 입장을 취하게 되면 그 선택이나 입장과 일치되게 행동해야 한다는 심리적 부담감을 느끼게 되며 그 부담감은 다시 이전에 취한 선택이나 입장을 정당화하는 방향으로 행동하게 하는 일관성의 법칙이다. 셋째, 다른 사람의 행동에 의해 더 쉽게 설득되는 사회적 증거의 법칙이다. 넷째, 외모 또는 유사성 등이 사람들의 판단에 큰 영향을 주는 호감의 법칙이다. 다섯째, 사람들로 하여금 전문성 또는 권위에 맹목적으로 순종하게 하는 권위의 법칙이다. 여섯째, 어떤 품목이나 기회가 희귀하다면 그 가치는 더욱더 높아진다는 희귀성의 법칙이다.

(1) 전략

설득을 위한 전략을 세우기 위해서는 먼저 목표를 결정하고, 명백한 목표와 잠재적 목표 사이의 구별이 필요하며, 단기적 목표와 장기적 목표 사이의 구별이 중요하다.

다음으로, 수용자의 분석을 위해 수용자의 신분확인 및 특정 수용자에 의해 일어나는 태도에 관한 정보를 수집해야 한다.

마지막으로, 선택된 수용자에 대한 자극을 주기 위한 프로그램을 구성해야 한다.

표 4-2 | 설득의 3단계

단계	방법
읽기(read)	• 표정을 읽어라.
필요(need)	• 필요한 사항을 정확히 파악하라.
리드(lead)	• 효과를 제시하며 이끌어나가라.

출처: 김태욱(2009). 똑똑한 홍보팀을 만드는 실전홍보 세미나 자료를 기초로 재구성

(2) 설득적 커뮤니케이션에서 태도 변화의 결정 요소

① 송신자

송신자에게는 공신력과 매력이라는 속성이 있다. 공신력(전문성, 신뢰성, 유사성) 있는 정보원이 자신의 이익보다는 공중을 위한 주장을

할 때 더 설득적이다. 또 광고에서 멋진 경기력을 가진 스포츠 선수와 일반인이 모델을 하는 경우에 매력도의 차이가 있다.

② 메시지

메시지는 설득 커뮤니케이션에 있어 설득을 위한 도구다. 송신자가 수신자를 설득하기 위해 사용되는 도구로서 설득의 방향과 의도가 메시지이며, 이때 방법론의 하나가 미디어다. 플라톤은 『대화편(dialogues)』에서 설득을 권력의 핵심으로, 메시지를 설득의 핵심으로 간주했다. 설득 내용이 무엇인가를 나타내는 메시지는 그 구성방법도 내용과 설득 대상자에 따라 다양한 메시지로 구성된다. 예를 들어 음주운전 방지 같은 위협적 소구 메시지는 다음 3가지 조건이 충족되었을 때 설득으로 인한 태도 변화를 유발하는 데 효과적이다. 첫째, 수신자가 지극히 부정적인 결과를 경험할 가능성에 대해 강한 주장을 제시해야 한다. 둘째, 권유가 수용되지 않는다면 이런 부정적인 결과가 매우 일어나기 쉽다는 것을 주장에서 설명해야 한다. 셋째, 권유하는 행동을 받아들인다면 이런 부정적인 결과를 효과적으로 제거할 수 있다는 강한 확신을 제공해야 한다.

③ 수신자

수신자의 태도 변화는 주목과 이해, 파지(retention)의 과정을 포함하는 메시지 주장의 수용과 지지에 의해 결정되며 그 영향력에 굴복함으로써 결정된다. 설득 커뮤니케이션에서 송신자가 아무리 메시지를 전달해도 수신자가 거부한다면 아무런 효과가 없다. 맥과이어(McGuire, 1968)에 의하면 지적 능력(지능)이 높은 수신자일수록 커뮤니케이션을 더 잘 이해하고 기억해서 태도 변화의 가능성이 높다고 했다. 그러나 지적 능력이 높은 수신자는 비판 능력 또한 높기 때문에 굴복하지 않으려 한다고 했다. 그리고 스스로에게 부여하는 존경을 의미하는 자존심이 높은 사람은 외부 사건(커뮤니케이션)에 관심이 높은 반면, 굴복에는 부정적으로 관계한다고 했다. 또한 성별 차이에 따른 설득성은 여성이 남성보다 더 설득적이라고 했다. 이러한 차이는 여성이 사회와 협조적이며 조화를 이룰 수 있도록 학습 받고, 남성은 독단적이고 비의존적으로 학습 받는 사회적 역할의 차이에 기인한다고 할 수 있다.

표 4-3 | 수신자별 메시지 구성법

수신자 유형			메시지 구성법
외적 요소	높은 이해도	지식수준이 높거나 관여도가 높은 수신자	상품이나 서비스를 설명하되 반드시 장점과 단점을 모두 설명하는 양면적 구조의 메시지로 구성한다. 충분히 설명한 후 수신자가 판단할 수 있도록 한다.
	낮은 이해도	지식수준이 낮거나 관여도가 낮은 수신자	상품이나 서비스를 설명하되 반드시 특장점을 강조하여 긍정적 효과를 집중시키는 일면적 구조의 메시지로 구성한다. 수신자를 이끄는 방식이 좋다.
내적 요소	우호적 태도	좋은 경험에 의해 우호적 감정이 있는 수신자	상품이나 서비스를 장점 우선으로 메시지를 구성하되 과거의 사용경험에 대해 보완되는 메시지도 담는다. 일면적 구조나 약간의 보완성을 갖는 구조가 바람직하다.
	비우호적 태도	좋지 않은 경험에 의해 비우호적 감정이 있는 수신자	과거의 사용경험에 대해 비판을 충분히 하고 현재의 상품은 이를 충분히 보완했음을 메시지에 담는다. 양면적 구조나 제시순서를 단점 비판, 보완, 장점의 순서로 구성한다. 일방적인 장점 설명은 수신자에게 강한 거부감을 느끼게 하여 커뮤니케이션에 실패하기 쉽다.

출처: 김태욱(2009). 똑똑한 홍보팀을 만드는 실전홍보 세미나. 커뮤니케이션북스

④ 채널

채널의 선택은 설득에 있어 중요한 요소다. 직접 대면 접촉을 통한 대인 커뮤니케이션이 설득 효과가 더 크지만, 매스미디어 커뮤니케이션은 대량으로 빠르게 도달할 수 있으므로 대중적이다. 첫째, 대인 커뮤니케이션은 두 사람 또는 소수의 사람들이 대면하거나 전화, 서신 등을 통한 대담, 연설 등의 상호적 커뮤니케이션을 말한다. 둘째, 집단 커뮤니케이션은 대인 커뮤니케이션과 비슷하지만 기술적 매체 요소가 많이 포함되고 사람들의 수가 집단적 규모라는 점에서 구별된다. 셋째, 매스 커뮤니케이션은 대체로 기술적 매체를 이용하여 불특정 다수에게 대량으로 커뮤니케이션하는 것으로, 메시지의 흐름이 일방적이고 의도적이다.

(3) 이론

PR 학자들과 실무자들은 설득을 PR의 핵심적 역할이라고 인식해오고 있었고, 에드워드 버네이즈는 최초로 설득이 PR의 필수적인 요소라 주장하면서 PR의 기능이 어떤 행동이나 대의, 운동, 제도 등에 대한 공중의 지지를 얻기 위해 정보, 설득 그리고 조정하는 것이라고 정의했다. PR에 대한 버네이즈의 견해는 "설득이란 PR의 필수적인 기능이며, 우리가 살고 있는 민주주의 사회에서 PR이 필수적인 역할을 한다는 것을 고려할 때 설득은 민주적인 삶의 방식과 분리될 수 없는 것"이라고 했다.

파빌크(Pavilk, 1987)는 "PR은 전형적으로 설득 커뮤니케이션의 형식으로 간주되어왔다"고 했고, 마스턴(Marston, 1979)은 "PR은 조직의 중요한 공중에게 영향을 미치기 위해 계획된 설득적 커뮤니케이션 전략을 사용하는 것"이라고 주장했으며, 무어와 캔필드(Moore & Canfield, 1977)는 "PR의 본질에 따라 태도를 형성하고 유지 및 관리시키는 것이 PR 실무의 가장 기본적인 역할이 될 수밖에 없다"고 주장했다.

호블랜드(Hovland, 1954)는 커뮤니케이션을 통한 수용자 태도 변화의 주된 요인을 다음과 같이 나타냈다.

① 커뮤니케이션 자극(stimuli) → ② 수용자의 기존요인(predispositional factors) → ③ 수용과정(internal mediating process) → ④ 커뮤니케이션 효과(communication effects)

러빈저(Lerbinger, 1965)는 설득을 위한 5가지 기본설계를 다음과 같이 나타냈다.

① 자극 – 반응설계(stimulus – response design)

설득 맥락에서 어떤 자극은 비교적 소박한 감정 상태를 유발함으로써 태도에 영향을 미칠 수 있다. 여러 가지 강화자극과 처벌자극이 이것과 관련하여 효과적임이 입증되었다. 그러나 자극들은 지침 규칙에 의지하기 때문에 다른 자극들이 작용한다.

② 인지적 설계(cognitive design)

인지 욕구가 높은 사람이 관련 정보를 분석하고, 개인적 관련성이 높을수록 인지작업을 수행할 가능성이 높아진다.

③ 동기유발설계(motivational design)

동기에 영향을 주는 가장 중요한 변수는 자신의 삶에 중요한 결과를 초래하는 쟁점에 의한다.

④ 사회적 설계(social design)

현실을 보완하고 미래를 포괄하는 인간의 존엄과 가치를 바탕으로 사회적 의의, 윤리 등을 이론적으로 체계화함으로써 설득한다.

⑤ 퍼스낼리티 설계(personality design)

개성적인 메시지를 이용하면 설득을 향상시킨다. 초일류 브랜드는 차별성과 유사성이 혼합된 브랜드 포지셔닝을 한다. 포지셔닝을 잘한 브랜드는 고객의 마음속에서 특정한 영역을 차지하게 된다. 이러한 포지셔닝에 성공하기 위해서는 유사성과 차별성이라는 두 가지 요소가 적절히 사용되어야 한다. 너무 똑같아서도 안 되며, 그렇다고 완전히 동떨어진 차별만을 강조하는 것도 위험하다. 예를 들어 아메리칸 익스프레스는 '특권을 지닌 멤버십'이라는 마케팅 캠페인을 통해 고품격의 지위, 특권 등을 상징하게 되었다.

2. PR과 여론

1) 의미

여론은 특정 공중(public)을 구성하고 있는 사람들 대부분이 일반적으로 생각하고 있는 것을 의미한다. 즉 청소년, 노년층, 유권자 또는 정치인들이 특정 이슈에 대해 어떻게 생각하고 있는가와 같은 집합적 의견을 의미한다.

(1) 군중

일정한 장소를 점유하고 있는 인간의 집단이며, 일시적·일회적인 소수의 집단으로 갈등에서 무비판적·충동적이다.

(2) 대중

특정한 장소를 점유하지 않고 사회 전반에 산재해 있는 기저집단으로 성원 간에 상호작용이나 교환이 없는 비조직적 집단이다.

(3) 공중

비판적·이지적 성격을 가지고 어떤 쟁점으로 갈등을 빚으며, 그 쟁점에 대처하는 생각이 나뉘어 있고, 그 쟁점에 대한 토론에 참여하고 있는 사람들의 집단으로 여론을 형성한다. 공중이란 어떤 논쟁의 문제에서 동일한 의견, 동일한 이해관계를 갖고 있는 집단이다.

여론을 형성하기 위해서는 쟁점에 대한 의견이 있어야 하는데, 의견이란 어떤 주제에 대해 내적으로 갖고 있는 태도가 겉으로 표현된 것을 말한다. 내적인 태도가 강해지면 의견으로 표출하게 되고, 이러한 의견이 강해지면 이를 실질적으로 행동에 옮기게 된다. 따라서 여론이란 "어떤 주제에 대해 합리적이고 이성적인 판단을 할 수 있는 집단 구성원들의 내적인 태도가 외부로 표출된 형태"라고 정의할 수 있다.

표 4-4 | Blumer(1939)의 대중과 공중의 개념

대중	공중
① 상이한 계층으로 구성 ② 익명의 개인집합 ③ 성원 간 상호작용이나 경험교환이 없음 ④ 널리 분산된 무조직적 집단	① 어떤 쟁점으로 갈등을 빚음 ② 쟁점에 대처하는 생각이 나눠져 있음 ③ 쟁점에 대한 토론에 참여하는 　사람들의 집단

따라서 여론이란 특정 사회의 자율적 구성원이 구 사회의 논쟁점이 되는 문제(issue)에 대해 논의를 통해 가지게 되는 합성적 의견이다. 그러나 소수 권력층이 정치선전을 통해 대중을 사로잡고 대중의 여론을 조작할 가능성이 있으므로 다수의 의견만이 참된 여론이 아니고 다수 대중의 지지가 있다고 하여 이것이 참된 여론이라고 단정할 수 없다.

2) 여론형성 과정

여론은 사실에만 근거하는 것이 아니라 사건, 사람, 조직 또는 제품에 대한 인식이나 평가에 기초한 신념을 의미한다. 19세기 수필가인 찰스 더들리 워너(Charles Dudley Warner)는 "여론은 법보다 더 강력하며 십계명만큼이나 강력하다"고 말했다. 아돌프 히틀러(Adolf Hitler)나 요제프 괴벨스(Joseph Goebbels)가 한 것처럼 분명히 여론은 오용되거나 조작될 수 있다. 이러한 오용은 정확한 정보의 부재에서 비롯되었다. 언제든지 변할 수 있는 것이 바로 여론이다. 여론형성 과정은 ① 쟁점 제시 → ② 개인의견의 형성 → ③ 개인의견의 결정 → ④ 집단 내에서의 토론 → ⑤ 집단의견의 결정 → ⑥ 집단 간의 토론 → ⑦ 사회적 결

정화 → ⑧ 사회적 압력 행사로 이뤄진다.

여론은 본질적으로 개인의견으로부터 집단의견으로 확산되어가면서 사회적 여론으로 결집화된다.

첫 번째 단계에서는 쟁점이 되는 이슈가 다수의 사람들에게 인지되어야 한다. 두 번째 단계에서는 이슈에 대한 개인의 의견이 형성된다. 세 번째 단계에서는 형성된 의견이 표현된다. 네 번째 단계에서는 표현된 의견들이 합의점을 이룬다. 다섯 번째 단계에서는 여론이 세력을 형성하고 영향을 미친다. 마지막 단계에서는 여론이 세력을 형성하여 정책결정 과정에 영향을 미친다. 여론에 공정성과 타당성을 기하기 위해서는 다음과 같은 조건이 필요하다.

① 교육을 통한 지식계발로 국민이 권선징악을 식별하고 판단할 수 있어야 한다.
② 합리적 토의가 이뤄질 수 있어야 한다.
③ 언론·출판의 자유가 보장되어야 지지 의견과 반대 의견이 자유로이 표현될 수 있고 참된 여론이 조성될 수 있다.
④ 정확하고 풍부한 자료·정보를 위해 사회가 개방되어야 한다.
⑤ 교통통신 기관이 발달하고 정치적 관심이 앙양되어야 한다.

여론은 개인의 태도에서 비롯되는데 특정 문제에 관해 집단 내의 개인이 가지는 태도는 긍정적이고 적극적인 태도가 15% 정도이고, 수동적이고 의견을 가지고 있지 않는 태도가 70% 정도이며, 부정적이고 반대적인 태도가 약 15%다.

3) 여론형성의 전제 조건

여론이 형성되려면 다음의 조건이 전제되어야 하는데, 먼저 어떠한 쟁점에 대한 공개로 공정성을 가지고서 자유로운 토의가 이뤄져야 한다. 그리고 매스미디어의 자유를 통해 충분한 정보가 제공되어야 하며, 언론의 자유가 보장되어 여론과의 타협이 가능해야 한다.

4) 여론의 기능

(1) 개인적 기능

개인적 차원에서는 집단에 속하는 귀속감에 의한 정서적 안정감과 행동을 통제하는 힘으로서의 기능을 한다.

(2) 사회적 기능

여론은 매스미디어의 영향에 의해 사회의 다원화된 집단의 의견들을 조정·통합해주기도 하고, 선도적으로 사회적 행위나 규범을 제시한다.

(3) 정치적 기능

법률적 제정이나 정책수립 등 정치적 결정에 대해 여론이 수행하는 역할을 말한다. 국내의 공공정책 등에 관한 쟁점을 놓고 찬성과 반대, 보수와 개혁이라는 대립된 관점으로 논쟁한다.

(4) 문화적 기능

문화적 측면에서는 관습이나 풍속 등 변화를 가져오는 힘으로서의 기능을 한다.

(5) 통합적 기능

집단 간의 토론을 통해 각 집단에서 제시하는 의견을 통일시키게 된다. 개인들은 집단의 통일적 규범이나 의견에 소속되고자 하는 소속감을 통해 심리적 안정감을 느끼게 되는데, 스포츠 경기를 통해 사회적 통합을 이루기도 한다.

- 보가더스(Bogardus, 1952)의 여론의 기능
  ① 법을 제정하거나 무력화시킨다.
  ② 사회의 제도나 기관을 유지시킨다.
  ③ 사회적 또는 도덕적 기준을 유지한다.
  ④ 집단의 사기를 활발하게 한다.

5) 유언비어

또 하나의 여론으로 형성되는 유언비어는 주로 사람들의 비공식적인 접촉을 통해 이뤄지는 것으로, 권위 있는 정보원의 확인을 받지는 못했지만 이해관련 집단의 상당 부분이 심각하게 받아들이는 예상을 가리킨다. 유언비어의 발생조건을 살펴보면 다음과 같다.

첫째, 유언비어는 언론기관에 대한 불신 속에 발생한다.

둘째, 관료화의 과정 속에서 집단 구성원들의 욕구불만이 누적되게 마련인데 이러한 욕구불만이 유언비어를 발생시킨다.

셋째, 현대 정보화시대의 수많은 정보 중 믿을 수 없는 정보는 모

호한 부분을 더욱 확대시키고 추측을 조장하게 된다.

특히 한 사회가 위기상황에 빠지고 정치적 공황이 일어났을 때 사람들은 불안감과 위기의식에 사로잡히고, 바로 이러한 때 유언비어가 발생하게 된다.

6) 선전

PR이나 광고, 선전 모두 궁극적으로는 여론에 영향을 주고 지배하여 대중 또는 공중으로부터 지지 협조를 끌어들이려는 의식적인 기술을 활용하고 있기 때문에 선전 활동이 PR적 관점에서 이뤄지는 것을 PR선전이라 할 수 있다. 여론에 영향을 미치는 선전의 기술은 다음과 같다.

첫째, 부정적인 고정관념(독재, 매판, 선동, 간섭 등)의 표현을 사용한다든가 호의적인 고정관념(자유, 평화, 인권, 정의, 복지 등)의 표현을 사용해서 사람들의 감정에 호소한다.

둘째, 선전 주체의 권위를 확립하고 대중에게 안정된 권위자를 이용한다.

셋째, 서민성을 강조하고 다수의 연대성을 강조한다.

넷째, 예언적 표현을 하고 호기심을 북돋우며 강조를 반복한다.

다섯째, 단순하고 이해하기 쉬운 표현을 하고 주장을 명백히 하는 반면, 상대방을 무시하거나 논외로 규정한다.

이처럼 선전은 감정에 호소하고 선전의 주체를 믿게 하고 친절과 일체감을 부여하며 그 객체를 무비판적으로 끌어들이려는 색채가 농후하여 비판적 태도를 파괴하는 경향이 있다. 따라서 이것은 진정한 여론을 오도하게 되며 선전 자체에 대한 불신을 가져오므로 PR적인 관점에서의 선전활동이 필요하다.

또한 지배층이 매스컴을 독점하게 되면 합리적 대결 비판의 정신을 마비시켜 강제 없는 동조를 통해 대중 심리를 우둔한 상태로 이끌어가게 되기 때문에 선전기관인 신문, 라디오, TV 등의 대중매체가 진실한 보도를 전달하지 않는 한 합리적인 판단은 있을 수 없고 왜곡된 판단에 의해 문화의 진보가 그 정도를 잃어버리게 된다.

3. 설득과 태도, 여론의 관계

태도란 각 개인이 어떤 주제에 대해 일정한 방식으로 생각하는 선유경향(predisposition)을 말한다. 또한 각 개인이 문화적으로나 사회적 또는 개인적 특성에 따라 특정 문제나 주제에 대한 평가를 의미하기도 한다.

개인이 갖고 있는 태도는 다양한 주제에 따라 각기 다르게 나타난다. 또한 같은 주제라 하더라도 각 개인의 문화적·사회적·개인적 배경이 다르기 때문에 이들이 갖는 태도 또한 다르다. 즉, 개인은 한 회사의 업무에 대해 어떤 업무는 긍정적인 태도를 갖기도 하지만 어떤 업무에 대해서는 부정적인 태도를 가질 수도 있다. 이렇듯 각 개인이 갖는 태도는 특정 상황과 특정 주제에 따라 달라진다.

그럼에도 불구하고 비슷한 태도를 가진 사람들이 비슷한 의견을 표출하는 경우가 많아지게 되면 이에 따른 여론이 형성된다. 따라서 여론이란 비슷한 태도를 가진 사람들의 의견이 외부로 표출된 형태라고 할 수 있다.

한편, 각 개인은 자신에게 특별한 이해관계가 없는 이상, 보통 어떤 특정한 주제나 개인에 대해 극단적으로 긍정적이거나 극단적으로 부정적인 의견을 갖는 경우는 드물다. 다시 말해, 대부분의 사람들이 중립적인 의견을 갖는 것이 보통이다. 이들은 침묵의 다수(the silent majority)가 되는 경우가 많다. 즉, 이들은 다른 사람들로부터 고립되는 것을 두려워하여 자신의 의견을 자신 있게 표현하기보다는 침묵을 지키는 경향이 강하다.

또한 페스팅거(Festinger, 1957)가 인지부조화 이론(cognitive dissonance theory)에서 지적했듯이, 이들은 자신의 기존 성향과 반대되는 주제에 의해서는 생각이 쉽게 변하지 않는 반면, 자신의 기존 성향에 호의적인 주제에 대해서는 자신의 생각을 더욱 강화하려는 경향이 있다. 즉, 자신의 기존 성향과 다른 주제에 대해서는 인지의 부조화를 일으켜 이를 조화시킬 수 있는 정보를 추구하려 한다는 것이다.

이는 조직에서도 마찬가지다. 어떤 조직이든 자신의 목적을 달성하기 위해서는 인지의 부조화를 일으키는 요인들을 제거하려고 노력한다. 예를 들어, 고객이 스포츠 제품에 대해 부정적인 생각을 갖고 있을 때, 이를 제거하기 위해 유소년 클럽과 지역사회에 자선활동 등의 지원을 함으로써 자신에 대한 반감을 줄이려고 노력한다.

인지부조화 이론에 따르면, 특정 문제에 대해 기존 태도를 가장 많이 변화시킬 수 있는 대상은 긍정적이든 부정적이든 그 문제에 대해 아직 마음을 결정하지 못한 사람들이다. 따라서 PR 활동에서는 이들 중립적인 의견을 가진 사람들이 매우 중요한 PR 대상이 된다. 즉,

PR 활동에서는 이들에게 스포츠 조직에 대한 호의적 정보를 전달함으로써 중립적이거나 부정적인 태도를 가진 사람들에게는 인지의 부조화를 일으키게 하고, 긍정적인 태도를 가진 사람에 대해서는 기존의 태도를 강화시켜 스포츠 조직에 대해 호의적 감정을 갖도록 설득한다.

　　인간은 자신이 처한 환경 속에서 생활하면서 사물이나 인물 및 환경과의 상호작용을 통해 인식적 태도로서 설득의 새로운 메시지를 듣고 기존 지식과의 사이에서 새로운 정보에 대해 지지하는 긍정적인 태도를 보이기도 하고 비호의적이면 부정적 태도를 보이기도 한다. 그리고 정의적 태도로서 자아존중감, 동기, 불안감, 흥미도, 참여도 등 인간의 감정과 정서를 표현하고, 행태적 태도로서 자극에 대한 반응을 보이며 새로운 태도를 형성(formation)하고 기존 태도를 변화(change)시키며 강화(reinforcement)해나가게 된다. 따라서 태도 변화에는 기존 태도의 변화뿐만 아니라 그전에 지니지 않았던 새로운 형성과 기존 태도를 유지하거나 강화한다. 이때 비슷한 태도를 가진 사람들이 비슷한 의견을 표출하는 경우가 많아지게 되면 이에 따른 여론이 형성된다.

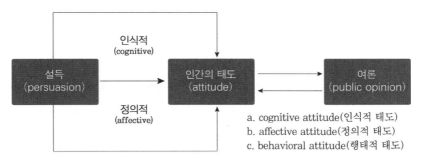

그림 4-1 | 설득과 태도, 여론의 관계

또한 설득은 인간의 태도 변화에 영향을 미치고, 인간의 태도는 그 의견과 더불어 여론에 영향을 주고받기도 한다.

4. 설득을 통한 PR

PR 활동의 목적이 결국은 스포츠 조직에 호의적인 여론을 형성하는 과정이라 할 때 이러한 목적을 달성하기 위해서는 여론의 특성을 잘 파악하고, 설득의 원칙을 이용하여 여론에 영향을 줄 수 있는 방법을 고려해야 한다.

플로우스(Plous, 1993)는 PR 활동에 대해 다음과 같은 6가지 설득 원칙을 제시하고 있다.

첫째, PR 활동을 하는 데 있어서 사람들을 구체적인 행동으로 유도하지 못할 경우에는 이미지를 통한 설득 방법을 사용하지 않는 것이 좋다. 예를 들어, 반낙태 운동의 경우 죽음과 파괴라는 이미지를 지나치게 강조하면 사람들을 끌어들이기보다 오히려 반감을 사게 된다. 즉, 사람들에게 혼란스러운 감정을 주는 설득 방법은 그들의 태도를 변화시키기보다는 오히려 반감을 사게 된다.

둘째, PR 활동을 할 때는 사람들이 다가오기를 바라기보다는 그들에게 먼저 다가가야 한다. 대부분의 사람들은 설득적 메시지에 대해 결코 능동적으로 다가서려 하지 않고 오히려 회피하려는 경향이 있다. 따라서 PR 활동을 할 때는 그들에게서 무엇인가를 얻으려 하기 전에 그들에게 무엇인가를 줄 수 있는 현실적인 방안을 강구해야 한다.

그림 4-2 | 여론의 형성 과정

셋째, 행위의 변화가 반드시 태도의 변화를 필요로 하는 것은 아니다. 경우에 따라서는 태도와 행위의 관계는 매우 미약할 수도 있다. 따라서 행위의 변화와 태도의 변화는 별개의 문제다. 예를 들어, 금연 캠페인을 할 때 흡연자에게 담배와 암과의 관계에 대한 정보를 알려주는 것이 곧 그들로 하여금 금연을 하게 만드는 것은 아니다.

넷째, PR 활동을 하는 데 있어서 도덕적인 논쟁은 설득의 주요 수단으로 하기보다는 보조 수단으로 사용하라. 도덕적 논쟁에 의해 태도나 행위의 변화를 유도하는 것은 쉽지 않다. 따라서 상대의 부도덕성을 지적하기보다는 자신의 해결책에 대한 실질적인 장점을 강조하는 것이 훨씬 설득력이 높다.

다섯째, PR 활동을 하는 데 있어서 극단적이거나 일시적인 방법을 택해서는 안 된다. 즉, 태도 변화를 유도하고자 할 때는 모든 사람이 인정할 수 있는 보편적인 방법을 선택하는 것이 훨씬 설득적이다.

여섯째, PR 활동을 통해 변화를 추구하려는 사람에게 공격적이어서는 안 된다. 사람들은 자신과 유사한 사람이 설득할 때 변화를 많이 일으킨다. 반대로 자신과 생각이 다른 사람이나 자신에 대해 공격적인 사람의 설득적 메시지에 대해서는 거부감을 일으킨다. 따라서 PR 활동을 할 때는 상대방의 입장에서 우선 이해하고 그 사람과 유사해지려고 노력할 때 설득력이 높아진다.

제5장
PR의 과정

PR 활동이 어떻게 전개되어가고 의도한 대로 성취되어가고 있는지에 대한
스포츠 조직의 PR 과정을 살펴본다.

　　PR 활동은 공중을 대상으로 직간접적인 설득 활동을 펼쳐 여론을 형성한다. 이러한 여론은 사회의 새로운 유행과 트렌드를 창조할 수 있는 핵심적인 힘이 될 수 있으므로 PR 활동이 어떻게 전개되어가고 의도한 바를 성취해가는지를 살펴보는 PR 과정에 대한 접근이 필요하다.

　　PR 활동을 전개하기 위한 계획을 구상하기 위해서는 우선 사실조사가 필요하며, PR의 프로그램 시행 결과는 평가를 수반한다. 여기서 PR 프로그램 시행은 의사소통을 의미한다.

　　PR 과정 모형(RACE)의 출현 이후 이와 유사한 PR 과정의 표현들이 등장했는데, 조사 → 계획 → 실행과 커뮤니케이션 → 평가, 조사 → 계획 → 실행 → 평가, 사실조사 → 계획 → 의사소통 → 평가 등으로 나뉘었다.

　　조금씩 다르지만 마스턴(Marston, 1979)은 PR 과정 모형을 사실조사, 계획(실행), 의사소통, 평가의 네 단계(RACE)로 제시했다.

그림 5-1 | PR의 과정

1. PR 조사

PR 조사는 PR 문제가 발생했을 때 지금 무슨 일이 일어나고 있는지 또는 무엇이 문제인지를 확인하는 단계다.

1) PR 조사의 필요성

PR 조사로 공중과 그들의 감정에 대해 정확하게 분석한다는 것은 한 조직체의 기본적인 성격이 결정되는 중심부 권력구조를 살피고 이들에게 가능한 한 최선의 방법으로 효과적인 침투를 할 것인지를 알아야 하기 때문에 중요하다.

즉, 조사는 행동 방안을 기획하고 PR의 채널과 내용을 결정하는 데 사용되는 사실의 수습과 대조이며, 다양한 공중이 지니고 있는 기본적 태도, 표현된 의견 및 정보를 탐색하는 것이다.

커틀립과 센터는 PR 조사의 필요성 또는 이점에 대해 다음과 같이 6가지 사항을 열거하고 있다.

첫째, PR의 경청적 국면을 강조하고 쌍방향적 개념에 실질성을 부여한다. 둘째, '너 자신을 알라'에 필요한 객관적인 관점을 마련해준다. 셋째, 정책결정을 하는 자리에서 카운슬링과 사업기획에 대한 지지를 획득하게 된다. 넷째, 조기 진단적 성과를 가져다준다. 다섯째, 외향적 커뮤니케이션의 효과를 증대시켜준다. 여섯째, 유용한 정보(경영진들을 위한 착상)를 제공한다.

조사는 두 가지 기본 목적을 가지고 있는데, 하나는 행동방안을 기획하고 홍보 프로그램의 채널과 내용을 결정하는 데 사용되는 사실을 수집하고 비교하는 것이며, 다른 하나는 다양한 공중이 지니고 있는 태도, 표현된 의견 및 정보를 탐색하는 것이다. 후자에 속하는 조사(여론조사)를 통해 얻은 정보는 일반적으로 장기 기획에 더 많이 이용된다(윤정길, 2000).

2) PR 조사의 방법

(1) 비공식적인 방법(informal method)

대표성과 객관성이 결여되고 자금 부족과 즉석에서 급히 평가해야 할 시간적 압박 하에서는 유용한 방법이다. 예) 전화나 편지를 통한 알고 있는 사람들과의 개인적 접촉, 우편물의 분석, 판매원의 보고, 회의, 연설과 저술들의 연구, 판매기록

(2) 공식적인 방법(formal method)

통계학적으로 좀 더 많은 신뢰성을 주는 PR 조사 방법이지만, 자금과 시간을 필요로 할 뿐 아니라 복잡한 절차와 기법을 요한다.

① 단면표본조사

어떤 조사 대상을 조사 시점에서 절단해서 그 안에 작용하는 요인들의 기술, 관계적 연구를 주로 하는 일반적인 표본조사 방법이다. 다시 말해 주어진 공중의 단면을 표본으로 뽑아 일련의 질문을 하는 방법이다. 표본의 추출 방법에는 무작위표본 혹은 확률표본, 층화표본, 지역확률표본, 우발표본, 유의표본 및 할당표본이 있다.

- 확률표본: 조사대상에서 모든 단위에 똑같이 뽑힐 수 있는 확률을 부여하면서 뽑는 표본을 말한다.
- 층화표본: 무작위표본의 일종으로 모집단을 몇 개의 부분 또는 계층으로 분류하고 그렇게 분류된 각 층에서 표본을 추출하는 것을 말한다.
- 지역확률표본: 군이나 시 같은 단위를 무작위로 뽑아 각 단위별로 조사단위를 무작위로 뽑은 표본이며, 이중표본법은 전체 표본에 관한 우편질문을 한 후 응답하지 않은 조사단위에 대해 현장조사를 하는 등의 방법이다.
- 우발표본: 특정 시간, 특정 장소에서 우연히 어떤 사람을 상대로 단순히 인터뷰함으로써 얻은 자료를 수집하는 수단이다.
- 유의표본: 조사대상의 알려진 특성에 따라 같은 비율을 적용하여 할당된 몫에 따라 추출한 표본이다.
- 할당표본: 문제의 모집단을 표면적인 특성, 성별, 연령, 거주지, 직업, 수입 정도, 기타 등으로 분석한 후 전체 모집단의 비율에 따라 인터뷰 수를 정한다.

② 패널조사

조사 대상자들이 선택되어 일정 기간에 여러 차례 인터뷰를 받는다. 참가자의 선택은 표본추출의 원칙에 의해 결정되며, 이것은 일정한 시간의 경과 중에 일어나는 조건의 변화가 사람들에게 어떤 영향을 주는지를 알기 위한 것이다. 이것은 통제된 실험을 위해 효과적이지만, 패널 참가자의 관리가 힘들며 모든 사람의 관심을 오랜 기간 동안 집중시키기가 힘들다.

③ 심층인터뷰

표출된 의견 저변에 있는 태도를 캐내기 위한 질적 도구로, 비공식적 인터뷰다. 응답자는 자유롭게 충분히 의견을 개진할 수 있어야 하며, 고도의 훈련을 받은 면담 전문가와 능숙한 분석자를 필요로 한다. 동기조사에 사용되는 기술의 하나이며, 시장조사를 위한 최신기술의 하나다.

④ 내용분석

커뮤니케이션의 표면적 내용을 객관적, 체계적 및 양적으로 서술하기 위한 연구 기술이다. 표면적 내용은 내용이 표시할지도 모를 잠재적 강도나 반향을 제외하며, 분명히 겉으로 나타난 내용만을 의미한다. 내용분석은 사람이 관심 있는 것일수록 자주 표출하게 되어 있다는 심리적 현상에서 비롯된다.

⑤ 우편질문

우편을 이용하는 질문으로 면대면 질문에 비해 경제적이지만, 응답자들이 전 인구의 대표가 된다는 보증이 없으며 개인적 인터뷰에서 가능한 신축성과 해석이 없어지고 우편질문에 대한 적절한 응답을 얻어내기 어렵다는 것도 결점이다.

3) 여론조사

여론조사는 PR의 객체인 사람들이 PR의 주체에 대해 어떻게 생각하며, 무엇을 원하며, 왜 그렇게 생각하는지(동기)를 조사하는 것이다.

① 이미지조사

스포츠 조직의 명성과 평판을 알아보고, 조직의 제품, 서비스, 가격, 광고, 직원 및 제반 행위가 공중에 의해 어떻게 받아들여지고 있는지 파악하여 조직의 이미지를 개선시켜주는 정보를 제공한다.

② 동기조사

한 조직에 공중의 태도가 어떤 동기에서 야기되고 있는가를 규명한다. 공중이 어떤 스포츠 조직이나 산업을 왜 좋아하고 싫어하는지 감정적 요인을 발견하는 데 초점을 둔다.

③ 효과조사

스포츠 조직의 PR 활동이 여론에 미친 영향을 측정하기 위해 사용된다. PR 메시지의 사전·사후조사를 통해 공중의 의견이 어느 정도 달라졌는지를 비교해본다.

④ 개별적 공중조사

일반공중의 견해에 대한 조사 이외에 주주, 소비자, 상인, 배달자, 종업원 같은 개별적 공중에 대한 태도조사를 의미한다. 회사의 종업원 의견조사를 통해 스포츠 조직의 정책, 관행, 근무조건, 관리 및 감독에 대한 그들의 의견을 알아보며 종업원 가족의 태도 조사 역시 이에 해당한다. 이 조사의 경우 응답의 익명성이 보장되어야 한다.

표 5-1 | 각 조사법의 장점과 한계점

기준	대인 인터뷰	전화 인터뷰	우편 서베이
의사소통의 융통성	높다	보통	없다
비용	높다(교통비)	비교적 낮다	가장 낮다
소요시간	비교적 빠르다	가장 빠르다	가장 느리다
표본(응답자) 통제	가장 높다	비교적 높다	가장 낮다
응답 조작 가능성	• 난처한 질문에 대해 왜곡된 응답 가능성이 높다. • 오해하기 쉬운 질문도 명확하게 전달할 수 있다. • 조사자가 응답자료를 조작할 가능성이 있다.	• 난처한 질문에 대해 비교적 솔직한 응답을 얻을 수 있다. • 오해하기 쉬운 질문도 비교적 명확하게 전달할 수 있다. • 조사자를 통제할 수 있다(녹음).	• 난처한 질문에 가장 솔직한 응답을 얻을 수 있다. • 오해하기 쉬운 질문은 명확하게 전달하기 힘들다.

4) PR 조사의 유용성

첫째, 연구의 결과는 다른 사회과학자들로 하여금 개인 및 집단 행동에 관한 깊은 통찰을 갖게 하여 새로운 방법, 가설, 이론을 제공한다. 둘째, 연구의 결과는 경영자, 교사, 공동체의 지도자, 노조지도자, 정부관료 등 전문적 직업인 및 지도자들에게 유용한 지식과 문제인지의 기초자료를 제공해준다. 지도자들은 조사 결과를 참고해서 정책 수립 및 계획을 작성하여 활동개선에 도움을 받게 된다. 셋째, 연구결과는 변동이 심하고 복잡한 현대사회에 살고 있는 시민에게도 유용하다. 사회조사를 통해 인간행위의 동태와 가능성을 이해하여 합리적이고 만족한 개인생활과 집단생활을 영위할 수 있게 된다.

국민체육진흥공단은 ㈜코리아리서치센터를 통해 서울과 대전, 대구, 부산, 광주, 인천, 울산 등 6대 광역시에 거주하는 20~59세의 남녀 1,000명을 대상으로 지난 12일부터 13일에 걸쳐 컴퓨터를 이용한 전화면접방식(CATI)으로 설문을 실시했으며, 표본 오차는 95% 신뢰 수준에 ±3.1%였다.

2. PR 계획

PR 계획(실행)은 PR 문제를 해결하기 위한 정책 혹은 전략을 수립하는 단계다. 계획 및 프로그래밍으로 스포츠 조직이 무엇을 행하고 말해야 하는지, 어떻게 하면 되는지에 대한 조직체의 PR 목표를 달성해나가기 위한 최선의 대안을 선정하는 시도 단계로, PR 기획 과정으로서의 의미를 가진다.

1) PR 계획의 단계

(1) 자료의 수집

PR에서 필요로 하는 모든 정보는 수집될 수 있어야 하며 자료의 수집은 공식, 비공식 등 모든 조사 방법을 채택할 수 있다. 예를 들어 연인들은 데이트를 하기 위해 스포츠 경기장을 찾고, 가족들은 나들이를 위해 스포츠 관람을 한다.

(2) 자료의 분석

현실적으로 검토된 사실에 입각한 각각의 증거는 의미로 전환되어 한 기관에 잠재적으로 유해한 것인지 유익한 것인지 검토된다.

(3) 문제 또는 기회의 확인

문제 또는 기회는 충분한 논의가 이뤄진 뒤 제시되어야 한다.

(4) 과거 경험의 참조

역사가 되풀이된다면 문제 또한 되풀이된다. PR 실무자가 어려움에 직면하게 되면 이와 유사한 체험을 재검토하고 근원을 알기 위한 기록을 검토해야 한다. 과거 상황과 관련한 성공과 실패는 미래 행동에 대한 단서가 될 수도 있다.

(5) 다른 조직의 경험 참조

국내의 다른 스포츠 구단이나 외국 스포츠 구단의 PR 활동 자료들을 수집하여 장점은 자 구단에서 활용할 수 있다.

(6) 미래 발전의 숙고

미래란 확신을 가지고 예측할 수 없지만, 예시적 징후는 있게 마련이므로 앞으로의 추세를 설계할 수 있다.

(7) 대안의 평가

모든 문제는 하나 이상의 해결책을 가지고 있기 때문에 기획 분과에서는 여러 대안에 대한 숙고 과정을 거치기 위해 충분한 시간을 허용해주어야 한다. 대부분 제안은 긍정적인 면과 부정적인 면이 동시에 갖춰지므로 상호 경쟁적인 경우가 허다하다.

(8) 최선안의 선정

모든 대안이 비교된 후 결정이 이뤄진다. 기획가들은 계획을 작성하는 행위 자체가 목적이라는 생각 때문에 그 자체에만 몰입해서는 안 된다. 제안은 궁극적으로 수락되어야 하므로 이를 위한 여러 방법이 접근되어야 한다.

(9) 긍정·부정적 요인의 비교

대안이 채택되었을 경우에도 선택의 결과에 대해 더욱 진지한 논의가 있어야 한다.

(10) 계획의 실행

계획의 실행 시기를 결정하는 문제 또한 중요하며, 일단 시행 단계에 들어서면, 최고 관리층으로부터 중간 관리층, 일선기관의 종업원에 이르기까지 범기구적 설득 운동이 있어야 한다. 특히, 최고 관리자에게서 강력한 지지를 얻어내는 것이 중요하다. 만일 실패 판단 시 계획의 설계 단계로 되돌아가서 기획과정이 되풀이되어야 한다.

(11) 계획에 대한 탐지

계획이 시행되면서 PR 전문가는 관찰함으로써 참가자들의 피드백을 얻어내고 잠정적 결론을 도출한다. 결과가 의문시되는 경우 조정이 필요하다. 계획이 기대 이상으로 나아가면 추가적인 자금과 인원의 투입이 가능하다. 시행 국면이 나쁜 경우 참사 방지를 위해 취소를 건의해야 한다.

2) PR 계획의 유형

(1) 장기계획과 단기계획

계획 기간의 장단에 따른 분류로 편의에 따라 장기, 중기, 단기로 분류가 가능하다. 대체로 장기계획은 10~20년 정도, 중기계획은 3~5년 정도, 단기계획은 3년 미만이다. 대개 단기계획은 장기계획의 부분이거나 전환기, 비상시에 주로 쓰이고 장기계획은 미래 추세를 예측하거나 앞으로의 목표를 기술하기 위해 시작된다.

(2) 전략계획과 전술계획

전략이 싸움에서 이기기 위한 기본 방안이라면, 전술은 하위개념으로 싸움을 구성하는 전투에서 이기기 위한 도구와 기술 등의 능숙한 사용법을 말하며, 양자는 상호 밀접히 관련된다. 목적과 수단 간 관계가 현실적으로 명확하게 구분할 수 없는 상대적 개념이듯 전략과 전술 역시 상대적 개념으로 편의에 따라 달라질 수도 있다.

(3) 단일 사용계획과 상비계획

단일 사용계획에는 주요사업계획, 세부사업계획, 특수사업계획 및 세부계획이 있다. 대개 단일의 제한적 목적을 가지는 계획으로, 목적 달성 시 이 계획은 종료된다. 상비계획은 관리정책, 표준적 운영절차 및 기관이나 회사의 규칙을 포함한다.

(4) 예방적 계획과 교정적 계획

예방적 계획은 현재 상태를 면밀히 검토한 후 규정해서 만든 장기계획을 의미한다. 교정적 계획은 예방적 계획에 비해 성격상 긴박성을 가진다. 문제 발생 후 이를 시정하기 위해 필요한 조치를 취하는 사후적 처방이 교정적 계획이다. 위건 애슬레틱은 2009년 프리미어리그 토트넘과 위건의 경기에서 9 대 1로 기록적인 참패를 당하자 홈페이지에 입장권을 가져오는 팬들에게 환불해주겠다고 고지하는 사후적 처방을 했다.

3) PR 계획의 요소와 평가

PR 계획은 다음과 같은 요소를 포함한다.

첫째, 계획의 동기로 모든 계획이 하나의 목적이나 존재 이유를 가져야 한다는 것을 의미한다.

둘째, 계획의 목표는 부분목표를 수립하고 시행하는 것이다. 목표가 특정 캠페인에서 기대되는 최종성과라고 한다면, 세부목표는 목표 달성을 위해 취해야 할 조치를 의미한다.

셋째, 부분목표에 맞추어 조직의 현황을 파악하고 대처해야 한다. 목표가 조직체의 현실과 동떨어진다면 심사숙고한 계획이 처방되어야 한다.

넷째, 시행 방법에 관한 것이다. 취할 행동 또는 채택할 방법이 모두 강구되어야 한다. 각기 부분목표에는 구체적 활동이 뒤따르게 마련이다.

다섯째, 대상공중을 가려내는 것이다. 누가 대상공중이 되며 그들이 어느 곳에 위치하고 있는지, 또한 그들에게 가장 효과적이고 능률적인 방법은 무엇이며 최선의 시기는 언제인지 이들 물음에 대한 심사숙고가 필요하다.

여섯째, 경비에 관한 것이다. 행정 관리 활동에는 예산이 필요하며 PR은 기획, 예산, 인사와 더불어 4대 관리 기능의 하나다. 또한 PR 계획 자체에서도 예산의 비중은 큰 몫을 차지한다.

커틀립과 센터는 잘 짜인 계획의 평가 요소들을 다음과 같이 지적했다.

① 목적과 집행이 성실해야 한다.
② 조직체의 목적이나 성격과 일치되어 지속성이 있어야 한다.
③ 접근 방법이나 호소에서 강경하고 적극적이어야 한다.
④ 규모에 함축성이 있고 적용이 계속적이어야 한다.
⑤ 단일 메시지를 가지고 있으며 명백하고 상징적이어야 한다.
⑥ 메시지의 송신자나 수신자에게 아울러 유익해야 한다.

4) 비상기획

비상기획은 '재난에 대한 기획'이라고 불리기도 하는데, 기획의 대상은 불리한 결과를 최소화하고 위기에 신속하게 대응하기 위한 것이다. 비상사태 발생 시 시간적으로 급박한 상태에서 민첩한 행동이 필요하므로 사전에 이에 대처할 기획을 세운다는 것은 PR 기획뿐 아니라 조직체 전반에서도 필요하다.

3. 의사소통단계

실행(커뮤니케이션), 행동 및 커뮤니케이팅은 누가, 언제, 어디서, 어떻게, 이미 계획된 것을 행동하고 말해야 할 것인지를 결정하는 단계다.

의사소통단계는 PR 과정의 3단계로서 행동 또는 집행 단계이며, PR 과정에서 가장 중요한 단계다. 성공적인 커뮤니케이션은 참여를 통한 대화(telling)와 경청(listening)이 전제되어야 한다. 의사소통(communication)은 공통성(commonness)을 이루려는 데 목적이 있으므로 송신자는 적절한 정보를 가지고 수신자가 이해할 수 있는 기호를 제시해야 한다.

송신자(근원)는 수신자(목적지)에게 메시지(기호)를 전달할 채널을 이용해야 하며, 그 메시지는 수신자가 이해할 수 있는 능력 한계 내의 것이어야 하고, 수신자의 개인적 관심을 불러일으키는 것이어야 한다.

송신자는 자기의 경험에 따라 메시지를 기호로 옮길 수 있으며 수신자는 자신의 경험과 지식에 비춰서만 풀이할 수 있기 때문에 두 사람의 효과적인 의사소통을 위해서는 그들의 축적된 경험이 공통 관심사에 겹쳐져야 한다.

PR 실무자는 언어를 선택할 때 동일한 기호나 언어 표식을 하더라도 사람에 따라서는 다른 뜻을 갖게 된다는 것을 기억해야 한다. 그리고 신조어의 등장 등 시간의 흐름도 말의 뜻에 변화를 일으키는 요인 중 하나다. 또한 언어는 연상의 피해를 받는 경우도 있는데, PR이라는 용어 자체가 선전업과의 관계로 인해 여론을 좋지 않은 목적을 위해 움직이려던 불미한 과거가 있어서 때로 좋지 않은 인상을 남겨

주는 경우가 있다.

1) 효과적인 의사소통을 위한 기본 요건

효과적인 의사소통을 위한 7가지 기본 요건은 다음과 같다.

그림 5-2 | 효과적인 의사소통을 위한 7c

① 신빙성(credibility): 발신자의 능력을 높이 평가하고 신뢰해야 한다.

② 상황(context): 그 환경의 현실과 일치되어야 한다.

③ 내용(content): 메시지는 의미 있는 것이어야 한다.

④ 명료성(clarity): 메시지는 단순한 형태로 표현되어야 하고, 복잡한 문제들은 단순성과 명료성을 갖고 있어야 한다.

⑤ 계속성(continuity)과 일관성(consistency): 커뮤니케이션이 성공하기 위해서는 끝없는 반복이 중요하다.

⑥ 매체(channels): 각기 다른 매체는 서로 다른 효과를 가지고 있다.

⑦ 청중의 능력(capability of audience): 커뮤니케이션은 청중의 능력을 참작해야 한다. 수신자 측의 노력을 가장 적게 필요로 할 때 가장 효과적이다.

2) 의사소통의 흐름과 확산

(1) 2단계 흐름의 가설

이 가설에서 아이디어는 흔히 라디오나 신문 같은 대중매체로부터 여론 선도자에게 흐르며(1단계), 개인적 접촉을 통해 이들 여론 지도자로부터 일반대중으로 흐른다(2단계).

(2) 다단계 흐름의 모형

이 모형은 2단계 흐름의 가설을 비판하면서 등장하며, 다음과 같은 사항을 지적한다.

첫째, 제2단계 가설에서는 정보의 흐름이 반드시 이를 도외시한다는 것이다.

둘째, 사회구성원들을 여론 선도자와 추종자로 양분하는 태도는 비현실적이며 바람직하지 않고, 지도자가 아닌 사람들 가운데 여론지지자들의 추종자가 아닌 경우가 더 많다는 것이다.

셋째, 농촌 사회학자들의 개혁 커뮤니케이션과 관련된 것으로 새로운 아이디어나 개혁안을 수용하는 잠재적 채택자는 채택 과정의 초창기에는 대중매체를 통해 정보를 추구하는 경향이 크며 채택 과정 후기에는 정통하고 존경받는 사람에게서 퍼스널 커뮤니케이션을 통해 정보를 추구하는 경향이 있다.

(3) 동심적 궤도이론

사상은 공중 전체에 지극히 완만하게 보급되어간다고 주장하고 있고, 이 과정은 침투과정과 매우 유사하고 동심적 궤도를 타고 파급된다는 것이다. 사상은 위대한 사상가로부터 위대한 제도들을 거쳐 정치적으로 능동적인 사람들에게서 정치적으로 무관심한 사람들 순으로 전파된다는 것이다.

3) 커뮤니케이션의 확산 과정

첫째, 인지단계에서 개인은 아이디어 혹은 관행의 존재는 알지만 그것에 대한 지식은 별로 없다.

둘째, 관심단계에서 개인은 아이디어에 대해 흥미를 가지며 그것에 대한 더 많은 정보를 구하게 되고 일반적 장점을 고려한다.

셋째, 평가단계에서 개인은 그 아이디어를 마음속으로 적용시켜 보고 그 장점이 자기 상황에 맞는가를 검토하게 된다.

넷째, 시용단계에서 개인은 실제로 그 아이디어, 관행을 소규모로 적용해본다. 개인은 관행적용법, 적용 시 필요한 자금 총액시기, 기법 및 조건에 관심을 기울인다.

다섯째, 채택단계에서 그것이 받아들일 만한 것으로 밝혀지면 채택하여 계속적으로 사용한다.

PR 객체(수신자, 공중) =
인지단계 → 관심단계 → 평가단계 → 시용단계 → 채택단계

---

4) PR 커뮤니케이션의 제약 요인과 대책

이해에 관한 장애와 메시지의 왜곡은 커뮤니케이터에게나 청중에게 다 같이 생긴다. 사람들은 제각기 자기 나름대로의 상징과 스테레오 타입에 따라 살아간다. 거기에는 사회적 장벽, 연령의 장벽, 언어와 어휘의 장벽, 정치적 장벽, 경제적 장벽 등이 있으며 이들은 올바른 커뮤니케이션에 장애가 되고 있다.

슈람(Schramm, 1976)은 "사람들이 커뮤니케이션을 통해 맺는 관계의 본질은 객관적인 상호관계가 아닌 이미지 대 이미지 간의 상호관계"라고 했다. 즉, 상대방이 자기를 어떻게 보는지 알지 못한 채 의사소통이 이뤄지면 그림자놀이에 불과하며 이것은 인간 커뮤니케이션에서 피할 수 없는 제약이 된다.

소셜 네트워크의 진화와 스마트폰의 보급으로 우리의 삶의 방식은 물론이고 스포츠를 즐기는 방식에도 큰 변화를 가져왔다. 현대에는 내가 좋아하는 선수와 일대일로 대화를 하고, 경기에서 각종 스포츠 소식들을 직접 전달해주며, 선수들의 친필 사인이 담긴 유니폼을 선물로 받는 등 발 빠르게 현장 소식을 알 수 있게 되었다. 과거 미니홈피나 블로그가 게재 중심, 주인장 중심의 운영체계였다면 최근 트위터나 페이스북, 미투데이 같은 소셜 네트워크 시스템은 메시지의 상호교환적인 흐름이 강조되는 매체들이다. 또 블로그나 미니홈피에 비해 콘텐츠를 작성하는 시간이 훨씬 단축되었다. 좀 더 인터랙티브하고 신속성 있는 매체로 진화하고 있는 소셜 네트워크는 스포츠 콘텐츠를 전하는 데 더할 나위 없이 적합한 수단이다.

4. 평가단계

　시초에 수립된 PR 목적과 목표가 얼마나 달성되었는지 평가하는
단계로서, PR 과정의 최종단계는 각종 PR 활동에 대한 평가다. 즉 프
로그램의 준비, 계획, 실행, 결과를 평가하는 단계로서 피드백을 토대
로 프로그램을 조정하게 된다. 평가를 통해 인적·물적 자원의 투입과
비용에 비추어 기대한 성과가 나타났는지 아닌지를 확인한 후에 만족
하지 못하면 최초로 돌아갈 수도 있다.

1) PR 평가 구조

　PR 평가의 방법에는 목표단계에서 설정해놓은 목표에 대한 달성
여부 평가로 결과물(output), 결과(outcome: impact 및 action) 검증의 사전
평가와 실행평가, PR 프로젝트에 있어 프로세스의 PR 프로그램 도출
을 위한 상황분석 단계의 역할 수행인 사후평가로 나뉜다.

(1) 사전평가

　어떤 사업기획에 사용될 자료에 대한 신중한 사전점검은 예상되
는 결함을 사전에 발견·보완·예방하는 것이 가능하다. 사전점검은
표본적 청중을 대상으로 해서 특정 커뮤니케이션 내용에 대한 직접적
인 반응을 관찰하는 반응분석을 통해 이뤄지며, 이에 따라 청중에 대
한 정보의 이해 가능성을 증가시켜줄 수 있다.

　이상과 같은 사전검사의 필요성과 효과를 인정한다 할지라도 그
것의 가치를 지나치게 과대평가할 필요는 없다. 여론의 물결은 급속

도로 흐르며 현재 순간에 통용되는 개념도 광범위하게 보급됨에 따라 허위적인 것이 되어버릴지도 모르기 때문이다.

(2) 실행평가

실행단계에서 평가는 PR 활동으로 도출되는 각종 수행 결과물을 평가하는 것이다. 여기에는 공중에게 메시지가 어느 정도 전달되었는지 여부에서부터 언론 보도량, 배포된 각종 홍보물의 수량, 메시지의 일관성 등이 포함된다.

(3) 사후평가

이 검사는 PR 활동 전개 이후 PR 활동 전반에 관해 행하는 것이기 때문에 포괄적이다. 이것은 목표공중이 조직이 설정한 목표의 달성 여부를 양적·질적 방법을 통해 특정 프로그램의 효과를 측정할 뿐만 아니라 전문지식을 향상시키는 데도 유익하다. 사후조사를 통해 현재 의존하고 있는 공중을 잡는 원칙들에 관한 진위를 가려낼 수 있게 된다.

표 5-2 | PR 평가 대상에 따른 구분

조직(사전평가)	투입물(input)	여론 및 상황수렴 목표 변화
PR(실행평가)	결과물(output)	메시지 일관성 PR 활동 수행 결과물
공중(사후평가)	결과(results)	행동
	효과(effect)	태도
	임팩트(impact)	인지 및 정보/이해

출처: 이종혁(2006). PR프로젝트 기획. 커뮤니케이션북스

2) PR 효과의 측정과 평가도구

(1) PR 효과의 측정

특정 PR 계획의 효과성은 수신자의 범위, 수신자의 반응, 커뮤니케이션 영향, 영향의 과정이라는 4가지 각도에서 측정할 수 있다.

① 수신자의 범위

수신자의 범위에서 어떤 결과를 얻기 위해 수신자에게 침투되어야 하는데, 이때 침투된 수신자 규모, 침투대상인 수신자의 어느 부분을 대표하는 것인지가 고려되어야 한다.

② 수신자의 반응

수신자의 반응에 있어서 각 구성원들이 어떤 반응을 일으키는지, 메시지의 내용이 그들에게 유리하거나 불리한지, 그것이 그들의 흥미를 끄는지, 이해 가능한지 등을 고려해야 한다.

③ 커뮤니케이션 영향

커뮤니케이션의 영향으로 직접적 반향 평가 후에 메시지가 그 수신자에게 미친 영향을 고려해야 하며, 메시지를 받은 사람들에게 비친 영속적이며 뚜렷한 효과는 무엇인지 고려해야 한다.

④ 영향의 과정

영향의 과정상 커뮤니케이션이 목표가 되는 수신자에게 영향을 주기 위해 작용하는 과정은 어떤 것인지, 어떤 영향의 경로와 설득 과정을 통해 메시지가 궁극적으로 개인에게 영향을 미치게 되는지, 그

PR 계획이 얼마나 효과적으로 대상 수신자의 행위와 여론에 영향을 주는 데 필요한 사회적 과정을 움직이게 하는지가 고려되어 측정이 이뤄져야 한다.

(2) 평가의 도구

PR 평가는 단기적으로 구체적인 PR 프로그램 전략, 활동 또는 전술의 성공 또는 실패를 분석하는 것을 의미하는데 이러한 분석은 미리 정해놓은 목표를 바탕으로 프로그램의 아웃풋(outputs), 아웃테이크(outtakes), 아웃컴(outcomes) 측정을 통해 이뤄진다.

① PR 아웃풋 평가

아웃풋(outputs)은 눈에 보이는 PR 프로그램 또는 활동의 결과를 말한다. 조직이 공중에게 얼마나 잘 노출되었는지 단기 또는 즉각적 결과에 대한 측정이다. 아웃풋 측정을 위한 방법으로는 첫째 매체 내용 분석이 있는데, 신문이나 방송에 보도된 날짜, 횟수, 매체 유형, 지리적 요인과 기사의 출처, 기사 유형, 노출 정도, 시청자 수, 기사의 어조(긍정적, 부정적, 우호적, 비우호적, 중립적) 등에 대한 측정을 한다. 둘째, 채팅방, 포럼, 뉴스그룹의 가상공간에서 채팅과 토론을 통해 측정하는데, 웹사이트에 올라온 기사에 대해 평가와 분석이 이뤄진다. 셋째, 이벤트 측정으로 전시회, 이벤트, 회의 등에 참가한 사람의 계층, 이벤트와 관련된 인터뷰 횟수 및 배포된 프로모션 자료의 수가 대상이 된다.

② PR 아웃테이크 평가

아웃테이크(outtakes)는 목표공중이 자신들을 겨냥한 메시지를 받아들이고 그 메시지에 주목하며 이해했는지, 그리고 메시지를 어떤 형태로든 기억해내는지의 여부를 분석하는 일이다. 아웃테이크 측정 유형에는 두 가지가 있다. 첫째, 인지와 이해의 측정이 있는데 이를 위해서는 사전·사후 서베이 방법과 메시지에 노출된 목표공중 집단과 노출되지 않은 다른 집단의 비교를 통해 어떤 변화가 있는지를 확인하는 측정이 있다. 둘째, 회상(recall)과 기억력(retention) 측정으로 조사 대상자가 기억하고 있는 내용이 신문기사인지 아니면 광고에 실린 메시지인지를 판별할 수 있어야 한다.

③ PR 아웃컴 평가

아웃컴(outcomes)은 배포된 커뮤니케이션 자료와 메시지가 목표 수신자들의 의견, 태도 및 행위에 어떠한 변화를 가져왔는지의 여부를 측정하는 일이다. 연구를 위해 면대면, 전화, 우편, 이메일, 인터넷 등의 서베이와 포커스 그룹, 특정 집단에 대한 질적 태도 서베이, 사전·사후 조사, 민족지학 연구, 실험 연구 등이 포함된다. 아웃컴 수준에서 PR 평가를 할 때는 주로 두 가지 유형의 연구를 사용한다. 첫째, 태도와 선호도 측정으로 사람들이 어떤 것에 관해 말하고 생각하는 것, 느끼는 것, 행위의 동기를 측정하고 노출된 아웃풋(보도기사, 연설 또는 이벤트 참여)에 대한 유형에 따라 선호하는 경향을 분석한다. 둘째, 행위 측정은 PR 프로그램으로 인해 목표공중의 행위가 변했는가의 여부를 X와 Y의 상관관계와 인과관계로 입증하는 것이다.

또한, 장기적인 PR 평가는 조직이 주요 공중과 유지하는 관계성(relationships)을 증진시키는 것을 목표로 전개하는 넓은 의미의 PR 노력의 성공 또는 실패를 분석하는 것을 의미하는데, 점점 더 많은 PR

실무자와 학자들이 PR의 궁극적 목적이 조직의 주요 공중과 지속적 또는 장기적 관계를 구축하고 발전시키는 것이라고 믿기 때문이다(최윤희, 2007). 지난 수년 동안 여러 학자들이 조직뿐만 아니라 사회에 대한 공중과 조직의 장기적 관계성에 관한 인식을 측정할 수 있는 요소를 제시했다.

제6장

위기관리 PR

언제 어디서 발생할지 모르는 스포츠 조직의 위기 발생 시
대처 방법을 위한 위기관리 PR에 대해 정리했다.

위기를 직접 경험한 집단대응 사례들로부터 많은 교훈을 얻고 위기에 대해 스포츠 조직들은 어떤 기대를 했는지, 어떤 전략을 사용했는지, 언론은 우호적이었는지 아니면 적대적이었는지, 처음부터 위기에 다시 대응한다면 어떤 부분을 수정·보완하겠는지에 대한 내용을 중심으로 언제든지 발생할 수 있는 위기에 대한 대처 방식을 알아보아야 한다. 2011년 스포츠토토 승부조작을 위해 프로축구 선수들이 브로커로부터 거액을 받은 사건은 우리나라 프로축구 선수들의 영구 탈락과 리그 이미지에 깊은 상처를 남겼고, 1999년 솔트레이크 조직위원회(SLOC)에서 일하는 사무관들이 2002년 동계올림픽을 솔트레이크 시에서 유치하기 위해 국제올림픽위원회(IOC)에 금품을 전달한 사건이 발생했으며, 2001년 NASCAR 대회에서 연습 중 네 명이 사망했으며, 나이키는 하도급계약 업체가 노동자들에게 기본임금에도 못 미치는 낮은 임금으로 노동 착취와 함께 안전하지 못한 시설에서 신체적으로 혹사시켜 해외 제조시설의 노동쟁의로 오랜 기간 동안 비난을 받았다.

이와 같이 스포츠 조직은 다양한 위기에 노출되어 있고, 위기관리 계획이 모든 잠정적 위기로부터 조직을 보호해줄 수는 없다. 일단 위기상황이 발생하면, 스포츠 조직이 취하는 조치에는 PR 공중 관계에 대한 부분이 상당히 포함되어 있다. 많은 기업들이 스포츠 마케팅에 대한 투자를 크게 늘리고 있지만, 체계적인 위기관리 대응책을 마련하지 못하고 있는 것이 현실이다. 스포츠 마케팅의 성공만큼 실패가 초래한 효과가 매우 큰데도 이를 쉽게 무시하곤 한다.

따라서 이 장에서는 스포츠 조직의 위기 발생 시 위기관리를 위한 대처 방법을 통해 조직 활동을 무리 없이 지속적으로 할 수 있도록 하는 위기관리 PR에 대해 살펴보도록 하겠다.

1. 위기 유형

일반적인 위기 유형에 대해 모든 개인과 조직은 여러 유형의 위기를 경험할 수 있다. 과거에 그러한 위기가 발생하지 않았기 때문에 앞으로도 발생하지 않을 것이라고 단정한 위기가 자연재해나 인간의 잘못된 행위로 당장에라도 발생할 수 있다는 것을 명심해야 한다.

표 6-1 | 일반적 위기 유형

인수	지진	합병	자살
연령차별	횡령	살인	경영권 인계
알코올중독	폭발	규제법안	세금문제
파산	살상	사업장 폐쇄	테러
뇌물수수	화재	불량제품	폭풍
화학물질 유출	홍수	반대시위	유해성 쓰레기
컴퓨터 장애	태풍	인종문제	교통사고
컴퓨터 해킹	정치헌금 상납	강도행위	교통장애
오염	납치	성차별	작업장 내 폭력
약물중독	소송	성추행	파업
마약거래	해고		

2. 위기관리 PR의 정의

위기(crisis)는 조직의 미래 성장과 이익 혹은 생존에 위협을 가할 가능성이 있는 사건이다(Lerbinger, 1997). 위기상황에는 스포츠 조직에 대한 허위 주장이 많아지며, 대개의 경우 이러한 허위 주장은 전반적인 상황을 고려하지 않은 것이 많아 조직의 재정적 안정에 심각한 타

표 6-2 | 스포츠 대상별 위기 유형

대상	내용
스포츠스타	기업이 가장 많은 관심을 기울이는 위기 요인으로 선수들의 계약 문제, 선수의 스캔들, 음주 폭행, 교통사고, 경기 중 선수 폭행이나 욕설, 심판과의 몸싸움 등 다양한 위기상황은 팬이나 고객에게 큰 반향을 불러일으킨다.
스포츠팀	국내의 기업이 운영하는 스포츠팀 운영에서 나타나는 가장 대표적인 위기 유형은 성적에 관한 것이다. 성적이 부진하면 비판적 여론에 직면하게 되고, 감독이나 선수 방출설 등이 나온다.
스포츠 이벤트	스포츠 대회는 행사의 안정성과 흥행이 가장 중요한 요소이므로 운영상 사고가 나거나 인명 피해가 생기면 부정적 결과가 생기고 관중이나 참여자가 적다면 효과가 반감되므로 스포츠 행사의 개최 시기도 정치 일정과 종교 지도자의 서거 등 돌발적 변수에 철저히 대비해야 한다.
스포츠 대회 스폰서십	대회의 신뢰성이나 흥행 여부가 스폰서십 가치에 큰 영향을 준다. 더구나 기업이 타이틀 스폰서(title sponsor)로 들어가면 대회 이미지 자체가 고스란히 스폰서 이미지로 연결되는 사례가 많다. 즉, 기업이 후원한 대회가 성공하면 기업 이미지나 상품 매출도 같이 좋아진다.
라이선싱, 머천다이징	라이선싱, 머천다이징 계약을 한 기업은 모방 제품이나 불법 제품에 대한 대응에 위기관리의 초점을 맞춰야 한다. 기본적으로 스포츠 라이선싱은 스포츠 프로퍼티(property)를 가진 주체들이 감시나 단속의 주체가 되며, 불법 제조 및 판매를 방지하는 역할을 하는 것이 일반적이다.

격을 입히고, 그 파급력은 자금에 대한 부분을 넘어 명성에 직접적인 타격을 준다. 그리고 위기에 대한 조직 경영진의 응대나 대응 결여로 인해 파급 효과가 커지게 된다. 슈톨트, 밀러, 이리스와 컴포트(Stoldt, Miller, Ayres & Comfort, 2000)는 위기를 "스포츠 조직의 재정적 안정성 및 총체적인 신뢰성에 큰 타격을 입힐 수 있는 상황이나 사태"라고 정의했다. 이와 같이 대부분의 위기상황에는 돌발성과 사건의 신속한 진전 및 증폭, 패닉(panic) 상태가 존재하며, 심한 압박 상태에서 비이성적이며 무모한 행동을 하는 경향, 내부 커뮤니케이션의 혼란, 언론의 재촉, 조직의 명성과 실적에 미치는 영향 같은 요소들이 나타난다. 그러므로 위기는 개인이나 조직의 미래에 결정적인 영향을 미치는 중요한 변화과정으로 잘 관리되지 않으면 조직, 관련 산업, 관련 공중에게 부정적인 영향을 미치는 예측하기 힘든 중요한 위협을 주는 사건을 의미한다.

위기관리(crisis management)는 위험과 불확실성이 많은 제 요인을 제거하여 스스로 각자 자신의 운명을 더 잘 통제할 수 있도록 하는 경영 기술이다. 즉 조직이 위기에 대처하여 조직에 바람직하지 못한 결과를 최소화시키고, 이에 따른 신속한 조치를 취하며, 아울러 위험의 확인(identification), 위험의 측정(measurement), 그리고 위험의 통제(control)를 통해 최소한의 비용으로 위험에 따르는 불이익을 극소화하는 제반 행위다(조계현, 2005).

3. 위기관리의 목적

조직에 커다란 해를 입힐 수 있는 위기상황이 발생하면, 스포츠 조직을 계도해줄 계획을 개발해야 한다. 즉, 위기관리 PR 전략은 일단 발생한 위기 사태를 타개해나가는 방법을 제시해준다. 위기관리를 위해서는 정보 처리와 정보 공유가 무엇보다 중요하기 때문에 관리전략은 내·외부적인 의사소통에 초점을 맞추고 있다(Davis & Gilman, 2002). 즉 위기관리 PR은 사전 위기관리 부분과 위기 발생 시 대응 부분, 그리고 사후단계 부분으로 나누며 조직과 공중 간의 대화라고 할 수 있다.

표 6-3 | 단계별 위기 대처 방안

단계	구분	내용
위기 발생 전	위기관리 매뉴얼	위기진단을 통해 위기를 유형화한다. 위기유형별로 프로세스를 정리한다.
	위기관리팀 조직	위기관리 매뉴얼에 따라 모의 훈련을 실시한다.
	위기 관련 정보수집	예측되는 위기별 사내정보를 수집한다. 사외정보를 모니터링한다.
위기 발생	징후 발견	수시 모니터링으로 징후를 발견한다.
	위기상황 대처	위기상황에 대해 매뉴얼에 따라 대처한다. 위기관리본부를 조직한다. 위기관리팀을 가동한다.
	위기 커뮤니케이션	대변인을 정한다. 신속과 공개를 원칙으로 대내외 정보를 수집하고 제공한다.
위기 종료	이미지 회복	상황 종료 후 이해관계자들을 대상으로 이미지 회복 프로그램을 실시한다.
	교육	상황에 따른 교육을 실시한다. 위기관리 매뉴얼을 수정하고 보완한다.

출처: 김태욱(2009). 똑똑한 홍보팀을 만드는 실전 홍보세미나. 커뮤니케이션북스

위기관리 PR 전략은 모든 경영진과 직원이 주어진 위기상황을 관리하고 이를 저지할 수 있는 자리에 배치되어 그러한 위기상황을 신속하고 효과적으로 해소하기 위한 정보를 제공하고, 위기의 영향을 받는 모든 사람에게 그러한 위기에 대한 현실적인 정보를 가급적 빠르게 제공함을 목적으로 한다. 효과적인 내부 의사소통이 핵심이 되므로 그러한 상황에 대한 모든 정보가 경영진과 위기상황 중 일 처리법을 알고 있는 직원에게 보고되어야 한다. 외부 의사소통도 효율적으로 이뤄져야 하므로 언론, 기부자, 고객 같은 대중이 조직의 대응법을 이해하고 있어야 한다.

4. 위기관리 PR 전략의 필요성

미국의 경우 NFL과 NBA 리그의 사무국에는 위기관리 PR 전략이 있지만, NHL과 MLB는 위기관리 PR 전략을 보유하고 있지 않다. 이와 비교하여 우리나라 스포츠 조직은 위기관리에 대한 PR 전략이 더욱 부족한 실정이다.

앞에서 설명한 바와 같이 위기는 항상 존재하고 예상치 못한 곳에서 허위 주장과 함께 나타날 수 있다.

위기상황에서 스포츠 위기관리 PR로서 해야 할 가장 중요한 일은 언론 작업이다. 수많은 언론이 24시간 내내 스포츠 조직에 대한 기사를 다루고 있기 때문에 스포츠 조직은 언제나 언론의 감시 하에 놓여 있는 셈이다. 더욱이 언론 기관이 증식하고 매체의 기술이 발달함

에 따라 스포츠 공중 관계 전문가는 과거 어느 때보다 빠르게 대응해
야 한다.

　또한 스포츠 조직에게는 위기에 적절한 대응을 하지 않아서 발생
하는 잠재적 위험이 더 치명적일 수 있다. 이러한 상황은 강력한 공중
관계를 통해 오랜 세월 힘들게 쌓아온 명성이 단 한 번의 위기로 돌이
킬 수 없는 지경에 이를 수도 있다.

　그러나 효과적인 위기관리 PR 이용은 조직의 피해를 줄이고 위
기에 대해 대중이 호의적인 시각을 갖도록 만들어주는 힘이 있다. 스
포츠 조직의 위기상황이 기사화되면 전국적으로 유명세를 타게 되고,
위기를 솜씨 좋게 처리하면 오히려 명성을 이룰 기회로 삼을 수 있다.

5. 위기관리 대응 방안

　위기관리 대응 순환 모델은 잠정적 위험에 대한 예측에서 시작한
다. 위기를 예측함으로써 두 번째 단계, 즉 위기관리 PR 전략 개발로

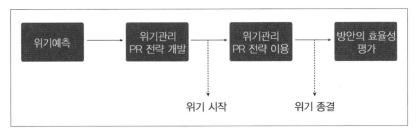

그림 6-1 | 위기관리 대응 순환 모델

넘어간다. 세 번째 단계는 위기관리 PR 전략 이용으로 들어가고, 네 번째 단계인 방안의 효율성 평가로 끝을 맺는다. 평가를 통해 경영진은 더욱 견고한 준비성을 가질 수 있고, 앞으로의 위기를 예측할 수 있으며, 자신들의 위기관리 PR 전략을 적절히 수정할 수 있다.

1) 위기 예측

스포츠 위기관리 PR을 위해 맨 먼저 해야 할 일은 조직이 겪을 수 있는 위기를 예측하는 것이다. 이것은 두 가지 이점이 있는데, 첫째는 잠재적 문제를 식별함으로써 조직이 위기에 대해 선제권을 갖도록 하여 실질적으로 위기가 발생하지 못하도록 예방할 수 있고, 둘째는 위기를 예측함으로써 위기관리 PR 전략 개발의 기반을 마련할 수 있다.

위기 예측은 장기 예측과 단기 예측으로 나눌 수 있는데, 장기 예측이 위기요인의 특성을 분석하여 그것이 미치는 영향과 근본적인 대책을 추구하는 것이라면, 단기 예측은 실시 또는 발생 시기에 초점이 맞춰진다.

또한 스포츠 조직이 당면할 수 있는 위기는 두 가지 유형으로 나타날 수 있는데, 비행기 사고나 스포츠 시설 폭발 사고 같은 돌발적 유형과 어떠한 경고가 있는 잠재적 유형의 경우다.

돌발적 위기는 사전에 예측할 수 없는 것들로서 홍수로 인한 공장 피해, 누전으로 인한 화재, 회사 최고경영자(CEO) 등의 유고, 후원 선수의 약물 스캔들이나 폭력, 음주 파문, 후원 팀 감독의 갑작스런 이적, 집단 몸싸움, 감독의 불미스런 퇴장 조치 등도 이 범주에 포함될 수 있다.

잠재적 위기는 환경에 대한 투자 소홀로 인한 환경 파괴 발생, 미흡한 성폭력 방지 대책으로 인한 사내 성희롱 발생, 제품관리 오류로 인한 리콜 사태, 부실시공으로 인한 건물 붕괴 등 사전에 관심을 가지면 방지할 수 있는데도 경영상의 잘못으로 초래한 예견된 위기를 의미한다. 이런 유형의 위기는 제도적인 허점, 경영상 오류 등에 관한 것이어서 사전에 위기 요인이 감지될 수 있다. 잠재적 위기로는 후원하는 팀이나 선수의 성적 부진, 구단과 팬클럽의 대립, 스포츠 대회의 흥행 실패, 중계권 협상의 결렬로 인한 중계방송 불발, 불법 라이선싱 제품의 판매, 경쟁 기업의 매복(ambush) 마케팅 등을 꼽을 수 있다.

그러나 돌발적 위기나 잠재적 위기는 상황에 따라 구분하기 어려우며, 두 가지 성격을 동시에 갖는 경우도 많다. 예를 들어 약물 파동은 구단이나 연맹이 도핑검사를 의무화한다면 사라질 수도 있는 위기 요인이다. 하지만 선수가 일시적 감정으로 성적을 올리기 위해 약물을 복용했다면 이는 돌발적 상황으로 볼 수밖에 없다.

2) 위기관리 PR 전략 개발

위기는 그 특성상 파괴적이며 감당하기 어려운 경우가 많지만, 위기관리 PR 전략을 개발함으로써 순향적인 조치를 취할 수 있다.

위기관리 PR 담당자는 위기에 대해 다섯 단계를 따라 핵심 요소를 포함한 계획을 개발해야 하는데, 그 내용은 다음과 같다.

첫 번째 단계는 PR 담당부서 중심의 위기관리팀을 구성하여 조직의 취약점 및 잠재 위기 요소 탐색 등 조직을 파악하는 것이 중요하다.

두 번째 단계는 핵심공중을 선정하여 위기 시에 커뮤니케이션할 언론, 정부 기관, 지역사회, 고용인, 투자자, 협력업체, 신용평가 기관, 일반공중 등 다양한 공중을 위기상황별로 파악해두어야 한다.

세 번째 단계는 수립된 위기관리 PR 계획에 따른 조직 내부의 지지를 얻는 것이다. 특히, 최고경영자의 지원 없이는 기획에 관여해야 하는 어떠한 사람도 이 일을 우선적으로 생각하지 않을 것이므로 최고경영자가 이러한 방안의 개발을 지지하도록 해야 한다.

네 번째 단계는 긍정적인 이미지를 연출할 수 있는 올바른 대변인을 선택하는 것이 중요하다. 대변인은 평소 언변 능력, 외모뿐만 아니라 신뢰감을 끌어낼 수 있는 커뮤니케이션 수행을 위해 미디어 트레이닝을 실시해야 한다.

다섯 번째 단계는 외부 컨설턴트와 스포츠 조직 자문역의 협력자를 확보하는 것이 효과적이다. 외부의 협력자에게 위기를 관리하게 하거나 조언을 듣는 것은 위기관리팀원의 시각을 폭넓게 하는 데 도움이 된다(조계현, 2005).

(1) 위기관리 PR 전략 방안의 핵심 요소

모든 고용인은 위기가 발생했을 경우 어떤 식으로 의사소통을 진행해야 하는지를 알고 있어야 한다.

① 내부 의사소통

내부 공중에게 무슨 일이 일어났으며 그 결과 무엇을 해야 하는지를 알려주고, 내부 의사소통을 통해 위기관리와 관련이 있는 추가 정보를 확보해야 한다.

② 외부 의사소통

공중의 안전이 위험에 처한 경우가 여기에 해당하고, 조직에 해가 되는 기사가 너무 과장되고 있다면 조직이 자체적으로 뉴스를 발표하는 것이 가장 좋은 대응책이 될 수 있다. 스포츠 조직은 핵심공중(가족 구성원, 언론, 팬)과의 의사소통을 위해 여러 가지 방법을 사용할 수 있다.

③ 대변인 지정

위기관리 PR 전략에서 가장 중요한 요소 중 하나가 위기 중 스포츠 조직을 대변할 사람을 지정하는 작업이다. 위기 시나리오에 따라 대변인으로 지명되는 사람이 달라진다. 가장 심각한 사태일 때는 CEO, 총 관리자, 체육이사 등의 경영진으로 대변인을 세우고, 선수의 법률위반 같은 심각성이 덜한 사태에는 헤드 코치, 1차 대변인이 위기로 인해 답할 수 없는 상황에 처한 경우 신중을 기해 이를 대신할 사람을 정해야 한다.

④ 메시지 채널 식별

위기관리 PR 전략에 따라 메시지의 속성과 이를 전달할 채널을 결정한다. 스포츠 조직 대표는 일대일 대면이든, 뉴스 콘퍼런스나 인터뷰이든, 인터넷이든 반드시 위기의 결과를 알고 있어야 하며 이에 대해 진심어린 자세를 보여야 한다. 대표가 냉담하게 대처하면 사태를 더욱 악화시킬 뿐이다. 그리고 대변인은 자신이 속한 조직이 위기 상황에 대해 끝까지 책임을 질 것임을 밝혀야 한다. 이는 비난을 감수하겠다는 의미가 아니라 조직이 불행한 사태를 초래했다는 의미로,

상황을 호전시키기 위해 노력하겠다는 의미다.

3) 위기관리 PR 전략 이용

잠재적 위기와 돌발적 위기에 대한 전략을 이용하여 위기를 극복하고 파급 영향을 최소화하기 위해 어떻게 대응해야 할지를 살펴보면 다음과 같다.

먼저, 위기관리팀 회의 소집을 위한 구성은 상황 관련 최고경영자, 법률 자문, 기술 자문, 인력 담당, 재무 담당 간부가 반드시 포함되어야 하며 객관적이고 전략적인 판단을 위해 외부 홍보 자문역을 활용할 수도 있다. 그리고 위기상황에서 언론과 교섭하는 것이 무엇보다 중요하고 어려운 과정이므로 언론 대응 대책으로 정해진 언론홍보팀에게만 안내 및 답변할 수 있도록 조치하고, 언론인은 기사에 대해 가능한 한 많은 정보를 구하려 할 것이므로 조직을 효과적으로 옹호하려면 핵심 메시지를 정교하게 다듬어 쉽게 전달될 수 있도록 해야 한다.

둘째, 위기관리팀장은 상황보고 및 의사결정 요령에 따라 매 시간마다 1회씩 위기관리회의를 주재하고 스포츠 마케팅을 추진하는 조직은 구단이나 선수, 계약 문제 등 위기가 생기면 신속히 내부 보고를 하고 의사결정을 내려야 한다. 그리고 공중과 커뮤니케이션을 해야 한다.

셋째, 조직이나 개인의 입장 정리 및 홍보 메시지, 상황대응전략 구축하기 위해 상황 관련 피해자 및 언론을 중심으로 한 상황대응전략을 매 시간마다 확정하고 발표와 브리핑을 한다.

넷째, 대변인을 통해 입장 표기 문서를 발표하고 상황 접수 후 2시간 이내에 예상 질문답변서를 확정하여 언론 발표 및 홍보 활동을 실시해야 한다. 무엇보다 중요한 것은 구단이든, 선수든, 기업이든 위기상황이 발생해 언론이 이를 보도하기 시작하면 원인이 무엇이든 관계없이 일단 대중에게 사과하고, 상대방을 어루만지는 태도가 필요하다.

다섯째, 위기가 발생하면 일시에 취재, 문의가 오고 비난과 함께 유언비어가 나돌 수 있다. 언론과 조직 관계자들에게 즉각적이고도 정확하게 알리는 쌍방향 커뮤니케이션을 하고, 유언비어에 대한 관심을 줄이기 위해서는 기자들에게 상황을 정확히 설명해주어야 오보나 추측 기사가 줄어들 수 있다.

여섯째, 상황과 관련하여 여론조사 및 언론 보도 분석을 실시한다. 신문이나 방송 보도가 여론을 좌우하기 때문에 빠른 대처와 조사 및 분석을 통해 홍보 전략 및 메시지 구축을 재확인하고 위기관리 매뉴얼을 재점검해야 한다.

4) 위기관리 PR 전략 효과 분석

위기가 종결되면 우선 경영진이 위기를 정상 운영 상태로 되돌리기 위해 위기관리 PR 전략 자체에 대한 전반적인 성과를 평가하고 이를 개선해나가야 한다.

또한 동일한 집단이 위기관리 시 전달하고자 했던 행사언론 자료, 소비자 대응 발언, 판매 기록, 기타 방안의 성과에 대한 지표 같은 데이터를 통해 법적·재정적 부담에 대한 구체적 분석과 손실 복구 및 재발 방지책의 구체적 실행, 취약한 부분에 대한 조치, 장기적 효과에 대한 분석, 커뮤니케이션 체계의 평가분석과 수정·보완 등을 검토하는 것이 가장 좋은 방법이다.

또한, 위기관리 PR 전략위원회에서 일했으나 위기관리 PR 전략을 정형화하는 과정에는 참여하지 않았던 관리자에게 상황을 보고하도록 하여 방안의 효과에 객관적인 의견을 반영할 수 있도록 해야 한다.

제7장
내부 공중 관계 커뮤니케이션

내부 공중 관계 요인들과의 상호 일관성 있는
적합한 관계를 위한 커뮤니케이션의 내용을 살펴본다.

　　스포츠 조직과 기업이 공중과의 관계를 구축하기 위해서는 고용인, 투자자 등의 내부 공중에게 관심을 기울여야 하는 한편, 그 밖의 고객, 기부자, 정부, 언론, 지역사회, 산업 관계 등의 외부 공중에게도 그에 못지않은 관심을 기울여야 한다.

　　이러한 공중을 대상으로 한 커뮤니케이션 노력은 이들 요인 간에 상호 일관성이 있는 적합관계를 유지함으로써 조직체의 목적을 달성할 수 있고 기업이 지향하는 전략으로 나아가게 된다.

　　이 장에서는 스포츠 조직 내부의 공중에 속하는 이해관계자인 고용인과 투자자 관계와의 커뮤니케이션에 대해 알아보도록 하겠다.

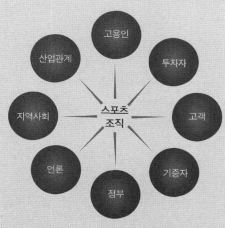

그림 7-1 | 내 · 외부 공중 관계 요인

1. 고용인 관계 커뮤니케이션

지난 수십 년간 조직의 관리자들은 고객을 어떻게 하면 잘 배려할 수 있을까에 초점을 두어왔다. 그리고 경영진 입장에서 조직을 효율적으로 운영하기 위한 노력을 해왔다. 최근 내부 공중과의 커뮤니케이션에 대한 여러 가지 활동이 궤도에 오르자 관리자들은 외부 공중과의 관계와 조직 경영자가 수립한 경영전략의 성공을 위해 사내공중과의 커뮤니케이션이 중요하다는 것을 알게 되었다.

직원 의사소통(employee communication), 즉 고용인 관계 커뮤니케이션은 스포츠 조직의 경영자와 그 이외 다른 직원 간에 바람직한 관계를 구축하는 것을 목적으로 하는 공중 관계의 한 종류다. 고용인 관계 기능은 고용 및 직원 인사관리 같은 직무를 담당하는 인사부에 통합되어 스포츠 조직 내에서 전달되는 메시지와 연결됨으로써 고용인의 도덕심, 행동, 조직문화 같은 사안과도 직접적으로 이어진다.

K리그의 포항스틸러스는 선수들의 사기증진과 팀에 대한 애착심을 높이고 돈독한 관계를 유지하기 위해 클럽하우스로 선수가족을 초청하여 포항제철소를 견학하게 하고, 일본 도쿄에서 열린 2009년 아시아축구연맹(AFC) 챔피언스리그 결승전에 가족들을 초청했다. 그 결과 가족들도 구단에 대한 신뢰와 호감을 가지게 되었고, 구성원 전체가 의욕적인 모습을 보여주어 다른 K리그 팀에 비해 우수한 전력을 가지고 있지 않음에도 2009년 피스컵 코리아와 AFC 챔피언스리그 우승까지 2관왕을 하여 최근 가장 우수한 성적을 내는 팀으로 변모했다.

고용인과의 관계는 핵심공중의 특성 조사, 핵심공중 내 구성원과 연계할 면밀한 커뮤니케이션 활동 기획, 그러한 활동의 효과적 분석이라는 프로그램 과정이 필요하다.

고용인 관련 프로그램은 고용주와 고용인 간의 커뮤니케이션 통로를 강화시켜 생산성과 사기를 증진시키며, 클라이언트의 사업 발전에도 도움이 된다. 고용인 관련 프로그램의 전형적 요소는 다음과 같다.

① 전달하고자 하는 정보가 무엇인지 결정해야 한다. 그리고 고용인이 정책, 문제, 회사재정 또는 기타 주제 등 무엇을 궁금해하는지 알기 위한 조사를 시행해야 한다.
② 결과를 분석하고 보고해야 한다.
③ 전체적인 계획에 사용될 구두 혹은 문서 커뮤니케이션 전술을 개발해야 한다.
④ 뉴스레터, 잡지, 핸드북, 연례보고서, 게시판 등 고용인 지향적인 커뮤니케이션 방법을 통해 연구하고, 글을 싣고, 배포해야 한다.
⑤ 슬라이드나 영화 같은 시청각 커뮤니케이션을 통해 연구하고, 글을 싣고, 제작해야 한다.
⑥ 고용인 커뮤니케이션의 효과를 평가해야 한다.

1) 고용인 관계 커뮤니케이션의 중요성

간단히 말해 고용인은 조직의 가장 큰 자원이기 때문에 스포츠 조직은 그 직원과의 건전한 관계를 형성하는 데 가장 큰 관심을 두어야 한다.

그러나 고용인은 대개 경영진과의 커뮤니케이션에 회의적인 자세를 보이기 때문에 고용인 관계는 난항을 겪기 쉽다.

이들은 자신들이 알고 있어야 한다고 생각하는 정보를 조직의 지도자가 정직하게 숨김없이 말할지라도 의심을 품고 있다. 어떤 경우, 과거 공정하지 못한 대우를 받았거나 그런 식으로 처리되었다고 믿으면서 경영진에 대해 적대감까지 보이는 경우도 있다. 심지어 조직의 경영진이 고용인을 투명하고 공정하게 대한다고 하더라도 고용인의 마음속에는 '당신들, 우리'라는 명확한 경계가 있다. 효과적인 고용인 커뮤니케이션으로도 이러한 관념을 완전히 없앨 수는 없겠지만, 고용인의 참여와 만족을 증진시키고 최고경영자와 다른 직원이 더욱 효과적으로 일을 해나갈 수 있도록 만들어줄 수는 있다.

고용인 관계 커뮤니케이션의 이점에 대해 정리하면 다음과 같다.

첫째, 조직의 목적 또는 목표를 공유할 수 있기 때문에 최고경영자가 가지는 오직 하나의 정신력만 존재하는 것이 아니라 조직의 모든 구성원이 회사를 움직이는 데 참여할 수 있도록 한다면 그 조직은 고용인 전부의 정신력을 지니게 되는 것이다. 즉 최고경영자, 임원, 사원들이 하나가 되었을 때 그 조직의 힘, 즉 정신력은 최고점에 다다를 수 있다.

둘째, 행복감과 만족감을 느끼는 고용인은 그렇지 않은 사람에 비해 작업 생산성이 높다. 고용주가 자신들보다는 고객이나 주주들 입장에서 생각하는 경우가 많다고 여기는 고용인이 많은 조직은 총판매량, 순수입, 시장성 등이 그렇지 않은 조직보다 낮다. 조직이 고객과 투자자와의 관계를 쌓는 것도 중요하지만, 이런 모습은 고용인의 생산성 저하나 회사에 대한 냉소적인 태도를 취하게 만든다는 사실을 알 수 있다.

셋째, 스포츠 조직에 소속되어 있는 고용인 하나하나가 공중 관계의 대표로서 고객을 진정으로 만족시킬 수 있기 때문에 중요하다. 티켓 판매, 안내 데스크, 접수대, 경호원 등 제1선에서 고객 서비스를 하는 직원들은 공중 관계 담당직원보다 더 많은 시간을 핵심공중과 함께 보내고 있다. 따라서 정책 결정자뿐만 아니라 고용인 모두가 고객에 대한 응대를 친절히 해주어야 한다. 그러므로 조직에 대한 고용인의 만족이 선행되어야 진정한 고객만족으로 이어질 수 있다.

넷째, 자신의 작업 환경에 만족하는 고용인이 그렇지 못한 사람보다 이직률이 낮다. 직원 교체에 들어가는 비용이 상당히 높기 때문에 스포츠 조직이 이미 고용하고 있는 생산성 있는 직원과의 커뮤니케이션을 통해 조직을 떠나지 못하게 하는 것은 당연한 일이다.

다섯째, 효과적인 고용인 관계는 대외적으로 조직이 일관된 목소리를 내도록 하기 때문이다. 조직은 외부 공중과의 신뢰관계를 구축하기 위해 무엇보다 통일된 목소리를 낼 필요가 있는데, 하나의 목소리는 경영진과 고용인 간에 가치의 공유를 하고 의사결정 과정에서 소외되지 않으며 실제적으로 참여하고 있다는 느낌을 갖고 있을 때 가능하다.

이러한 관점에서 봤을 때, 스포츠 행사 담당 스태프나 경영인, 공중 관계 담당직원뿐만 아니라 조직을 구성하는 모든 고용인의 중요성이 인정되므로 조직의 관리자는 언론 관계와 지역사회 관계 이상으로 고용인 관계 커뮤니케이션 방안을 확대해야 한다.

2) 고용인 관계 커뮤니케이션의 특성

스포츠 조직 내에서 커뮤니케이션의 흐름은 다음과 같은 특성을 가지고 있다.

첫째, 수직 커뮤니케이션으로 정형화되어 있어 최고경영자에게서 고용인으로 흐르는 하달 커뮤니케이션과 고용인 수준에서 최고경영자까지 흐르는 상달 커뮤니케이션으로 형성되어 있다.

(1) 하달 커뮤니케이션(downward communication)

회의나 회사 내 통신의 형태와 연례보고서, 게시판, 사내 비디오 영상, 조직 출판물, 온라인 커뮤니케이션(인트라넷), 위성 TV 등을 포함해 조직의 지도자가 메시지를 전달하는 방법은 여러 가지가 있을 수 있다. 무엇이 가장 편한지 혹은 조직 차원에서 지출이 적은지가 아니라 직원의 언론 소비 패턴에 기준하여 유포 채널을 결정해야 한다.

이러한 채널을 통해 고용인이 관심을 전달하는 메시지는 조직이 임무와 사명을 공명정대하게 수행하고 있음을 호소하고, 조직이 추구하는 전략과 조직의 향후 계획을 발표한다. 그리고 조직에 영향을 주게 될 기술 발전에 대한 부분을 설명할 수도 있다. 즉, 고용인이 그러한 새로운 기술을 사용하게 될 수도 있으므로 이런 주제에 관심을 두게 된다.

(2) 상달 커뮤니케이션(upward communication)

직원에게서 최고경영자로 흘러가는 상달 커뮤니케이션은 공중을 알고 커뮤니케이션 활동을 기획하여 이들로부터 피드백을 받을 수 있도록 하는 것이 중요하다. 직원과의 양방향 커뮤니케이션을 구축하여 목적에 동의하면 이들을 설득하고 원하는 방식으로 행동하도록 하기 위해 노력하고, 합의가 목적이라면 조직과 공중이 동적인 관계를 맺어 상호 호혜적인 공중 관계를 가져올 수 있는 노력과 대화로 이들을 이해시켜야 한다.

양방향 커뮤니케이션에 있어 조사는 성공의 문을 여는 열쇠라 할 수 있다. 모든 조사 방법을 이용해 직원들로부터 정보를 수집할 수 있는데, 예를 들면 직원 소식지에 간단한 설문조사를 넣거나 직원이 관심을 가질 만한 주제로 질의응답식 칼럼을 넣어 피드백을 받을 수도 있다. 그러나 대부분의 직원이 가장 선호하는 커뮤니케이션 방식은 직속상관과의 직접 대면이다. 조직 관리자가 그 직원과 강력한 관계를 구축할 수 있다면, 이러한 상호 대인적인 교류를 통해 가장 정직한 의견과 통찰력 있는 아이디어를 공유할 수 있을 것이다.

둘째, 수평 커뮤니케이션도 정형화되어 있는데, 이는 대개 조직 내에서 비슷한 수준의 동류 집단 사이에서 형성된다. 이런 형태의 커뮤니케이션은 조직 내 통신이나 회의의 형태로 나타난다.

세 번째 커뮤니케이션은 비공식적인 일종의 비밀 정보망 같은 것이다. 이런 커뮤니케이션은 수직과 수평 커뮤니케이션 사이의 틈을 메워주기 때문에 조직 내 비밀 정보망의 존재가 스포츠 조직에 항상 해가 되는 것은 아니다. 사실, 할 수만 있다면 고용인 관계 전문가는 이러한 비밀 정보망을 찾아내어 이용하는 것이 유리하다. 이런 정보망을 모니터링함으로써 관리 차원의 주의나 공식적인 커뮤니케이션으로 유도해야 하는, 현재 떠돌고 있는 주제와 사안을 식별해낼 수 있다. 이는 '탐문'으로 해결되는 문제가 아니라, 조직의 핵심 이해관계자 구성원 중 누군가와의 조율 속에서 이뤄질 수 있는 부분이다.

3) 스포츠 분야 고용인 관계의 특징

스포츠 분야의 고용인 관계에서 논의해보아야 하는 독특한 두 가지 측면은 다음과 같다.

첫 번째 특징은 해당 스포츠가 인기 종목인 경우, 스포츠 조직에 소속되어 있다는 사실만으로도 직원이 사회적 우월감을 지닌다는 점이다. 이런 이유로 스포츠 조직은 조직의 자긍심을 강조함으로써 직원들 사이에서 자리 잡을 수 있다. 이를 위한 한 가지 방법이 조직에 소속되어 있다는 것을 능동적으로 나타내도록 하는 것이다. 조직에서 조직 로고가 들어간 의복 등을 무료 또는 매우 싼 가격에 직원들에게 나눠주어 직원들이 공중 관계를 맺을 때 회사의 직원이라는 것이 인식되도록 하는 동시에 자원봉사 등을 할 때는 직위의 고하에 상관없이 일체감을 가질 수 있다.

두 번째 특징은 팬들의 강렬한 관심을 가지고 있는 프로스포츠 구단의 선수 조합과 노사관계다. 의견이 분분한 연봉협상은 스포츠계에서는 찾아보기 어렵지만, 협상 결과에 대한 공중의 관심은 상당하다는 것이 스포츠 업계의 특징이기도 하다. 미국의 NBA, WNBA, NFL, NHL, MLB의 다섯 개 프로리그 연합의 조합(union)은 그 안에 속한 선수들을 대변한다. 1970년대부터 이런 연합이 힘을 갖게 되면서 단체교섭 협상이 공개되어 상황이 나빠졌고, 여러 곳에서 파업이 일어났다. 그 결과 팬이 멀어졌고, 언론 제휴사나 주관 시설, 후원사, 관련 사업체들이 피해를 입었으며, 구단주, 조합 지도자, 선수의 명예가 실추되었다.

그리고 선수들의 파업은 커다란 경제적 손실을 가져오는데, 2004년 일본의 프로야구 파업은 경기를 치르지 못해 200억 원의 손실을 보았고, 2011년 NBA의 직장폐쇄 사태는 시즌을 개최하지 못하는 상황을 초래했다. 따라서 구단의 관리자는 선수협의회와 관계를 잘 유지하는 것을 책임져야 한다.

4) 조직문화와 공중 관계 커뮤니케이션의 효과

사내 공중 관계 문제를 이야기할 때 조직문화를 빼놓을 수 없다. 어떤 조직사회도 나름대로의 문화를 가지고 있기 때문이다. 조직문화(organizational culture)란 조직이 운영하는 방식을 규정하는 가치, 태도, 행동이며 이는 공중 관계의 효과와 밀접한 관련이 있다. 훌륭한 조직문화를 가지고 있는 조직사회는 공중 관계 커뮤니케이션의 효과가 높을 것이며, 그렇지 못한 문화를 갖고 있는 조직사회는 퇴보할 수밖에 없다(Stoldt, Dittmore & Branvold, 2006).

조직문화는 권위적 문화와 참여적 문화로 분류할 수 있는데, 먼저 권위적 문화는 중앙집권형으로 명령하달식 의사결정을 하고 기존의 일 처리 방식 강조, 경영진과 고용인 간의 불신, 새로운 것에 대한 거부감, 조직 단위 팀제로 작업 불가라는 특징을 가지고 있다. 반면에 참여적 문화는 권력 분산과 협력적 의사결정을 하고, 혁신적인 일 처리와 경영진과 고용인 간의 기본적인 신뢰를 바탕으로 새로운 아이디어에 대해 수용적이며, 조직 단위가 팀이라는 특징을 갖는다.

위에서 말하는 조직문화를 볼 때 참여문화가 좋은 조직은 고용인과의 공중 관계 커뮤니케이션 효과도 높을 것으로 기대되고, 여성과 소외계층을 지원해주는 조직이 공중 관계 커뮤니케이션 효과가 높다는 사실이다. 이미 많은 조직에서는 이러한 조직문화의 효과를 인식하고 조직의 성차별과 성희롱 금지에 관한 정책을 채택하고 있으며, 지도와 개인 발전을 위한 지원 프로그램 개발에 이르기까지 다양한 방식을 사용하여 고용인의 진취적인 복무를 위한 공중 관계 경영을 하고 있다.

2. 투자자 관계 커뮤니케이션

투자자 관계(investor relations: IR)는 1953년 제너럴일렉트릭(General Electric)사가 주주를 대상으로 한 커뮤니케이션 계획에서 유래되었다. 이는 개별 투자자와 투자회사, 재정 분석가와 공중 관계 분석가와의 바람직한 관계를 구축하기 위한 공중 관계의 일종이다. 미국의 IR협회(national investor relations institute: NIRI)는 투자자 관계를 "재정, 커뮤니케이션, 마케팅, 증권 관련 규정을 통합하여 회사와 금융 커뮤니티나 기타 구성원 간에 가장 효율적인 양방향 커뮤니케이션이 가능하도록 하여 궁극적으로 회사가 공정한 가치 평가를 받을 수 있도록 하는 전략적 경영책임"이라고 정의했고, 한국 IR협회는 "기업과 주주 및 투자자 간의 적극적인 커뮤니케이션을 통해 기업의 내용과 경영방침 등에 관한 정확한 정보를 현재 또는 잠재적 투자자에게 제공하는 것"으로 보고 있다.

수많은 스포츠 조직이 주식회사 형태를 띠고 있다. 그러므로 핵심적인 공중 관계로 투자자 관계를 반드시 고려해야 한다. 이러한 조직으로는 나이키, 스피드웨이 모터스포츠, 스포츠라인닷컴 등을 들 수 있다. 투자자 관계 현장 활동가는 조직의 커뮤니케이션 기능의 공중 관계 전문가의 일을 파악하고 있어야 하는 것은 물론 재무지향적인 공중(증권분석가, 국내·외 기관투자자, 금융 관련 언론기관, 주주, 개인투자자, 펀드매니저 등)을 대상으로 기업의 경영방침, 정책, 계획, 성과 및 전망에 대한 정확한 정보를 제공해야 한다.

투자자 관계 전문가는 법제도적 요건에 맞게 일을 해야 하므로 회사에 따라서는 이러한 직무를 변호사와 회계사에게 일임하는 경우도 있다. 하지만 재정이나 법률 전문가가 커뮤니케이션에 대한 배경지식이 있어야 스포츠 조직의 공중 관계를 추구할 수 있기 때문에 이렇게 하는 것은 그리 바람직하지 못하다.

1) 투자자 관계 커뮤니케이션의 목적

투자자 관계 커뮤니케이션은 현재의 투자자와 앞으로 투자할 가능성이 있는 잠재적 투자자에게 조직의 신인도 제고, 자금 조달의 효율화, 주주 구성과 분포의 적정화, 주식의 시장 유통성 증대 및 투자자에게 투자 동기부여 등을 전달하는 기능을 목적으로 한다.

이러한 목적을 달성하기 위해 투자자와의 공중 관계는 다른 분야와 마찬가지로 반응적이거나 순향적인 방식으로 접근해야 한다. 반응적인 방식은 정부 규정에 따르고, 질의에 응답하며, 조직이 전통적으로 해온 활동인 연례보고와 주주회의를 따르는 것이다. 순향적 방식의 개별 작업은 기존 요건을 만족시킬 뿐 아니라 투자자 앞에서 스포츠 조직의 재정적 상황을 옹호할 수 있도록 해야 한다.

투자자의 신뢰는 조직 재무제표 상에는 나타나지 않는 무형적인 요소에 의해 좌우된다. 이런 무형적인 요소에는 조직의 지도자, 전략, 브랜드 가치, 명성, 기술발전 방식 등이 포함된다. 투자자와 이러한 무형적인 요소에 대해 논의함으로서 경영자의 기밀에 대한 편견을 어느 정도 극복할 수 있게 된다.

2) 투자자 관계 커뮤니케이션의 효과

투자자 관계 커뮤니케이션은 주가 안정을 통해 조직이 필요할 때 필요한 자금을 싸게 조달할 수 있는 효과가 있으며, 주식의 유통성을 높이는 효과가 있다. 유통성은 다수의 투자자가 존재하면서 그들이 매입을 원할 때 주식을 구입할 수 있거나 매각하여 현금화할 수 있는 정도를 말한다.

주가의 안정성이 크면 조직이 필요한 자금을 제때 조달할 수 있는 이점이 있다. 이 외에도 IR의 관점에서 투자자 집단에게 경영정보를 충분히 공개함으로써 조직에 대한 신뢰도를 높일 수 있다. 높은 신뢰도는 조직에 대한 악성 루머를 사전에 봉쇄할 수 있으며, 주가 하락의 정도를 최소화하고, 높은 신용평가 등급을 유지할 수 있게 된다. 결과적으로 원활한 자금조달은 조직 성장의 밑거름이 되며, 아울러 조직이 건전한 자본구조를 갖게 해줌으로써 은행으로부터의 대출 등 자본 조달도 쉽게 해주는 부수적인 효과가 나타나서 조직 가치 상승을 기대할 수 있게 된다.

3) 투자자 관계 커뮤니케이션 활동

적절한 커뮤니케이션 수단을 사용한 투자자와의 잦은 접촉은 투자자의 관심과 주목을 유발한다. 이를 위한 투자자 관계 커뮤니케이션은 다양한 활동으로 참여할 수 있는데, 이 중 3가지를 살펴보면 대부분의 투자자 관계 전문가는 연례보고서 개발과 연례 주주총회 기획 및 관리 일을 하고 있다. 투자자 관계에 있어 중요한 커뮤니케이션 플랫폼으로 양방향 기술도 사용된다.

(1) 연례보고서

연례보고서는 투자자 관계 전문가의 직무 가운데 가장 중요한 일 중 하나다. 기업 환경에서는 주주, 투자회사, 금융매체에 재정 정보를 보고하는 일이 일차적인 기능이다. 일반적으로 연례보고서는 21×48센티미터 크기에 16~48페이지 분량으로 제작된다. 내용은 다음과 같은 정보를 포함한다.

① 연간 재무제표
② 재무 데이터 그래픽 요약
③ 이사회장, 최고경영자, 조직 회장의 서문
④ 조직 프로파일
⑤ 연표 또는 지난 해 주목할 만한 일 등 관심을 가질 만한 기타 요소
⑥ 사진

대부분 연례보고서는 전체를 통독하는 것이 아니므로 그래픽적인 요소와 인용부호를 사용하면 받아보는 사람들이 핵심 메시지를 빠

르게 파악할 수 있다.

(2) 연례 주주총회

연례 주주총회에서는 주주들이 조직 지도자의 말을 들을 수 있고, 조직에 대해 알 수 있으며, 이사회에 상정할 문제에 대해 투표를 할 수도 있다. 조직의 공중 관계 담당은 연례 주주총회를 기획하고 집행할 때 다음과 같이 5가지 분야의 일을 한다.

① 회의 기획을 돕고 물리적인 세트업
② 참석자에게 나눠줄 핸드아웃과 기타 자료 개발
③ 참석자를 대상으로 회사 순방을 하거나, 기념품이나 선물 준비
④ 언론에 회의 관련 정보를 유포하고 회의에 대한 언론의 요청 중재
⑤ 경영자의 주주 대상 발표 준비를 돕고, 질의응답 자료 준비 보조

(3) 양방향 커뮤니케이션

투자자 관계에 있어 양방향 커뮤니케이션을 사용하는 것이 점점 더 중요해지고 있다. 전화 콘퍼런스와 웹케스트(인터넷 텔레비전) 장치는 보통 경영자와 투자자 간의 콘퍼런스에 사용되고 있다. 전화 회의는 이전에는 접근하기 어려웠던 조직의 고위 임원들의 목소리를 직접 들을 수 있고 이들의 개성도 함께 느낄 수 있는 기회를 제공하며, 이런 회의에 귀 기울이는 투자자는 회사 재정에 대한 개방성의 척도로 받아들일 수 있기 때문에 의사 결정에 도움을 받을 수 있게 된다.

조직의 웹사이트는 투자자 의사소통의 가장 급격한 혁신이 이뤄지는 장치로, 조직은 연례보고서 등의 정보를 웹페이지에 게재하면서

투자자를 포함한 구성원들과의 커뮤니케이션 방식을 변경하고, 인터넷을 통해 연례 주주총회를 방송함으로써 총회에 참석할 수 없는 주주들도 실시간으로 필요한 정보를 얻을 수 있게 되었다.

4) 투자자의 수익 결산

주식회사 형태의 스포츠 조직 경영자는 투자자에게 수익을 배분하고 조직의 주가를 높이기 위해 다른 이해관계자 집단과의 관계를 희생하면서까지 투자자에 대한 가치에 전적으로 의존하는 경우가 있다.

스미스(Smith, 2003)는 이러한 점에 대해 관리자가 고려해야 할 3가지를 말했다. 첫째, 윤리나 법적 테두리를 벗어나서까지 무엇이든지 한다는 의미로 해석될 수 있기 때문에 계약 시 주주의 이익을 최대로 하는 문구는 제외해야 한다는 것이다. 둘째, 일차적인 책임이 투자자에게 있다는 주주 중심 접근법과 조직의 수익이 감소하는 한이 있더라도 모든 이해관계자의 이익을 우선시한다는 이해관계자 중심 접근법이라는 양쪽의 관점에서 경영해야 한다. 셋째, 경영자는 조직 커뮤니케이션에 사용하고 있는 철학을 바탕으로 의사소통을 해야 한다. 어떠한 선택을 하든지 다른 구성원은 그 방법이 최선이라는 것을 알도록 해야 한다.

제8장
외부 공중 관계 커뮤니케이션

외부 공중 관계 요인들 간의 상호 일관성 있는
적합한 관계를 위한 커뮤니케이션의 내용을 살펴본다.

외부 공중인 고객, 기부자, 정부, 언론, 지역사회, 산업 관계 등을 위한 커뮤니케이션 노력은 이들 요인 간에 상호 일관성이 있는 적합관계를 유지함으로써 조직체의 목적을 달성할 수 있고 조직이 지향하는 전략으로 나아가게 된다.

이 장에서는 스포츠 조직 외부의 공중에 속하는 이해관계자와의 커뮤니케이션에 대해 알아보도록 한다.

1. 고객 관계 커뮤니케이션

고객은 여러 가지 방식으로 정의되는데, 고객(client), 회원(member), 단골고객(patron), 연합(associate), 손님(guest), 구매자(buyer), 관람객(viewer), 구독자(subscriber) 등의 말은 모두 조직적 입장에서 조직과 거래하는 사람들을 일컫는 말이다.

용어적 정의와는 관계없이 어떤 조직이 성공하기 위해서는 이러한 집단과 어느 정도로 연관을 맺을 수 있는지가 중요하다. 일반적인 마케팅 방법인 4P(product, price, place, promotion)는 고객과 생산자를 기본 수준 정도로만 연결시켜줄 수 있어서 수많은 마케팅 활동으로 형성된 관계는 일시적으로만 영향을 미치거나 전혀 영향을 주지 않는 것도 있다.

최근에는 스포츠 조직에 있어 장기적인 측면에서 고객 집단의 가치가 점차 높아지고 있기 때문에 지속적인 관계를 구축하는 데 초점을 맞추고 있다. 특히, 스포츠 조직이 장기적인 고객 충성도를 인식하게 됨에 따라 공중 관계는 고객과의 관계를 구축하는 데 있어 점차 중요성을 더해가고 있다.

그러므로 고객 관계의 현시성은 어느 스포츠 조직에게나 중요한 사안이 되고 있는 실정이므로 고객의 요구를 만족시키고 고객과 조직 간의 가치를 교환하도록 해주는 마케팅으로서 공중 관계와의 상관성을 연계하여 가장 효과적인 전술을 개발하고, 고객과의 지속적인 관계를 위해 공중 관계를 구축하여 이를 키워나가야 한다.

1) 고객 관계관리

　최근, 스포츠 조직은 좀 더 내구력 있고 개인별로 특화된 관계를 구축하는 데 집중하고 있다. 고객 관계관리(customer relationship management: CRM)에서 고객가치 관리 및 고객만족과 서비스 관리에 이르기까지 고객에게 초점을 맞춘 다양한 방안이 개발되고 있다.

　왜냐하면 서비스 분야에서 고객과의 장기적 관계형성은 과정적인 현상에 그치는 것이 아니라 조직과 고객 사이의 관계의 구조화를 유발하게 되는데, 밀접한 고객 관계를 통해 유대관계, 신뢰, 충성도 등이 형성되므로(Berry, 1995) 판매자와 구매자 사이의 관계구축과 유지는 매우 중요한 문제이기 때문이다(김은정·이선재, 2002).

　CRM에서는 광범위한 고객 정보를 이용하여 운영을 강화함으로써 고객을 위해 봉사한다. 고객과의 유일한 접점이 거래라 한다면, 어떠한 실질적인 관계도 형성되지 않을 것이다. 티켓 구매자와의 유일한 상호작용 장소가 티켓 판매소라면, 공중 관계가 형성될 수 있는 실질적 기반은 거의 없다고 할 수 있다. CRM은 양방향 커뮤니케이션으로 현재의 기술로 수집할 수 있는 고객의 이력, 거래, 커뮤니케이션에 대한 온갖 정보에 의존하고, 정보는 주기적으로 갱신하여 언제나 최신 정보를 유지할 수 있도록 해야 하며, 무엇을 어느 정도 수량으로 얼마에 구매하는지에 대한 거래 정보가 들어가 있는 데이터베이스에는 태도, 가치, 선호도에 대한 정보가 들어가야 완전한 가치가 있다.

　고객 관계관리로 인해 관계를 구축하는 데 기존의 마케팅 노력 이상의 것이 필요하게 되었기 때문에 전통적인 마케팅과 공중 관계 간의 경계가 모호해지게 되었지만, 구조화가 잘된 CRM 프로그램에서 얻은 정보의 상당 부분이 제품 권유 및 변경, 광고와 가격 전략 같은 직접 마케팅에 사용되고 있으며, 이러한 활동은 고객과의 공중 관계 커뮤니케이션의 기반이 될 수 있다. 이런 커뮤니케이션은 고객을 불러들이고 유지하는 데 중요한 역할을 한다.

일례로, 많은 프로농구팀에서 하계 농구캠프를 통해 팬과 만남의 자리를 만들고 있고 이러한 농구캠프는 티켓을 판매한다기보다는 공중과의 관계를 구축하는 데 주력하고 있다. 시즌 전 사진 촬영이 가능한 오픈 하우스와 그랜드 오픈도 고객과의 관계를 돈독히 하는 데 이용된다. 몇몇 직접 마케팅을 통해 이러한 행사 중 고객과의 관계를 키울 수 있으나, 이런 마케팅은 부차적인 수단이다. 행사에서는 대화를 통해 듣고 참여할 기회가 생기므로 거래관계에만 치중한다면 중요한 부분을 놓칠 수 있다. 또한, 행사를 통해 중요한 고객관리에 필요한 정보를 수집하거나 식별할 수 있다.

2) 고객만족

조직의 성공을 좌우하는 핵심 요소 중 하나가 고객만족이다. 신규 고객을 찾는 것보다는 기존 고객을 유지하는 쪽이 비용이 덜 들고 수익성이 있다. 왜냐하면 시장이 포화상태인 상황에서 신규 회원확보를 통한 시장점유율만 중시하여 드는 비용은 기존 고객 유지비용에 비해 5배나 많으며, 금융업의 경우는 기존 고객의 이탈을 5%만 방지해도 85%의 이익을 향상시킬 수 있으므로 이미 확보된 고객과의 연속적인 교류와 고유한 혜택을 받는 상호관계는 여타의 유료 광고보다 효과적이라고 할 수 있다(Zeithaml & Bitner, 1997).

그러므로 기존 고객의 만족으로 유지력을 반영해주는 고객 충성도(customer loyalty)를 기를 수 있는데, 코틀러(Kotler, 2000)는 만족을 얻은 고객은 오래도록 충성도를 유지하고, 조직에 대해 호의적으로 이야기하며, 경쟁에는 주의를 덜 기울이므로 가격 상승에 덜 민감하게 되어 신규 고객보다 이들에게 봉사하는 쪽이 비용이 덜 든다고 했다.

이처럼 고객 유지에 있어 핵심이 되는 것은 무엇이 고객을 행복하게 만들고 무엇이 이들을 화나게 하는지를 파악하는 것이다. 합당한 품질로 제품이나 서비스에 대한 소비자의 기대치를 만족시키지 못하면 기본적인 고객만족은 이뤄질 수 없다. 진정으로 충성도 높은 고객을 원한다면, 기대 이상의 것을 제공할 필요가 있다. 팀(Timm, 2001)은 고객의 기대를 능가하여 이를 통한 고객과의 관계 구축을 더욱 확장할 수 있는 6가지 부분에 대해 말했다. 6가지 부분은 가치, 정보, 속도, 인성, 부가가치, 편의성(VISPAC)이다.

이 중 어떠한 한 가지 혹은 6가지 측면 모두에서 고객의 기대를 넘어선다는 것은 고객의 충성도를 키울 기회가 그만큼 많아진다는 의미로서 마케팅과 연계한 공중 관계에 밀접한 관련이 있다. 이러한 부분을 어떤 식으로 다루는지가 고객이 조직을 어떤 식으로 인식할지에 영향을 주어 궁극적으로는 '명성'이라는 형태로 나타나게 된다.

(1) 가치

팀이 제안한 VISPAC 중 일부는 제품의 품질과 제품 서비스와 상당한 관련이 있다. 그는 가치(value)를 "가격에 대한 제품이나 서비스의 품질"이라고 정의했다. 결국 가치란 사람이 결정하는 것이지만, 때로는 상품의 내구력 같은 좀 더 구체적인 요소로 측정하는 경우도 있다. 대부분의 고객은 러닝화를 얼마나 오랫동안 신을 수 있을지에 일차적인 관심을 갖게 마련이다. 내구성이 주요 관심사라면 이런 요소를 상품으로 가져와 고객과의 커뮤니케이션을 통해 이 부분을 강조할 수 있을 것이다. 초심자가 제대로 못 치더라도 그다지 경로에서 벗어나지 않는 골프클럽이라면 반복 소비가 가능할 것이고, 이는 입소문으로 퍼질 것이다.

그 밖의 가치는 다소 주관적인 면이 있으며, 고객은 좀 더 개인적인 기대치를 기준으로 만족도를 평가하는 경우가 많다. 팬이 프로야구 경기를 보기 위해 10만 원을 소비했다면, 어떤 범주의 팬들이 이런 일에 돈을 지출할 가치가 있다고 판단하는지를 알아봐야 한다. 고객의 피트니스클럽 연간 사용 기간이 끝났을 때 이들을 회원으로 남아 있게 하는 것은 이들의 기대를 어느 정도로 충족시켜주었는가 하는 것이다. 고객이 경험을 통해 가치 판단을 하는 기준은 시설의 청결부터 다양한 설비라든가 안전, 지도의 질적 수준까지 다양할 것이다.

(2) 부가가치

고객은 부가적인 가치를 느꼈을 때 만족도가 높아진다. 많은 경우, 이러한 부가적 이익은 고객과의 관계를 개선하기 위한 공중 관계 활동과 직접적인 관련이 있다. 스쿼시 라켓을 구매할 때 휴대용 케이스를 주거나 신규 수영회원 가입 시 무료입장권을 주면 고객은 구매로 인한 부가가치(value added)가 생겼다고 생각하게 된다. 만족이나 품질 보증은 고객이 자신의 구매 행위에 안심을 느낄 수 있을 뿐 아니라 상품 이면에 있는 조직에 대한 신뢰도 쌓을 수 있다.

(3) 편리함과 속도

편리함(convenience)과 속도(speed)는 서비스 품질과 관계된 부분이다. 고객에게 기대 이상의 만족감을 주는 것은 즉각성을 요구하는 분야에서는 특히 중요하다. 경우에 따라 이런 속성이 제품과 서비스의 일부가 될 수도 있다. 고객의 개인 트레이너나 가정용 운동 기구 같은 경우가 상품에 편리함이라는 속성이 들어 있는 예라 할 수 있다. 프로 스포츠 경기는 다중적인 유통 옵션을 통해 티켓을 더욱 편리하게 구매하도록 해주고, 기술 발달로 경기장 좌석의 위치를 온라인상에서 보면서 티켓을 구매할 수 있게 되었다.

서비스, 전달, 불만, A/S에 대한 응대 속도 또한 고객만족도에 영향을 준다. 담당자와 통화하기 위해 30분 이상 전화를 붙들고 있어야 한다면, 이는 느린 서비스에 대한 불만을 자아낼 수밖에 없으므로 향후 사업에 영향을 주며 심하면 명성에 타격을 입힐 수도 있다.

(4) 정보와 사람

다른 어떤 것보다 공중 관계가 가장 직접적으로 연관된 영역은 정보(information)와 사람(people)일 것이다. 스포츠 조직은 다양한 방법으로 정보를 활용하여 고객의 활동에 참여하고 상품에 부가가치를 더한다. 운동 설비의 모든 부분에 컴퓨터 기술을 적용하여 사용법을 안내하는 것도 이러한 서비스의 일부에 들어간다. 고객이 새 제품에 잘 적응하고 있는지 확인하기 위해 계속 전화를 하거나 몇몇 경우에는 안내표시나 이메일을 통해 정보가 전달될 수 있도록 하고, 전광판의 경우 관중을 향한 인사말이나 생일과 기념일, 관중의 반응 등 여러 가지 정보를 전달할 수 있는 공중 관계 장치로 사용할 수 있다.

사람 역시 고객을 만족시키고, 조직에 속한 사람으로서의 책임이라는 고객 관계를 만든다. 정중함과 사려 깊은 태도로 고객을 대하면 고객에게 강한 인상을 남길 수 있다. 단골 고객의 첫 인상을 만드는 조직의 '얼굴'이 되는 일을 맡고 있는 사람들이 여기에 해당하는데 고객 환영 담당, 안내, 매표소, 판매 담당, 안내 데스크, 비서, 현금 교환원 등은 모두 공중 관계 커뮤니케이션의 최전선에서 활동하는 사람들이다. 이들이 고객에게 미치는 영향력은 절대 무시할 수 없으므로 정중하고, 친절하며, 성의를 다하는 행동이야말로 대부분의 조직이 고객에게 전달하고자 하는 조직의 이미지인 것이다.

2. 기부자 관계 커뮤니케이션

기부자 관계(donor relationship: DR) 커뮤니케이션은 고등학교와 대학 운동부 및 비영리단체 같은 스포츠 조직에 중요한 공중으로의 가치를 가지며, 최근 들어 '기부자'라는 공중이 점차 스포츠 조직에 있어 중요한 의미를 갖기 시작했기 때문에 기부자도 특별한 주의를 기울여야 할 공중이다.

스티어와 슈나이더(Stier & Schneider, 1999)는 기금 모금 활동을 통해 이전 어느 때보다 스포츠 관리자에게 스포츠 조직이 성공할 수 있는 추가 재원을 생성해내고 자금 보유력을 높이는 능력을 기대하게 되었다고 했다. 기금 조성 환경은 기부를 위한 많은 기회를 가진 기부자들 덕분에 매우 자유 경쟁적이다.

스페인 프로축구의 명문구단인 FC 바르셀로나는 WNICEF(국제연합아동기금)로부터 협찬금을 받지 않고 유니폼에 써넣었고, 구단 수익의 0.7%인 약 18억 원을 기부했다.

그러나 대학과 고등학교 운동부뿐 아니라 비영리 스포츠 조직과 레크리에이션 조직도 여러 가지 운영 자금을 위해 기부에 의존하고 있는 상황에서 기부자들은 대의만으로는 이러한 지원을 지속해나갈 수 없다. 따라서 기금 마련을 위해서는 기부자와의 관계를 확립하고 커뮤니케이션을 통해 공중 관계를 발전시켜야 한다. 장기간의 기부가 필요한 경우에는 단기간의 기부가 필요한 경우보다 공중 관계 지향적인 방식이 더욱 필요하며, 이는 다시 말해 단기간에 기금을 마련하던 시대보다 현대에 와서 공중 관계가 더욱 중요해졌다는 의미이기도 하다.

1) 기부자 관계 개발

기금을 잘 마련하는 사람은 다른 사람에 비해 기부자의 동기를 더 빨리 알아차리고 이들의 요구를 만족시킬 줄 아는 사람이다. 가능성을 알아보고 이를 조직에 대한 옹호로 변화시키려면 인내와 효과적인 마케팅 및 관계 구축 전략을 조화시켜야 할 필요가 있다. 버넷(Burnett, 1992)은 '관계 기금 마련(relationship fund-raising)'이라는 용어를 사용하여 단순한 기금 마련이 아닌 대의와 대의를 지지하는 사람 간의 특수한 관계를 발전시켜가는 과정을 설명했다. 1992년 스위스 로잔에 개장한 올림픽박물관 같은 경우 기부자가 있음으로 해서 올림픽대회의 역사와 세계전파에 사회적인 기여를 하고 있다는 신뢰를 구축해나갈 수 있다.

스포츠 관련 학과의 운동부에 대한 기부자의 열정과 열망 때문에 그들 기부자와의 특수한 관계가 가능하다. 졸업생과 팬이 보이는 충성도와 헌신이 바로 이러한 기금 마련 노력에 보탬이 될 수 있다.

어떤 면에서는 기부자가 고객 같은 모습을 보일 수도 있으므로 기부자 관계 개발 담당자는 기부자들을 모을 때 광고, 판매 기술, 프로모션 활동을 하여 기부자가 지원을 계속하거나 늘려나가게 하고, 기부자가 조직에 개입하는 것을 막기도 하며, 기부자와 좀 더 지속적인 관계를 구축해나가는 데 있어 공중 관계 커뮤니케이션의 역할에 주목해야 한다. 고객의 요구를 파악하는 것이 마케팅 성공을 가져올 수 있는 것처럼 기부자의 동기를 파악한다는 것은 기금 마련 자체만큼이나 중요하다. 또한, 고객의 경우와 마찬가지로 기부자와의 관계에서 목적도 충성을 얻는 것이다. 기금 마련을 위한 노력을 지속해나가고자 할 때 목적하는 바는 다름 아닌 기부자를 유지하고 이들이 좀 더 높은 수준으로 기부할 수 있도록 유도하는 것이다.

(1) 기부자 관계관리

기부자 관계관리(donor relationship management: DRM)는 기부자와 일대일 관계를 확립하고 강화하기 위한 방법으로 DRM을 위해 필요한 것은 첫째, 기부자가 누구인지 파악하기 위해 현재까지의 기부 기록, 인구통계적 자료, 심리학 및 행동학적 정보 등을 통해 기부자 프로필을 구축한다. 특히 기부자를 세분화하는 작업이 필요한데, 앞으로 더 많은 기부금을 낼 수 있는 기부자와 그렇지 않은 기부자를 분류하고 우량기부자에게 더 많은 시간과 자원을 투자함으로써 비용 대비 효과를 높이는 것이 필요하다. 둘째, 기부자의 니즈와 가치관을 지속적으로 파악하기 위해서는 기부자의 피드백을 수집할 수 있는 조직 내부의 시스템을 마련할 필요가 있다. 예를 들어 기부자와 직접 접촉하는 직원들을 통해 입수되는 정보들을 체계적으로 관리할 필요가 있다. 셋째, 기부자의 조직에 대한 기부 정도를 파악하여 분류하고 기부 정도가 높은 기부자에게 집중하는 것이 신규 기부자 유치에 비해 훨씬 효율적이다. 넷째, 기부자별로 다양한 동기와 니즈에 맞추어 각각의 맞춤 서비스를 제공하기 위한 다양한 매트릭스의 기부 옵션을 갖추고 있어야 한다.

(2) 기부자 동기

기부자는 제각기 기부하는 동기가 다르다. 위어와 히버트(Weir & Hibbert, 2000)는 기부하는 동기를 자부심, 인지도, 습관, 동료의 압력, 관심, 죄의식, 요청 등으로 나눴다. 이들은 누군가를 돕기 위해 기부를 하게 되었다 할지라도 거기에는 에고(ego)가 작용하고 있다고 보고했다. 스포츠 조직에 기부하는 사람들에게는 확실히 이러한 동기가 있는데, 자신에게 장학금을 준 대학에 대한 고마움이나 후배 양성을 위해서일 수도 있고, 조직의 전문성을 신뢰해서이거나 친구나 친척의 압력에 의한 것일 수도 있다.

기부자 관계 개발은 이러한 기부자 개개인의 다양한 동기를 이해하고 이를 기부활동에 적용하여 기부자와의 깊이 있는 관계를 발전시켜나가는 과정이다.

만약 스포츠 조직이 기부활동 과정에서 이러한 기부자의 독특한 동기를 무시한다면 기부자는 '돈만 원한다'는 식의 생각을 할 수 있다. 또한 기부자의 관심이나 갈망을 무시하고 기부금만 받으려는 태도는 기부자 이탈 요인뿐만 아니라 조직에 대한 부정적 여론을 만들어낼 수 있다. 한 명의 기부자의 부정적 경험은 주위의 다른 기부자에게까지 확산될 수 있다. 따라서 기부자를 유지하기 위해서는 기부자의 동기에 적극적으로 대응하여 사회적 대의나 사명과 깊이 연결시키려는 노력이 필요하다.

(3) 기부자 유형

기부자 유형에 따라 관계 커뮤니케이션이 달라지는데 첫째, 조직과 어떠한 관계도 염두에 두고 있지 않을 뿐 아니라 기부 가능성이 낮은 기부자를 들 수 있다. 이러한 유형의 기부자는 캠페인에 이끌려 기부하거나 친분관계 또는 기부를 요청하는 편지 등에 단순히 응답하는 수준이다. 이런 기부자는 유지의 주요 대상이 아니다. 둘째, 조직의 사회적 대의에 대해 일반적 관심을 가지고 있어서 다시 기부할 수 있는 기부자다. 이러한 유형의 기부자는 관계 커뮤니케이션을 통해 충성도 높은 기부자로 전환시킬 수 있다. 셋째, 자신이 기부하는 조직과 깊은 관계를 맺고 싶어 하지 않지만 자신이 지원하고 싶은 사회적 대의가 있을 때는 적극적으로 기부할 수 있는 기부자다. 넷째, 적극적인 충성도를 가진 기부자로 이들은 기부금 이외에 여러 형태로 조직에 참여한다.

이처럼 기부자의 유형을 알아야 기부자의 요구를 쉽게 파악할 수 있으며, 기금 마련 담당자와 기부자 간의 관계는 단속되는 면이 있기 때문에 공중 관계를 통해 지속적인 커뮤니케이션을 유지함으로써 기부자의 충성도를 높이는 수준으로 발전시켜나가야 한다.

이 외에도 조직은 소식지를 이용하여 기부자에게 행사와 활동에 대해 알리고 있으며, 여기에 '조직의 내부 정보'를 얻어 수혜자의 감사의 말을 실어 함께 보내기도 한다. 기부자와의 관계를 강화하기 위한 별도의 행사를 여는 경우도 있다. 이러한 행사는 직접적인 권유 및 다른 기금 마련 활동과는 거리가 있으며, 단순히 기부자와의 관계를 유지하는 것을 목적으로 한다. 졸업생 모교 방문 행사, 팀 모임 자리, 명예의 전당 만찬회 등의 수많은 자리는 직접적인 기금 마련과는 거의 관련이 없다. 이는 단순히 프로그램에 대한 기부자의 소속감을 높이기 위한 자리다.

이와 같이 기부자와의 관계 개발을 위해서는 정보 전달과 함께 소식지, 우편, 직접 연락, 감사장과 선물, 행사 초청 등을 통해 좀 더 지속적으로 커뮤니케이션을 할 수 있어야 한다.

(4) 기부자 이탈

기부자의 만족도 평가는 관계 지속에 있어 핵심이 되는 부분으로 기부자가 이탈하는 것은 어떤 조직에나 있을 수 있는 일이며 기부자를 어느 정도 선까지는 유지해야 이탈률이 낮아지지 않는다. 기존의 기부자에서 이탈자는 다섯 명 중 한 명밖에 되지 않으며, 이탈하는 이유는 여러 가지가 있다. 기부자가 지원을 중단하는 이유는 다른 대의가 더 가치 있다고 여기는 경우와 다른 방식으로 지원하기 위해, 다시 기부해야 한다는 사실을 모를 때, 이전의 지원 내용을 알리지 못했을 때, 요청 금액이 타당하지 않을 때, 바람을 충족시켜주지 못했을 때, 어느 정도의 돈을 지출했는지 알리지 않았을 때, 지원이 더 이상 필요치 않다고 느꼈을 때, 서비스나 커뮤니케이션 수준이 낮을 때다.

이러한 이탈 원인을 보면 커뮤니케이션 부족과 연관이 있다는 것을 알 수 있으므로 관계 커뮤니케이션은 대의나 지속적인 지원이 필요하다는 점을 인식해야 한다.

2) 기부금 형태

기부금 형태는 단기간의 기금을 마련하는 것, 운영 목적으로 장기간의 기금을 마련하는 것으로 나눌 수 있다.

(1) 단기간 기금 마련

체력단련실을 바꾸는 것과 새로운 경기장을 건설하는 비용 등 단기간의 기금 마련을 위한 관계에서는 초점이 정확하여 목적과 결과를 기부자에게 좀 더 쉽게 설명해줄 수 있다. 개인이 될 수도 있고, 조직이 될 수도 있으며, 아니면 다양한 대의에 기증하는 재단이 될 수도 있는 기부자와의 관계는 스포츠 조직이 수개월, 수년간의 투자를 통해 형성된다.

그리고 거액의 기부를 요청할 경우에는 기간 연장 등의 추가적인 복잡한 문제(세금, 기증 항목, 지급 형태)가 생길 수 있고, 자금의 실질적인 부분은 마련한 뒤나 어느 정도 목표치에 도달한 뒤 기금 마련에 대해 대중발표를 해야 한다. 대중발표를 지연하면 일이 목표에 맞게 잘 진행되고 있으며 이제 약간의 도움만 필요하다는 인상을 주게 된다. 이러한 부분은 기금 마련을 통해 자신들의 기부가 의미를 찾고 있다는 인상을 심어주게 된다.

(2) 장기간 기금 마련

장기간 기금 마련을 하는 경우 스포츠 조직은 기부자와 더욱 지속적인 관계를 유지해야 하는데, 고객과의 CRM 원칙은 기부자 기반을 개발하고 이를 유지하는 데 유용하게 쓰인다. 기부자를 찾아내어 이들에 대해 알아가고, 관련 정보를 모으고, 커뮤니케이션과 기금 조달 사업을 기부자의 특성과 바람에 맞추는 것이 바로 기부자 개발의 기본 단계다.

고객가치라는 개념은 기금 마련에도 그대로 적용된다. 새로 기부자를 발굴해내는 데 보통 12~18개월이 걸린다는 보고가 있다(Gaffney, 1996). 파레토(Pareto)의 원칙인 80-20 법칙이 기금 마련에도 적용된다. 기금의 80%가 20%의 기부자에게서 나온다는 의미다. 스티어(Stier, 1994)는 이 개념을 좀 더 확대하여 이를 '90-10 법칙'이라고 불렀다. 그는 조직 기부금의 1/3이 상위 열 명의 기부금이라고 했다. 이런 개념들이 말하고자 하는 바는 좀 더 생산성 있는 기부자에게 초점을 맞춰야 한다는 의미다(Stoldt, Dittmore & Branvold, 2006).

어떤 경로의 기금 마련이든 효과를 얻기 위해서는 기부자가 기부를 하려는 동기, 만족도, 이를 저해하는 요소를 파악하는 것이 중요하다. 스포츠 조직에 기부하는 사람의 경우에는 기부금이 자산 구축에 사용되어 이를 통해 감정적 유대감을 갖고자 하는 경우가 많지만, 경쟁적인 기금 마련 환경에서 이들의 열정이 계속되리라고 보기는 어렵다. 기부자 관계 커뮤니케이션은 기부자 관계를 유지하고, 이탈을 막으며, 기부자의 생산성을 높여줄 수 있다.

기부를 늘릴 수 있는 또 다른 방법은 우리나라의 조직 기부에 대한 세금 감면혜택을 미국이나 일본과 같은 수준으로 법적인 제도를 만들어 기부자에게 대의만으로 계속해서 기부를 기대하는 것이 아니라 실질적인 측면에서 제도적인 장치로 사회적 분위기를 만들어나가야 한다.

또한, 우리나라의 각 구단이 J리그와 같이 선수들에게 계약 기간 동안 봉사활동을 의무적으로 실시하게 하고, 리그 차원에서 각 구단이 사회 공헌 활동들에 대해 매년 1월 리그에 보고하도록 하는 조치도 필요하다.

3. 정부 관계 커뮤니케이션

스포츠 업계에 영향을 줄 수 있는 또 다른 공중으로는 정부기관과 기타 규제 및 정치 집단을 들 수 있다. 이들 집단에게는 다른 공중 관계 접근 방식을 적용하여 수익창출보다는 영향력과 지원을 얻어낼 수 있는 쪽으로 힘을 쏟아야 한다.

이를 위해서는 정부라는 공중과 우호관계를 형성하고 유지·발전시키기 위해 계획된 커뮤니케이션 활동이 필요하다.

정치적 사안에 대한 조직의 이해관계를 처리하고 정부 조직과의 관계를 일궈나가는 것을 '공보업무(public affair)'라고 한다(Gruber & Hoewing, 1980). 모든 형태의 스포츠 조직이 정부·정치·지역 차원의 규제기관으로부터 어떤 종류이든 해당 규제를 받고 있다. 태권도장은 안전을 유지하기 위해 시설에 대한 규정이나 고용에 관한 규정과 해당 업종을 관장하는 세법 등 다양한 법적인 규정을 준수해야 하고, 스포츠 경기를 위해서는 스포츠 성구별 금지법이라든가 최저연봉보장법 같은 규제에 이르기까지 정부 기구 규정의 영향을 받는다. 이런 소규모 스포츠 조직들이 있다면 다른 쪽에는 다국적 기업 같은 대규모 스포츠 조직이 있는데, 이러한 스포츠 조직은 정치적 과정에서 목소리를 내거나 영향력을 행사하기도 한다. 스포츠 조직의 규모가 크든 작든 간에 정부와 어떤 커뮤니케이션을 해야 하는지에 대해서는 관심을 기울여야 한다. 왜냐하면 정치 활동은 거의 모든 스포츠 조직의 운영 환경에 상당한 영향을 미칠 수 있기 때문에 그 이유만으로도 영향력 있는 정부 및 규제기관과의 관계를 발전시키는 데 신중을 기해야 한다.

정부와의 공중 관계 커뮤니케이션을 위해 조직은 연대(連帶) 구축과 최고경영자의 적극적인 활동, 로비, 정치 활동 후원회 등 몇 가지 커뮤니케이션 방법을 도입해야 한다.

1) 연대 구축

정부 및 규제기관과의 효과적인 연합을 위해서는 조직 사이의 연대가 형성되어야 한다. 어떤 조직이 정부의 규정에 영향을 받으면, 같은 처지의 비슷한 조직들과 임시위원회를 구성한다. 조직들은 일단 같은 업계에 속한 협회를 중심으로 뭉치기 시작하며, 정부와의 관계에서 단합된 목소리를 낼 수 있다.

이와 같은 연대를 형성하면 조직이 정부의 권한에 대한 논쟁에 대응하는 데 특히 효과적이다.

미국에서는 1990년대 이후 프로스포츠 구단주들이 자비를 들여 경기장을 건설하지 않고 지방정부가 좋은 조건으로 임대하고 있다. 이는 프로구단들이 정부기관과의 PR 활동을 통해 프로팀을 지역 도시에 유치함으로써 얻을 수 있는 부가적인 이익에 대해 인식시킴으로써 가능하게 된 일이다.

따라서 우리나라에서도 정부(지역자치단체)와 민간(조직), 시민(팬)이 스포츠 이벤트를 지원하는 거버넌스(governance) 형식의 발전을 꾀해야 할 것이다.

2) 권력 중심과의 커뮤니케이션

조직이 하고 있는 정치 관계 구축의 상당 부분이 공중 관계 커뮤니케이션에 해당하며, 중요한 관계를 체결할 수 있거나 반드시 어떠한 관계선상에 놓여 있어야 하는 정치그룹을 식별하기 위한 전략적 계획을 마련하여 조직이 직면하는 핵심 사안을 결정하고, 조직이 영향력과 접촉 속에서 가장 많은 이득을 누릴 수 있는 정치 및 규제에 대한 힘의 중심은 어디인가를 아는 것이다.

이러한 조직 내에서 누가 힘을 갖고 있는지를 식별하여 공중 관계 커뮤니케이션의 자원을 효과적으로 배치하는 것이 중요하다. 경우에 따라서는 조직의 이익을 뒷받침해주는 사람과 이에 반대하는 사람을 구분해놓을 필요도 있다. 예를 들어, 지역사회에 신규 스포츠센터를 짓기 위한 기금 마련이라는 사안을 두고 있다면 누가 이것을 지지해줄 것이고, 누가 이에 반대할 것인지를 알아두는 것이 좋다. 공중 관계 활동은 지지하지 않는 사람에게는 확신을 심어주되, 영향력 있는 사람을 주로 겨냥하여 이런 사람이 이탈하지 않도록 해야 한다.

3) 영향력 행사를 위한 로비활동

권력 중심을 알고 커뮤니케이션을 통해 스포츠 조직이 영향력을 행사하거나 설득할 수 있는 환경을 마련하기 위해서는 관계를 구축해야 하는데, 올림픽의 경우 IOC가 지정하는 시범종목과 정식종목의 채택, 개최지 결정에 대해 특정그룹에 유리하도록 상황을 이끌어가는 데 필요한 것이 로비다. 로비는 영향력을 행사하기 위한 활동의 정도와 시점뿐 아니라 추가적인 힘을 발휘할 수 있는 관계를 구축할 수 있어야 한다. 로비를 잘하면 스포츠 조직이나 선수에게 원래 이득보다 훨씬 더 큰 이익을 가져올 수 있다.

스포츠 용품 제조사에서 주요 프로 리그 및 실내·외 스포츠 분야까지의 스포츠 조직은 모두 법제 및 규제 기관의 영향을 받고 있다. 제품 안전 규정, 비영리단체 지침, 독점금지 법안, 환경 지침 같은 규정은 특정 스포츠 조직의 운영에 큰 영향을 주고 있다. 국가 혹은 국제적인 대규모 조직의 경우, 바라는 영향력의 수준이 꽤 광범위하고 여기에는 고위직까지 다양한 대중이 포함될 수 있다.

로비활동(lobbying)은 조직이 정부와 정치 활동에 영향을 주기 위해 사용하는 일반적인 방법이지만, 우리나라에서 어떤 경우에는 로비활동이 체계가 잡히지 않아 뇌물을 준다거나 부적절한 방법으로 로비하는 경우가 있다. 미국의 경우에는 NCAA가 1995년 워싱턴 DC에 설립한 정부관계 사무국에서 연방 활동에 대한 최신 정보를 제공하고, 정책 결정 사안이 있는 경우 정부와의 상호작용에 대한 조언을 하고 있다. 이 사무국은 다른 고등교육 연합과 함께 일하면서 의원, 교육연합, 정부 및 대학 체육 관련 사안과 관련한 언론의 행동 등에 대한 정보를 제공하고 있다(NCAA, 2004).

조직은 로비활동이 체계적으로 수행되면 핵심 정치적 의사 결정자와 직접 연결될 수 있는 통로를 확보하고자 로비스트를 고용하며, 접촉을 통해 조직의 입장을 설명하거나 특정 사안에 대한 결정투표에 영향력을 행사하고, 상정된 의안을 조직에 이로운 방향으로, 또는 의안의 내용이 규제일 경우에는 가능한 한 영향이 덜 미치도록 한다.

스포츠 조직은 특정 정부 및 정치 집단과 직접적인 커뮤니케이션을 하거나 제3자 또는 로비스트를 통해 이러한 활동을 하고, 로비스트는 정보 수집 및 해석, 옹호 및 변호, 연락책 및 커뮤니케이션 장치 등 다양한 서비스를 제공할 수 있다(Grunig & Hunt, 1984). 따라서 정치 집단의 활동에 영향을 받는 조직이라면 정치적 환경을 가꿔가는 수단으로서 로비활동이 주는 이점에 대해 생각해볼 필요가 있다.

4. 지역사회 관계 커뮤니케이션과 자선활동

1) 지역사회 관계 커뮤니케이션

스포츠 공중 관계에 대한 지역사회 관계(community relation) 활동은 지역사회 구성원과 커뮤니케이션을 하고 직접 상호작용하는 것이다. 스포츠 조직에서 언론과의 관계는 경기장에서 일어나는 일에 주안점을 두고 있지만, 지역사회 관계는 경기장 바깥에서 일어나는 일에 관심을 두고 있다. 스포츠 조직의 관계 구축 커뮤니케이션을 위해서는 지역사회 관계를 최우선에 둔 신개념의 공중 관계를 지향할 필요가 있다.

따라서 핵심대중과의 관계를 재구축하기 위해서는 현재 스포츠 공중 관계의 초점이 홍보활동에서 언론 관계를 거쳐 강력한 지역사회 관계를 구축하는 방향으로 전환되어야 한다.

스포츠 분야에서 흔히 나타나는 공중 관계가 지역사회 관계인데, 이것은 지역사회의 복잡한 개념을 반영하고 한 지역사회의 환경 내에서 지역사회 각 요소 사이의 사회적 연결들을 확인하고 그 관계를 발전시켜가는 것이라 할 수 있다(Grunig & Hunt, 1984).

일본의 J리그 아카데미는 4가지 커뮤니케이션을 중심으로 지역사회와 관계하는데, 첫째 유소년의 심신의 건강한 발달을 위해 스포츠 인성 교육을 제공하고, 둘째 지역과의 네트워크 구축, 셋째 아이들의 인간성과 사회성 향상을 돕는 환경 만들기, 넷째 선수 육성에 관한 조사 및 연구다.

이와 같이 지역사회 관계 커뮤니케이션은 지역사회를 기반으로 활동하는 스포츠 조직이 지역사회와의 바람직한 관계를 키워나가기 위해 지역사회에 스포츠 조직의 정보, 제품 및 서비스, 활동사항을 알리고 지역사회 구성원들과 커뮤니케이션을 추구하는 조직적 활동으로 정의할 수 있다.

그러나 지역사회 관계 커뮤니케이션은 스포츠 조직이 여러 지역사회와 관계를 맺을 때 좀 더 복잡해질 수 있다. 미국의 오리건 주에서 기반을 잡고 있는 나이키는 이곳뿐만 아니라 세계 여러 지역사회에 사무실과 제조 시설을 두면서 제품은 여러 지역사회에서 판매하고 있으므로 이 경우 홈 지역에 속하는 오리건 주만을 지역사회 관계 커뮤니케이션 대상으로 보기에는 무리가 있다. 조직이 넓은 지역에 산재되어 있는 경우 지역이란 단순히 관련 요소 이상은 되지 않는다.

(1) 지역사회 관계 커뮤니케이션의 목적

지역사회 구성원의 우호적인 태도는 스포츠 조직 관계자와 일반 대중 간의 긍정적 상호작용과 스포츠 조직의 자선 기부라든가 재정 혹은 그 밖의 형태의 지역사회로서 사회 환원을 통해 배양되기 때문에 지역사회 관계는 지역과의 친선을 맺기 위한 장기적인 투자로 볼 수 있다.

스포츠 조직은 이러한 지역사회 관계 커뮤니케이션의 결과로 사회적 책임을 수행하고, 대중적으로 인식되며, 고객의 우호적인 태도를 만들 수 있고, 자신이 속한 지역사회의 복지에 기여하며, 세금 혜택까지 받을 수 있다. 또한 조직의 다른 마케팅 및 공중 관계 활동에서 대상으로 하지 않았던 대중 집단에도 영향력을 미칠 수 있다.

어윈, 서턴과 매카시(Irwin, Sutton & McCarthy 2002)는 지역사회 관계 커뮤니케이션은 스포츠 조직이 받을 수 있는 호의적 홍보활동을 배타적으로 양산해내는 근원이라고 했다.

예를 들어 스포츠 스타 선수나 감독이 지역사회 병원의 어린이를 방문하고, 대중의 비판을 자주 받는 스포츠 상품 제조사나 행사 주관 업체가 스타 선수를 통해 어린이에게 자사 제품을 전달하며, 교육 프로그램 등에 재정적 지원을 한다면 이러한 조직이 언론 관계자의 눈에는 긍정적인 이미지로 비쳐 이에 대한 호의적인 기사가 실리게 된다. 라쿠텐 구단은 2011년 일본 대지진으로 충격에 빠진 도호쿠 지역 지역민을 위해 직접 구호활동을 나가 신뢰를 쌓는 계기를 만들었다. 이와 같이 핵심 상황에서 좀 더 호의적인 태도를 길러내기 위해서는 지역사회와의 관계 커뮤니케이션이 특히 중요하다.

(2) 직접 대면 활동

유명 스포츠 스타와 감독, 경영자는 주로 직접 대면 활동으로 대중연설의 자리에 서게 되는데, 대중 앞에서 긍정적인 이미지를 연출할 수 있도록 하기 위해서는 사전에 언변, 타인과의 효과적 상호작용, 청중에게 영향을 발휘할 수 있을 정도의 지식 등을 교육하여 더욱 효과적으로 핵심 메시지를 전달할 수 있어야 한다.

그리고 대중연설자로서의 기회가 왔을 때 연사 사례금, 현장 상품 판매, 프로모션 기회, 연사에 대한 요구를 맞추기 전에 핵심대중에게 영향을 미칠 기회 같은 구체적인 이익을 파악해서 이러한 기회를 제공하지 않는 요청의 경우 거절하는 것도 공중 관계 전문가의 직무에 포함된다.

또한 스포츠 조직을 대표하는 대중연설을 준비하는 과정에서는 사람들이 정보를 받아들일 때 표정에서 55%, 연사의 음성에서 38%, 단어에서는 단 7%만을 받아들인다는 사실을 알고 전체 코칭을 해야 한다.

조직의 대표는 지역사회 공중과의 직접 대면으로서 대중연설 외에도 여러 행사에 참석하지만, 연설 등은 하지 않고 그 대신 사람들과 만나 인사를 하고, 사인을 해주며, 상품을 보여주고, 시연을 하는 등 출연과 관련한 다른 부대 활동에 참가하기도 한다. 프로스포츠 구단은 스포츠 클리닉을 열어 어린이와 청소년을 대상으로 지도 활동을 펼치고 있으며, 스포츠센터나 스포츠 용품 제조업자는 경기장이나 시설에 고객을 초대하여 지역사회 구성원에게 스포츠 시설을 둘러보고 운영의 이면을 볼 수 있는 기회를 제공해주는 행사를 하기도 한다.

맨체스터 유나이티드는 올드 드래포트 투어를 운영하는데, 가이

표 8-1 | 호크스 구단의 지역사회 프로그램

프로그램	주요 내용
court renovation	도시 빈곤 지역에 농구 코트 보급 및 시설 개선 신설/개선된 코트에서 호크스 선수들의 농구 클리닉 개최
home team hero award	지역사회 공헌자, 봉사자를 추천 선발하여 시상하는 제도 (amtrack 후원)
lady hawks	호크스 선수 및 코치의 부인으로 구성되며, 지역사회 봉사활동 수행
rebound against hunger	결식아동 및 도시빈민층 식품 구제 사업 (후원: 필립스전자)
rolling hawks	지역사회 휠체어농구팀 및 리그사업(후원: UPS)
special olympics	조지아 주 장애인올림픽 후원 장애인농구팀 지원
holiday events	공휴일, 명절 때 선수 및 코치, 구단 스태프 등이 지역사회 봉사활동 참여

드의 설명으로 경기장과 선수들의 라커룸 등을 구경하고 즐길 수 있게 하여 주변지역을 관광하는 사람들이 반드시 찾는 명소로 만들었다. 그리고 NBA의 애틀랜타 호크스 구단은 산하 조직으로 지역사회업무부 (the atlanta hawks community affairs department)를 두고 팀과 지역사회의 팬, 시민, 기업, 단체 등과의 유대 강화를 위한 사업을 추진하고 있다.

나아가 직접 대면 활동을 수익창출을 위한 수단으로 이용하기 위해 티켓 브로슈어, 회원 정보 패킷, 기타 프로모션 자료(무료티켓, 쿠폰, 자석 일정표) 같은 상품 판매의 장으로 활용할 수 있다.

(3) 직접 대면 효과

스포츠 조직 대표와 일반 대중이 얼굴을 맞대는 것은 공중 관계를 위한 강력한 도구다. 전문가와 언론의 주목을 받아 인지도가 있거나 존경을 받는 감독이나 운동선수가 소속된 스포츠 조직의 경우가 특히 그러하다.

관람스포츠의 경우 선수와 감독이 일반 대중에게 접근하도록 하는 것은 팬 구축 같은 바람직한 결과를 가져온다. 스포츠 조직 대표의 경우 연설을 한다거나 다른 방식으로 대중 앞에 모습을 나타내고, 프로스포츠 팀의 경우 다가올 시즌 홍보를 위한 홍보차량을 운행한다거나 다양한 전문가 및 선수의 경우 사인회 등의 행사를 열게 되면 지역사회의 일반 대중과의 공중 관계에 효과를 얻을 수 있다.

참여스포츠의 경우 수영장, 헬스클럽, 골프장, 테니스장 등 장소를 개방하여 직접 접촉을 통해 고객을 끌어들이기 위한 기회로 사용되기도 한다. 영리 목적의 스포츠센터 같은 스포츠 조직은 간혹 상품과 서비스로 언론의 주목을 받을 수 있지만, 지역사회를 대상으로 한 센터 자체의 프로모션을 좀 더 일관성 있게 진행하고 지역사회 내에서의 명성을 드높이는 커뮤니케이션에 더 신경을 써야 하므로 지역사회 관계를 언론 관계보다 우위에 두는 경우도 있다.

스포츠 조직이 기반을 두고 있는 지역사회와의 관계를 구축하기 위해서는 대중적 등장과 대중연설, 프로모션 투어, 스포츠 클리닉, 오픈 하우스 등의 커뮤니케이션 활동을 사용해야 하는데 이 방법은 특히 언론을 통한 홍보 결과로 대중에게 높은 인지도를 갖고 있는 선수와 감독이 있는 프로스포츠 팀의 경우에 효과적이다.

(4) 직접 대면의 장점과 이점

① 장점

직접 대면은 공중 관계 장치로, 3가지 장점이 있다. 첫째, 스포츠 조직 대표가 대중연설을 할 때 청중 앞에 서게 되거나 어떤 행사에서 대중적 등장을 하는 경우, 참석자와 일대일로 이야기를 나누며 상호작용을 하게 되는데, 이때 조직의 대표는 행사 참가자의 특정 질문에 대답할 수 있다. 둘째, 참석한 청중은 일단 그 조직에 관심을 갖고 있는 사람들이며 대표와 조직에 대해 호의가 있는 사람이라는 점에서 대부분의 사람들이 기존에 갖고 있던 관심, 태도, 의견을 지지하는 메시지는 잘 받아들이기 때문에 스포츠 조직의 대표가 의도한 메시지를 성공적으로 전달할 가능성이 커지게 된다. 셋째, 직접 대면은 스포츠 조직이 메시지를 전적으로 통제할 수 있다는 점을 들 수 있다. 공중 관계 담당이 어떤 메시지가 자장 중요하며 대답하기 어려운 문제에는 어떻게 반응해야 하는지에 대해 스포츠 조직의 대표를 준비시켜 계획했던 원형 그대로 전달할 수 있다.

② 이점

스포츠 조직은 직접 대면을 함으로써 많은 이점을 누릴 수 있다. 첫째, 핵심대중 구성원과의 대인관계가 더욱 고조된 관계로 발전하면 가격 상승에 대한 민감도가 떨어지고 실망스러운 결과에 대한 반향도 줄어들게 된다. 다시 말해, 대중 구성원이 스포츠 조직 및 그 구성원과 개인적으로 연결되어 있다고 생각하게 되면, 가격 인상과 실점에도 너그러워지게 된다. 둘째, 대중연설, 특별 행사, 대중적 등장 같은 직접 대면은 뉴스로서의 가치가 있는 경우가 많고 그 결과 상당한 홍보

효과를 창출하게 된다. 셋째, 직접 대면 같은 지역사회 관계 활동은 스포츠 조직 대표와 직접 대면한 사람과 실제로 그 장소에 있었던 사람의 말을 직접 전해들은 사람, 그리고 언론을 통해 스포츠 조직 일부의 호의적인 행동을 본 사람들의 집단에서 우호적인 감정과 호의적인 태도가 형성되므로 장기적인 투자로 보는 것이 일반적이다. 넷째, 빈번한 직접 대면을 통해 스포츠 조직의 구성원이 현 고객 및 잠재고객과 상호작용을 할 수 있기 때문에 연설을 하는 조직 대표는 신상품을 발표하고, 트레일러 순회로 티켓 예약 주문을 받으며, 오픈 하우스를 새로운 회원을 모으는 마케팅에 활발히 이용하여 최소한의 간접적 수익 창출을 할 수 있다.

(5) 직접 대면 활동의 요소

스포츠 조직에서 벌이고 있는 직접 대면 활동의 규모는 단지 PR 집행자의 창의력이나 예산 같은 평범한 사항에 의해 제한을 받는데, 명확한 전략과 전술을 세우고 세심하게 집행되어야 한다.

직접 대면 활동의 전형적 요소는 다음과 같다.

① 목표와 예산을 결정해야 한다.
② 직접 대면 활동의 본질을 결정해야 한다.
③ 시간계획을 수립해야 한다.
④ 참석 대상 리스트를 작성해야 한다.
⑤ 초대장을 포함한 추가사항을 결정해야 한다.
⑥ 필수적인 부수사항을 감독해야 한다.
⑦ 초대장 발송을 점검해야 한다.

⑧ 이벤트에 필요한 세부사항들, 즉 스피커, 다과, 전시물, 디스플레이, 이름표, 주차장, 안전 등을 점검해야 한다.

⑨ 경영주, 스태프, 미디어를 위한 사전자료를 준비해야 한다.

⑩ 시청각 자료 개발 및 제작과 원고를 준비해야 한다.

⑪ 사전 이벤트 홍보를 점검해야 한다.

⑫ 사후기사를 제공해야 한다.

⑬ 결과를 분석해야 한다.

2) 자선활동

조직의 자선활동은 지역적·세계적으로 대중에게 영향을 미치는 가장 막강한 방법 중의 하나다. 스포츠 조직이 직접적인 대면으로 지역 주민과 바람직한 관계를 키워나갈 수 있다면, 자선활동은 사회적 책임을 다한다는 인상을 심어줄 수 있다.

스포츠 조직은 법률적·경제적 의무를 넘어서 사회적 규범이나 가치, 그리고 사회적 기대와 조화를 이룰 수 있는 조직행위를 해야 한다(Eells & Walton, 1961).

사회적 책임은 스포츠 조직의 규모·종류·임무에 따라 다양한 양상을 띠지만, 대부분의 스포츠 조직이 자선활동, 사회 환원 등의 형태로 사회적 책임을 다하고 있다.

이러한 활동을 '자선사업'이라고 하며, 기부금을 받아 이를 이용하는 조직에 대한 기부의 일환으로 행해지는 신뢰의 행위를 '자선활동'이라 한다. 그것이 현금이든 어떠한 다른 종류의 기부나 자원봉사 활동이든, 그것을 받은 사람은 기증품을 책임 있게 사용하여 지역사회에 보탬이 될 거라는 믿음 하에 그러한 행동을 한다.

그러나 스포츠 조직의 사회적 책임에 대한 개념은 너무나 모호해서 그것이 무엇을 의미하는지에 대해 학자마다 다양한 의견이 존재한다. 이러한 문제점에도 불구하고 스포츠 조직의 사회적 책임은 경영인, 팀, 선수를 중심으로 한 지역사회와의 관계를 구축하는 조직의 커뮤니케이션이라 할 수 있다.

지역사회 관계 커뮤니케이션은 지역사회에 자리하고 있는 스포츠 조직이 지역사회와 상호의존적인 관계라는 이해에 기반을 두고 있는데, 스포츠 조직이 일차적으로 관심을 두어야 할 곳은 지역사회와 함께 번영해나가는 것이다. 마찬가지로, 지역사회도 스포츠 조직을 포함하여 지역사회에 자리하고 있는 기관의 번성에 가장 큰 관심을 두고 있는데, 미국이나 유럽의 경우 스포츠 구단에게 경기장을 헐값에 20년 이상 장기 임대해주기도 한다. 자선사업 형태의 지역사회 관계 커뮤니케이션은 건강한 지역사회를 이뤄주며, 이는 스포츠 조직이 번성할 수 있는 자양분이 되어준다.

(1) 자선활동의 이점

스포츠 조직이 행하는 자선활동의 이점을 8가지로 나눠서 살펴보면 다음과 같다.

① 사회적 책임 완수

자선활동을 수행하는 공통된 이유는 스포츠 스타나 조직이 지역사회에 기여하는 모습을 보여줌으로써 조직이 속한 지역사회에서 사회적 책임을 다하는 조직의 좋은 시민으로 인식되는 것을 도와줄 수 있기 때문이다. 사회적 책임이란 스포츠 조직의 구성원이 자신이 속한 기업뿐 아니라 지역사회를 위해 마땅히 해야 할 봉사적 의무를 말한다.

② 이미지 상승

고객은 스포츠 조직이 사회적 책임을 다하는 과정에서 조직에게 호의를 보이고 그 조직이 추구하는 가치가 무엇인지를 알게 해준다. 따라서 조직의 이미지를 상승시키기 위한 도구로 자선사업을 이용하는 것은 당연한 일이다. 스포츠 조직이 자선사업으로 이미지를 상승시키려면 그러한 후원 사실을 대중이 알도록 해야 한다. 사회적 책임은 조직에 대한 긍정적인 이미지를 심어줄 수 있다. 한 조사에서 그 외의 조건은 모두 같다고 가정했을 때, 고객의 47%가 사회적 책임을 완수하는 기업에 호의를 가지기 쉽다는 사실을 발표하기도 했다. 반대로, 소비자의 92%는 사회적으로 무책임한 기업에게는 호감을 갖기 어렵다고 했다.

일본의 프로야구팀인 오릭스 버팔로스는 에코활동으로 선수들이 직접 쓰레기 줍기, 구 유니폼을 가방으로 재활용하기, 초등학교에 가서 나무심기 등 환경보호에 동참하면서 구단의 이미지를 알리고 있다.

③ 지역사회 선양

발전한 지역사회는 경제적으로도 부유하며, 범죄율이 낮고, 시민에게 높은 생활 수준을 제공하며, 사회복지가 잘된 곳이다. 스포츠 조직의 자선활동은 지역사회의 사회복지에 영향을 미치고, 사회를 긍정의 힘으로 바꿈으로써 스포츠의 잠재적 가치와 효용성이 더욱 높아지게 되므로 여기에 사업적으로 참여한다는 것은 바람직한 일이라고 할 수 있다.

일본에서 최고의 흥행을 자랑하는 축구 구단 우라와레즈는 사이타마 시 외곽의 '레즈 랜드'라는 시설에 축구 외의 스포츠 시설을 마련하여 지역민이 자유롭게 이용하도록 함으로써 지역과의 커뮤니케이션 활성화를 추구하고 있다.

④ 다양한 대중과의 연계

자선활동의 가장 중요한 측면은 스포츠 조직이 다른 공중 관계나 마케팅으로는 접할 수 없었던 대중과의 접촉 기회를 가질 수 있다는 점이다. 프로스포츠 구단은 언론에 봉사할 수 있는 공중 관계 커뮤니케이션과 팬들을 대상으로 마케팅을 하고, 스포츠센터는 회원이 될 수 있는 개인이나 단체를 대상으로 한 마케팅을 한다. 이윤을 목적으로 한 마케팅은 지역사회 내에서 제한된 사람들에게만 다가갈 수 있으며, 이 중 상당수는 대상 집단에 변화가 없다. 그러나 지역사회 관계에서의 스포츠 조직의 자선활동은 어린이와 여성을 대상으로 야구나 농구교실을 운영하며 연령이나 성별, 사회경제적 배경과 관계없이 좀 더 폭넓은 대중에게 다가갈 수 있다.

⑤ 종업원과의 연계

조직의 고용인은 자신이 속한 조직의 자선활동에 커다란 영향을 받는다. 조직이 참여하는 자선활동에 고용인이 적극적으로 참여할 기회가 주어진다면 조직과 긴밀하게 연결되어 있다고 느끼게 되고, 고용인이 거주하는 지역이 조직의 기부 지역과 일치한다면 조직의 기부로 자신들이 수혜자가 된다. 이러한 고용인의 참여는 스포츠 조직과 지역사회 간에 다리 역할을 하고, 이는 다시 조직의 명성이 높아지는 혜택으로 돌아온다.

⑥ 경기 증대

메이저리그 야구 RBI(reviving baseball in the inner city: 야구 부흥회) 프로그램 같은 스포츠 조직의 경우, 지역사회를 대상으로 선행을 베푸는 동시에 상품이나 서비스에 대한 관심과 참여를 추구하는 방식으로 자선활동을 프로그램화하고 있다. 뉴욕 양키즈는 나이키와 협력해 2010년 공립학교 체육리그 챔피언십 풋볼을 개최하여 청소년이 건전한 스포츠 활동을 할 수 있도록 도움을 주는 동시에 경기의 증대와 좋은 선수를 발굴하는 결과를 얻었다.

⑦ 세금 감면 혜택

자선활동의 다른 이점으로는 세금 혜택을 받을 수 있기 때문에 기부하는 스포츠 조직과 개별 선수들을 들 수 있다. 일반적으로, 개인 기부와 조직의 기부에 대한 혜택 범위 내에서 기부액만큼 세금 혜택을 주고 있다. 그러나 우리나라의 경우 기부금에 대한 세금 혜택이 미국, 프랑스, 일본에 비해 낮은 실정이다.

⑧ 수익 창출

스포츠 조직과 유명한 스포츠 선수의 자선활동 참여는 사회적 책임을 다하는 모습에 호의를 보이는 잠재고객을 다섯 배 가까이 늘릴 수 있기 때문에 조직의 수익을 높일 수 있다.

J리그는 K리그보다 10년이나 늦게 출발했지만, 출범 초기부터 지역 스포츠클럽 육성을 축으로 하는 스포츠 문화 진흥 활동으로 충성고객을 만들어 흑자 구단을 창출했다. 뿐만 아니라 라쿠텐은 2군 리그에서 인구 25만 명의 야마가타라는 지방도시를 연고지로 하여 야구교실, 홈스테이 등의 커뮤니케이션 활동으로 흑자를 기록했다.

우리나라도 지역사회와의 연계활동을 통해 충성고객을 만들어 흑자구단을 창출하고 감동과 볼거리를 함께 실현하는 리그를 만들어야 한다.

(2) 자선활동의 종류

스포츠 조직이 하는 자선활동의 종류는 두 가지로 나눌 수 있는데, 스포츠 조직이 자선행사에 참여하는 경우와 스포츠 조직이 직접 자선행사를 주최하는 경우다.

① 자선행사에 참여하는 경우

자선 기관은 스포츠 조직의 대표나 스포츠 스타선수가 많은 사람들의 관심을 끌 수 있기 때문에 스포츠 조직의 자선행사 참여를 환영한다. 김연아, 박지성 등 유명 선수들이 자선활동 행사에 빠지지 않는 이유다. 예를 들어 스포츠토토 온라인 사회봉사단과 국내 8개 경기단체 임직원들은 '2010년 토토 산타와 따뜻한 겨울나기'라는 이름으로 연탄과 후원 물품을 전달했고, SK와이번스의 '홈런은 사랑을 싣고'는 홈경기에서 기록한 홈런 수만큼 사랑의 쌀(80kg)을 적립해 인천 복지재단에 기부했다.

스포츠 조직은 물품, 현금, 자원봉사 등으로 자선 기관을 후원한다. 첫째, 물품 기부는 주로 프로스포츠 구단이나 선수의 친필 사인이 새겨진 기념품과 티켓을 기부하고, 스포츠센터와 골프장 등에서는 회원권과 기타 서비스를 기부하며, 스포츠 용품 제조사와 소매업체는 자사 제품을 기부하는 경우가 많다. 이런 종류의 기부는 물품을 경매에 내놓으면 높은 가격에 판매할 수 있으므로 이를 자선기금으로 활용할 수 있고, 현물로 기부하는 것이 상대적으로 비용이 적게 든다.

둘째, 스포츠 분야에서는 현금 기부보다 현물 기부가 일반화되어 있긴 하지만, 규모가 큰 조직이나 개인의 경우에는 현금으로 기부하기도 한다. NBA는 2005년 'CARES'라는 이름으로 자선 캠페인을 시작하여 선수와 구단 차원에서 1억 4,500만 달러의 기금을 모았고, 약 140만 시간의 봉사활동과 아이들과 가족이 배우고 놀 수 있는 525곳의 공간을 만들었다.

셋째, 자원봉사활동을 통한 개인의 참여는 현물이나 현금을 기부하는 것에 비해 사회적 책임을 지는 자세가 더욱 많이 드러나는 활동이다. 특히 인지도가 높은 스포츠 스타 선수가 시간을 할애하여 봉사활동을 하면 이에 연쇄적으로 더 많은 참여를 불러올 수 있다. 스포츠에서 악평을 받고 있는 사람도 자선단체에서 봉사활동을 하여 이런 이미지를 희석시킬 수 있다.

② 자선행사를 주최하는 경우

스포츠 조직이 다른 집단의 선행을 지원하기 위해 자선행사에 참여하는 경우가 있다면, 홍명보 장학재단과 같이 자체적으로 자선활동을 여는 경우가 있는데 이를 통해 스포츠를 성장시킬 프로그램을 구축하는 동시에 도움이 필요한 사람을 도울 수 있다. 심지어 자구단의 시설물을 대중이 이용할 수 있도록 공개하는 경우도 있다.

자선행사를 열어 기금을 마련하는 활동으로 스포츠 조직과 스포츠 인사가 세운 홍명보 장학재단 같은 기관은 개인의 기부를 받는 것 이외에 기금 마련 행사를 통해 공중 관계를 쌓을 수 있고, 입장료 기금을 모으는 것은 지역사회 관계 커뮤니케이션으로 경기를 통해 지역사회의 복지 활동을 하는 것이다.

그리고 지역을 연고로 하는 프로스포츠 구단의 시설물 이용은 스포츠 조직이 지역사회와 연계를 맺는 가장 좋은 방법으로 시설을 자선기구나 일반 대중에게 개방하여 이용할 수 있도록 함으로써 지역 거주민에게 추가적인 서비스를 제공할 수 있다.

NBA의 마이애미 히트는 1997년 자선재단을 설립하여 플로리다 남부지역에서 가정폭력의 위험에 처해 있는 사람들을 보호하는 기관을 지원하고, 안전하고 마약이 없는 지역사회를 만들기 위한 활동과 지역 학생들에게 장학금과 방과 후 멘토링 프로그램을 지원하고 있다. 또한 2008년 FC 바르셀로나와 ACNUR(UN난민기관), 나이키가 공동 설립한 자선단체인 MES는 취약한 환경에 있는 어린이들과 난민들에게 양질의 교육을 받을 수 있도록 후원하고 있다.

(3) 자선활동 기획

스포츠 조직은 두 가지 사안을 고려하여 자선활동을 우선순위에 두면서 기획해야 하는데, 먼저 나이키와 아디다스 같은 다국적 스포츠 조직은 여러 지역이나 수천 개의 지역을 터전으로 하고, 한 시장 이외의 곳까지 영향을 미치고 있어 지역을 규정하기가 어렵다. 하지만 자선활동이 갖고 있는 정확한 속성은 해당 지역의 역사, 인구, 정치,

경제적 상황, 지역적 가치에 따라 달라지게 되므로 지진, 허리케인, 토네이도 같은 자연재해를 겪은 지역사회에 있는 스포츠 조직이라면 자선활동 중에서도 복구활동에 우선순위를 두어야 하기 때문에 지역사회를 규정해야 한다.

그리고 두 번째로 고려해야 할 사안은 자선활동으로 스포츠 조직이 지원할 수 있는 사안과 지원할 수 없는 사안을 결정하는 작업이 필요하다. 하나의 스포츠 조직이나 재단이 모든 복지에 참여할 수는 없으므로 어린이를 위한 인력양성이 우선인지, 장애인을 위한 복지가 우선인지 등의 우선순위를 결정해야 한다.

유럽의 농구 리그는 7년째 넬슨 만델라의 '46664' 캠페인에 참여하며 HIV/AIDS로 힘들어하는 지역사회를 위한 기금 마련에 노력해왔다.

(4) 자선활동의 재정 도모

자선활동은 스포츠 조직이 좀 더 큰 대의라 생각하여 더 많은 재원을 투자할 때, 그리고 스포츠 조직이 자선 기구와의 연계를 통해 고객이 상품을 구매함으로써 자선기금에 보탬이 되는 방식으로 자신이 소비하는 돈이 좋은 일에 쓰인다는 사실을 알게 하여 특정 스포츠 조직에 좀 더 애착을 갖도록 만들어준다. 또한, 한국야쿠르트와 KBOP(KBO 프로모션 전담기관)가 연계하여 홈런존으로 홈런볼이 넘어갈 때마다 지역 구단의 선수시상과 100만 원 상당의 한국야쿠르트 제품을 어려운 이웃에게 전달하는 방식의 자선 단체 및 기타 지방 사업체와의 제휴 관계를 발전시킴으로써 세 개 당사자가 세 배의 성공효과로서 공동으로 목적을 달성할 수 있다.

5. 언론 관계 커뮤니케이션

사회의 다양한 제도 가운데 언론으로 구체화되는 매스미디어는 가장 강력한 힘을 발휘하는 사회제도로, 현대사회가 발전할수록 스포츠 조직과 언론의 관계는 다양한 요인이 함께하는 중요한 사회적 현상이 되고 있다.

현대는 삶의 모든 영역이 언론에 영향을 주기도 하고, 삶의 모든 영역이 언론에 의해 영향을 받고 있기도 하다. 왜냐하면 모든 사회집단이 언론에서 분출된 언어나 가치, 이미지, 규범 등에 영향을 받기 때문이다. 특히, 스포츠는 현대사회에서 일어나는 많은 갈등과 긴장을 해소시켜 삶의 청량제 역할을 하고, 스포츠 조직이 언론과 관계하면서 일반 대중의 흥미와 관심을 유발하고 있으며, 인간의 사회적 생활에 없어서는 안 되는 존재로 부각되고 있다.

이와 같은 상호 커뮤니케이션의 결과가 부정적이건 긍정적이건 간에 스포츠 조직과 언론이 맺고 있는 공생적 관계는 앞으로도 더욱 강해질 것이다.

1) 언론 관계 커뮤니케이션의 개념

언론홍보는 흔히 언론 관계(media relations) 또는 퍼블리시티(publicity)로 불린다. 하지만 정확히 구분하면 언론 관계는 PR 활동에 있어 핵심적인 활동 분야이며, 퍼블리시티는 이 활동에 있어 중요한 세부 활동 도구다. 언론 관계는 스포츠 조직의 PR 활동에 있어 중요한 공중으로서 언론 매체들과의 관계를 통해 상호 신뢰와 협력을 도모함으로써 대중 또는 세부적인 매체 수용자들에게 효율적이고 광범위하게 메시지를 전달하는 활동이다. 또한 조직의 위기 또는 쟁점과 관련하여 기존에 형성된 관계를 기반으로 오해의 폭을 최소화해 정확하고 신속한 정보 전달로 조직과 공중 상호 간의 이해를 넓히는 데 언론의 역할을 극대화시키는 활동이다(이종혁, 2006).

따라서 스포츠 조직과 공중 간의 매개 역할을 하는 언론이 스포츠 조직에 대한 긍정적인 보도를 유도해내고 부정적인 보도를 최소화하기 위해서는 언론과의 호의적인 관계 형성을 위해 커뮤니케이션을 하는 것이 중요하다. 만약 조직의 언론 관계 커뮤니케이션 관리가 잘못되면 스포츠 조직의 미래가 큰 영향을 받을 수 있다.

2) 언론의 쟁점 사안

우리나라의 조직과 관계하는 언론은 두 가지 사안이 쟁점이 되는데, 첫째 극소수의 신문사가 전체 언론시장의 50%를 차지하며 언론 재벌 중 상당수가 스포츠 프랜차이즈를 소유한다는 것이다. 이로 인해 지방이나 지역사회 조직에 대한 관심이 줄어들게 되고, 서로 다른 가치관을 가진 다양한 신문이 존재해야 사회의 경쟁력이 담보될 수 있다.

독일에서는 언론 그룹이 특정 지역 시장의 25~30% 이상을 장악하지 못하도록 규정하고 있으며, 수도권 집중이 가장 강한 나라인 프랑스의 파리에서 발행되는 종합지와 경제지, 스포츠지를 포함해 전국지의 신문시장 장악 비율은 25%를 조금 넘는 수준이다.

둘째, 언론인은 일종의 문지기로서 대부분의 문화권에서 공통적으로 수용되는 이데올로기에 강력한 영향을 주고, 사회의 거울이며, 그 사회의 수준을 말해준다. 선진국은 언론의 수준이 높고 신문과 방송이 개방되어 있는 나라이므로 선진국이 되려면 사회가 언론을 지원하고 때로는 견제하는 역할을 할 수 있도록 좋은 여건의 언론 환경을 만들어야 한다. 그러나 좋은 언론은 기자들이 혼자서 만들 수 있는 것이 아니라 유능한 인재와 기업, 스포츠 조직이 언론에 관심을 갖고 적절한 관계를 맺는 것이야말로 국가 발전에 절대적으로 중요하다. 언론에 대해 무조건적인 불신을 보내고 기피하기만 하는 행동은 진정한 지식인의 태도라고 볼 수 없다.

스포츠 선수들은 언론에 부정적인 기사가 실릴 가능성이 많아 본인의 입장 표명이 쉽지 않은 경우, 이적 등과 관련해 계약 상황 등이 노출되지 않도록 언론을 피하는 경우, 그리고 이런 특정한 경우와 상관없이 언론을 의도적으로 피하거나 인터뷰 자체를 싫어하는 선수들이 있다. 하지만 공인으로서 스포츠 스타는 팬들이 일거수일투족에 관심을 갖기 때문에 언론을 기피하거나 비난해서는 안 된다.

MBC의 〈무릎팍 도사〉라는 프로그램에는 양준혁, 이대호, 추신수, 이종범, 허재 등 많은 스포츠선수들이 출연해 영광스러운 순간과 함께 역경을 털어놓으며 대중에게 선수들에 대한 이해를 도왔고, KBS의 〈천하무적 야구단〉이라는 프로그램은 프로야구 올스타전에서 경기 시작 전 많은 이벤트와 프로구단 감독들의 시범과 클리닉으로 야구홍보에 많은 역할을 했다.

언론은 정보를 모아 취사선택해 내보내는 일종의 문지기 역할을 하기 때문에 명백히 잘못된 기사, 즉 오보인 경우에는 대화와 끊임없는 소통으로 기사가 가장 정확하거나 비슷하게 쓰이고 보도될 수 있도록 해야 한다. 스포츠 스타들은 사전 미디어 트레이닝을 통해 인터뷰 연습을 한다든지 대중연설 훈련을 받아야 한다. 인터뷰가 어려운 상황이라면 페이스북이나 홈페이지를 적절히 활용해서 국내 언론의 기사로 전해지도록 해야 한다.

3) 정보 서비스 제공

정보란 통화와 같은 역할로 주로 언론과 정보를 교환함으로써 스포츠 조직에 우호적인 여론을 형성할 수 있고, 이렇게 형성된 우호적인 여론이 조직에 대한 인식을 높여 궁극적으로 수익이 증가할 수 있다.

(1) 커뮤니케이션

언론에 정보 배포를 위해 다양한 커뮤니케이션이 사용되고 있는데, 이러한 전술은 각각 강점과 약점을 동시에 갖고 있다. 언론 커뮤니케이션은 광고와 프로모션 매체(advertising and promotion media), 뉴스 매체(news media), 조직 매체(organizational media) 대인 커뮤니케이션(interpersonal communication)으로 나눌 수 있다.

스포츠 조직의 정보를 일반 공중에게 신빙성 있게 전달하려면 스포츠 조직과 언론이라는 공중이 관계를 통해 커뮤니케이션할 때 가능하다. 스포츠 조직의 제품이나 구성원에 관해 매체사가 가능한 한 사려고 하는 가치 있는 정보로 만들어 팔려면 성공적인 언론 관계 커뮤니케이션으로 기자와 편집자가 진정으로 사용할 수 있는 홍보물을 줌으로써 진실한 관계를 구축해야 한다.

매체에 보도하기 위한 홍보물의 전형적 요소들을 보면 다음과 같다.

① 특정 매체를 위한 조직과 제품의 포지셔닝 전략을 개발해야 한다.

② 에디토리얼 기회를 계획하고, 에디토리얼 캘린더를 개발해야 한다.

③ 매체접촉 리스트를 만들어야 한다.

④ 매체정보와 설명 자료를 준비해야 한다.

⑤ 인쇄, 전파매체를 위한 뉴스나 기획물을 개발해야 한다.

⑥ 제품 소개를 제공해야 한다.

⑦ 기사(사례연구, 특집물, 기획물, 증언 내용 등)를 제공해야 한다.

⑧ 경영인을 심층기사나 기획기사를 위한 전문적인 정보원으로 부각시켜야 한다.

⑨ 매체이벤트/매체여행/뉴스프로모션을 실행해야 한다.

⑩ 추가적인 보도 기회를 얻어내기 위해 지속적이고 적극적인 매체접촉을 해야 한다.

⑪ 보도기사를 수집하고 분석해야 한다.

(2) 보도발표

보도발표(news release)는 가장 널리 사용되는 뉴스 매체로서 신문기사 중 3분의 2는 홍보의 결과다. 소비자의 눈과 귀 역할을 하는 미디어로서 언론의 위력은 막강한데, 이는 국민이 정보를 얻는 통로가 매스미디어라는 수단을 통해 가장 높은 정보 전달 역할을 하기 때문이다.

그런데 뉴스나 신문기사는 기자가 아이디어를 내고 직접 발로 뛰어서 쓴 기사보다는 전문가나 홍보담당자로부터 모은 정보를 수집한 것이 많다. 미국의 대표적인 경제신문인『월스트리트저널』의 기사는 70%가 보도발표 제공 등 홍보의 결과이며,『뉴욕타임스』,『워싱턴포스트』도 마찬가지로 70%는 보도발표 자료를 그대로 실은 것이고,

30%만이 기자가 보도발표 자료에 새로운 사실을 첨가하여 뉴스화한다. 그러므로 스포츠 조직에 대해 뉴스거리가 되는 정보를 언론에 발표하여 가능한 한 긍정적인 면을 부각시키려면 조직에 대한 내용을 언론이 사용하도록 보도발표를 해야 한다.

그렇지만 모든 보도자료가 항상 우호적인 것만은 아니라는 것을 명심해야 한다. 예를 들어 새 여성 배구코치를 발탁한 보도기사를 다루는 게 적합하겠지만, 이전 코치 해임에 대한 기사를 다룰 수도 있다. 스포츠 조직이 경기에서 패한 경우 보도발표를 해야 할 때조차도 결과에 대해 긍정적인 메시지를 남기는 것이 바로 언론 관계 커뮤니케이션으로서 해야 할 일이다.

보도발표로 좀 더 많은 언론의 주목을 끌기 위해서는 시기성(timeliness), 영향력(impact), 유명세(prominence), 대립성(conflict), 비범함(unusualness), 근접성(proximity) 등 다양한 각도를 고려해야 한다.

(3) 양식과 요소

보도발표 자료는 보편적으로 수용되고 있는 양식을 지켜 작성하면 언론이 이 정보를 더욱 쉽게 이용할 수 있다.

① 머리글

보도발표에서 가장 중요한 부분은 페이지의 제일 첫머리에 오는 머리글로, 여기에는 조직명, 주소, 전화번호, 수신 언론명 및 보도일시, 헤드라인 같은 최소 정보가 들어간다.

뉴스가 공식출처에서 나온 것인지를 확인할 수 있도록 조직에 대한 정보가 들어 있는 보도자료 양식을 사용해야 한다.

② 도입

보도발표에서 두 번째 부분에 해당하는 부분을 '도입 단락'이라 하며, 보도자료 중 뉴스로서의 가치가 있는 부분에 대해 요약한 부분이다. 도입 단락에는 보통 누가, 언제, 어디서, 무엇을, 어떻게, 왜라는 육하원칙에 따른 내용이 들어간다. 도입부의 첫 10개 단어가 독자를 결정짓고 독자에게 득이 되는 정보를 제공해준다. 친구에게 단 20초 이내에 여러분에 관한 이야기를 해야 한다면, 어떤 것을 이야기할 것인지를 생각해야 한다.

③ 본문

보도발표의 도입 다음에 오는 본문은 역피라미드의 언론 표준, 즉 가장 중요한 정보가 맨 앞에 오도록 하고 중요도가 낮은 정보는 뒤로 보내는 형태를 취하도록 해야 한다. 왜냐하면 누구라도 첫 단락은 읽어보게 되어 있지만 편집에서 단순히 마지막 부분을 잘라내거나 삭제할 수 있기 때문이다. 두 번째 단락에서는 도입부에 대한 설명, 즉 빠진 정보를 보충해주고, 세 번째 단락에서는 이를 뒷받침해줄 증거가 되는 정보를 제시해야 한다. 네 번째 단락에서는 뉴스의 관점에 대한 배경, 다섯 번째 단락에서는 독자에게 원하는 어떠한 행동 양식을 기재해야 한다. 티켓 판매에 대한 보도발표는 티켓 가격과 주문 전화번호가 맨 마지막 부분에 나와야 한다.

④ 배급기사

조직에서는 사업 전략에 있어 핵심적인 부분과 조직 정보를 기사에 포함시켜 스포츠 업계 내 자사의 위치를 확립하는 데 배급기사를 사용한다(Stoldt, Dittmore & Branvold, 2006).

4) 언론 관계 커뮤니케이션 지침

위기상황에서 언론 관계 커뮤니케이션을 이루는 것이 무엇보다 중요하며 가장 어려운 과정이기도 하다. 조직의 위기상황은 뉴스 가치가 있는 것으로, 언론인이 기사에 대해 가능한 한 많은 정보를 구하려 할 때 스포츠 조직을 효과적으로 옹호하려면 언론 관계 커뮤니케이션에서 다음과 같은 지침을 알고 있어야 한다.

먼저 기자는 취재원과 친해지기를 원하므로 알찬 정보를 제공하고 신뢰감을 주는 상대가 되어야 한다. 그리고 처음 만나는 기자에게 회사 소개 자료를 제공하고 핵심을 간결하게 설명해야 하며, 기자와의 통화를 늘 열어놓아야 한다. 다음으로 예의를 갖추고 감정을 억제하며 열정과 용기를 보여준다. 특정 언론사를 선호하지 말고, 부당한 압력과 촌지를 주지 말며, 언론은 여론에 영향을 미치는 광고주에게 호의적이라는 것을 알아야 한다. 마지막으로 조직의 경영자는 기자와 쉽게 친해질 수 있다는 것과 오보를 하지 않도록 커뮤니케이션해야 한다.

5) 인터넷 관계 커뮤니케이션

기존 ATL(TV, 신문, 라디오, 잡지) 시장이 인터넷의 등장으로 고급 소프트웨어를 이용해서 데이터베이스를 개발하고, 네트워크의 발달로 스마트 미디어와 SNS 커뮤니케이션 등의 새로운 기술이 정보를 공유하는 메커니즘으로 더욱 발전하고 있다.

맨체스터 유나이티드는 세계적인 팬들이 많은 팀으로 한국어, 중국어, 일본어, 아랍어, 스페인어를 제공하는 공식 홈페이지를 운영하고 있고, MUTV를 운영하면서 전 세계적인 팬들에게 경기뿐만 아니라 경기 이외에 선수들의 모습과 구단의 이야기 등 흥밋거리를 제공하고 있으며, 페이스북 팬이 1,000만 명에 이른다고 발표했다.

그리고 J리그는 '특명 PR부'라는 특별부서를 만들어 일본의 네티즌과 함께 J리그를 알리자는 캠페인의 일환으로 부원이 된 시민이 트위터나 블로그 등 전달력에 있어 빠른 SNS를 이용하여 소셜 네트워크 커뮤니케이션을 했다.

이와 같이 새로운 미디어든 전통적인 미디어든 그 어떤 미디어와 상대할 때 미디어의 여론에 스포츠 조직의 이미지를 적극적으로 커뮤니케이션하는 것이 중요하다. 스포츠 조직은 구성원들이 막강한 힘을 가지고 긍정적인 보도자료가 발표되도록 미디어를 활용할 수 있어야 한다.

2010년 플레이오프 5차전 직후, 한국시리즈에 진출하지 못한 두산 베어스는 포털 다음의 메인 광고란을 이용하여 패배 후에도 팬들의 사랑에 감사하다는 인사를 남겨 팬들의 마음을 움직였다. 그리고 수원 삼성 블루윙즈는 2010년 FA컵에서 2연패를 이루며 6개 시즌 40만 관중 돌파와 시즌 최다 평균관중 등 팬들의 성원에 대해 'QR 블루랄라 러브레터'라는 동영상 편지를 제작하여 감사 인사를 전달했는데, 이처럼 스마트폰을 새로운 신개념의 PR 도구로 사용했다.

또한 스포츠 조직의 어플리케이션을 통한 라디오와 영상 중계 시청은 기본적인 경기 진행 상황, 코치나 선수의 정보, 좌석예매 등과 함께 응원가를 포함하면서 또 다른 커뮤니케이션을 가능하게 하고 있다. 따라서 앞으로는 팬들의 창의적이고 감성적인 부분을 활용하여 이전보다 정직하고 신속한 메시지를 적합한 미디어에 전달할 수 있는 스포츠 조직의 즉각적인 정보 제공으로 관계를 관리해나가는 능력을 키워야 한다.

애틀랜타 브레이브스가 팬과의 커뮤니케이션을 위해 이용하는 온라인 포럼의 내용은 〈표 8-2〉와 같다.

표 8-2 | 애틀랜타 브레이브스의 팬 포럼(fan forum)

프로그램	주요 내용
breaves beat	팬들에게 최신정보를 보내는 e-newsletter
bravo club	팬, 클럽회원, 각종 혜택(할인, 선수 미팅, 기념품 수혜 등)
braves vision messages	홈경기 시 터너필드 전광판에 축하메시지 게재 서비스
ask the GM (general manager)	브레이브스 감독과의 대화
braves fan forum	브레이브스에 대한 각종 의견 수렴

6. 산업 관계 커뮤니케이션

현대의 스포츠 조직은 조직의 경영에 직간접적으로 관계를 맺는 금융이나 스포츠산업 집단들과 우호적 관계를 유지해야 할 뿐만 아니라 경영 외적인 여러 단체들과 커뮤니케이션을 해야 한다. 조직의 주위에는 많은 비우호적이거나 적대적인 집단들이 조직을 주시하고 감시한다. 이러한 단체들이 조직과 관련한 법안 및 정책 결정 과정, 혹은 여론에 지대한 영향을 미칠 수 있다는 점을 고려할 때, 이들 단체를 대상으로 한 공중 관계를 유지하는 것은 매우 중요하다.

2007년부터 SK는 인천광역시 교육청과 협조해 초·중·고등학생들에게 프로야구 관람을 통한 인천시민으로서의 자긍심과 애향심을 고취시키는 관계 커뮤니케이션을 실시했고, NBA 보스턴 셀틱스의 션 배러(Sean Barror) 부사장은 기아자동차와의 파트너십을 통해 보스턴 어린이 환자에게 선물을 나눠주며 함께 시간을 보내는 행사를 했다.

그리고 NFL의 그린베이 패커스 구단은 프로스포츠 종목에서 유일한 비영리 시민 구단으로 시민인 11만 2,158명의 주주 구성원들이 전체 주식 470만 주를 골고루 나눠 갖고 있다. 45명의 이사회 구성원들이 선출한 집행위원회 7명이 구단을 운영하는데, 구단으로부터 보수를 받는 주주는 집행위원회 대표 한 명뿐이다. 이 구단은 슈퍼볼 우승을 계기로 그린베이 시의 이미지 상승과 기업의 후원으로 팀 명칭, 마스코트 등을 통해 라이선싱 상품을 개발했고, 팬들은 자신의 구단인 패커스에게 소정의 자원봉사료를 받고 경기장의 눈을 치워주기도 했다.

제9장

매스 커뮤니케이션

현대의 커뮤니케이션은 인쇄, 음성, 영상, 디지털 매스미디어를 도구로 하여 포괄적인
사회공론의 장을 확대하고 있으므로 합의, 협상, 조정 등의 기능을 극대화하는
상황에 대한 내용을 살펴본다.

이 장에서는 스포츠 커뮤니케이션의 이해를 돕기 위해 매스미디어를 도구로
사용하는 매스 커뮤니케이션의 내용을 살펴보고, 현대사회와 매스 커뮤니케이션의
관계를 파악하며, 나아가 스포츠 비즈니스를 위한 커뮤니케이션에 대해 알아보고자
했다.

1. 매스 커뮤니케이션의 이해

1) 매스 커뮤니케이션의 의미

커뮤니케이션이란 자신의 생각이나 의견을 다른 사람에게 전달하거나 전달받는 의사소통 과정을 일컫는다. 커뮤니케이션을 더욱 효과적으로 하기 위해 때로는 인간의 신체 이외에 다른 도구나 기계들을 사용하게 되는데, 이러한 보조수단이 바로 커뮤니케이션 미디어다. 어떠한 매스미디어를 사용하느냐에 따라 커뮤니케이션의 양식이 달라지며, 그 내용이나 속성도 크게 달라진다.

사람들은 일상대화에서 보통 '매스 커뮤니케이션'과 '매스미디어'를 구분하지 않고 그냥 '매스컴'이라고 통칭함으로써 어떤 경우에는 '과정'을 나타내고 어떤 경우에는 '미디어'를 나타내는 식의 이중적 개념으로 사용하는데, 이것은 올바른 언어사용이 아니다(배규한·류춘렬·이창현, 1998).

매스 커뮤니케이션과 매스미디어는 구별되어야 하는데, 먼저 매스 커뮤니케이션은 송신자와 수신자 간의 물리적 거리를 두고 기술적인 미디어 수단을 통해 불특정 다수의 수용자들을 대상으로 이뤄지는 공적 메시지나 정보의 전달과정이다.

그리고 매스미디어란 기술적인 미디어 수단으로 대중을 상대로 대량의 정보와 지식, 오락 등을 제공하는 음성미디어, 인쇄미디어, 영상미디어, 디지털미디어 등의 대중매체를 매개로 정보를 전달하는 일을 말하는 것으로 매스미디어는 그 전달과정의 한 가지 구성요소다.

또한, 불특정 다수의 수용자들은 군중, 공중, 대중, 민중 등이 있는데 개인이 같은 집단에 속했을지라도 경우에 따라 군중에서부터 대중에 이르기까지 성격이 달라지게 된다. 매스 커뮤니케이션 과정에서 수용자를 단순히 대중(mass)의 의미로서가 아닌 공중(public)의 의미로 볼 때 공중은 좀 더 진보된 대중의 개념으로서 볼 수 있는데, 대중이 소극적인 수용자라면 공중은 적극적인 수용자이기 때문이다.

공중은 정치나 사회 같은 특정분야나 취미, 이해관계 또는 같은 지역사회에 사는 생활의 공통요소를 근거로 형성하는 공통된 관심사가 있는 사람들의 집단으로서 그 주제에 대해 나름대로의 의견을 갖고 있는데, 이들은 의견의 교환을 합리적으로 행하고 토론하는 집합체다. 그리하여 이들의 의견이 모아졌을 때 '여론(public opinion)'이라는 현상으로 나타나게 된다.

(1) 커뮤니케이션의 의미

오늘날에는 '커뮤니케이션'이라는 말이 일상생활에까지 널리 사용되고 있지만, 20세기 초까지만 해도 일반인들에게는 매우 생소한 단어였다.

'커뮤니케이션'이라는 영어단어의 어원은 라틴어의 communicare 인데, 이것은 '공통되게 하는 것(to make common)' 또는 '공유함(sharing)'을 뜻한다. 어원의 의미를 거슬러 올라가보면, 커뮤니케이션은 의미를 공유함으로써 서로 이해할 수 있게 되고 가치합의를 창출해가는 과정을 뜻한다.

듀이(John Dewy)는 "사회란 커뮤니케이션에 의해 존재하고, 커뮤니케이션 가운데 존재한다"고 말했고, 사회학자 쿨리(Charles Cooley)는 커뮤니케이션을 "인간관계가 존재하고 발전하는 메커니즘이며, 그 안에서 형성되는 모든 사회적 상징을 공간적으로 전달하고, 시간적으로 보존하는 수단"으로 정의했다. 이와 같이 커뮤니케이션은 학자들의 시각에 따라 매우 다양하게 정의되고 있고, 현상을 보는 관점에 따라 차이를 가져올 수 있다. 유기체들이 기호를 통해 서로 정보나 메시지를 전달하고 수신해서 서로 공통된 의미를 수립하고, 나아가서는 서로의 행동에 영향을 미치는 과정 및 행동으로서 아래와 같이 크게 3가지로 정의할 수 있다.

첫째, 커뮤니케이션을 상호작용을 통하거나 특정 부호를 사용함으로써 메시지나 정보를 주고받는 송수신 과정으로 보고 그 과정 자체를 강조하는 '구조적 시각'이다. 구조, 체계에 역점을 두기 때문에 정보의미나 그것이 유발하는 결과는 등한시되며, 단기간 내에 다량의 정보를 신속·정확하게 전달할 수 있느냐 하는 기술적 문제만을 취급한다. 예컨대, 슈람(Wilbur Schramm)은 커뮤니케이션을 "일련의 정보적 기호들(informational signs)에 대해 특정 의미를 공유하게 되는 것"이라고 본다.

둘째, 커뮤니케이션을 하나의 설득행위로 보면서 전달자의 영향력에 주목하는 '의도적 시각'이다. 커뮤니케이션이란 한 인간이 다른 사람에게 영향을 미치기 위해 의도적으로 행한 계획된 행동으로 공유영역이 넓을수록 커뮤니케이션 효과가 커지게 된다. 여기서는 커뮤니케이션을 "전달자가 수신자의 행위를 바꾸기 위해 어떤 자극(주로 언어적 자극)을 전달하는 것"이라고 본 호블랜드(Carl Hovland)의 정의가 대표적인 예다.

셋째, 커뮤니케이션을 인간의 부호사용 행위 자체로 보는 '기능적 시각'이다. 이 시각은 커뮤니케이션을 인간의 본능적·비의도적 행위로 보며, 부호화 및 해독화 과정(encoding-decoding process)에 역점을 두고 인간의 기호를 어떻게 사용해서 상호 간에 의미를 창조하고 공유하느냐 하는 언어심리학 일반의미론 학자들의 입장이다. 인간이 의도적이든 비의도적이든 어떤 영향이나 반응이 나타나게 하는 데 작용하는 모든 행위를 커뮤니케이션으로 보는 것이다. 가령 위버(Warren Weaver)가 커뮤니케이션이란 "특정의 심성 또는 메커니즘이 다른 심성 또는 메커니즘에 영향을 미치게 되는 모든 절차"라고 한 정의는 이러한 입장을 잘 나타내고 있다.

첫 번째 시각이 개인들 간의 상호작용 과정을 중시하는 입장이라면, 두 번째 시각은 특정 목적의 달성이라는 설득적 측면을 강조하고 있다. 그리고 세 번째 시각은 심리학적·생물학적 자극과 반응을 불러일으키는 기능으로 파악함으로써 커뮤니케이션을 더욱 포괄적 개념으로 본다. 이처럼 커뮤니케이션은 다양한 속성을 지니고 있기 때문에 어떤 한 가지 정의로 정확히 나타내기가 매우 어렵다.

차배근(1976)은 커뮤니케이션에 대한 다양한 시각을 포괄하는 종합적인 정의를 시도했다. 즉, 커뮤니케이션이란 "유기체들(사람, 동물 등)이 기호를 통해 서로 정보나 메시지를 전달하고 수신해서 서로 공통된 의미를 수립하고, 나아가서는 서로의 행동에 영향을 미치는 과정 및 행동"이라고 했다. 이 정의는 커뮤니케이션의 여러 가지 속성을 함께 잘 보여주는 대단히 포괄적인 특징을 가지고 있다. 그러나 자칫하면 정의에 사용된 다양한 개념이 내포하는 많은 의미를 오히려 상실하는 오류를 범할 수도 있다. 커뮤니케이션을 한마디로 압축하여 정의하는 일 자체에 너무 집착하기보다는 커뮤니케이션의 다양한 측면과 속성을 여러 각도에서 이해하는 것이 더욱 중요할 것이다.

정의를 어떻게 내리든지 커뮤니케이션이 모든 사회활동의 기초가 되고 있음은 누구도 부인할 수 없을 것이다. 모든 사회적 상호작용은 반드시 커뮤니케이션의 형태를 통해 이뤄진다. 어떠한 사회과정도 커뮤니케이션 과정이 아닌 것이 없다. 그리고 모든 커뮤니케이션 형태는 하나의 사회적 과정이라는 역명제 또한 사실이다. 커뮤니케이션의 방식이나 형태 또는 과정을 지배하는 법칙은 그 사회조직의 규모나 복잡성에 따라 달라진다. 그러므로 '커뮤니케이션' 현상을 올바로 이해하기 위해서는 항상 '사회'현상과 관련지어서 보는 넓은 시각을 가질 필요가 있다.

(2) 커뮤니케이션의 구성요소

① 송신자

송신자에게는 공신력과 매력이라는 속성이 있다. 공신력(전문성, 신뢰성, 유사성) 있는 정보원이 자신의 이익보다는 공중을 위한 주장을 할 때 더 설득적이다. 또 광고에서 멋진 경기력을 가진 스포츠 선수와 일반인이 모델을 하는 경우에 매력도의 차이가 있다.

② 메시지

메시지는 설득 커뮤니케이션에 있어 설득을 위한 도구다. 송신자가 수신자를 설득하기 위해 사용되는 도구로서 설득의 방향과 의도가 메시지이며, 이때 방법론의 하나가 미디어다. 플라톤은 『대화편(Dialogues)』에서 설득을 권력의 핵심으로, 메시지를 설득의 핵심으로 간주했다.

설득 내용이 무엇인지를 나타내는 메시지는 내용과 대상자에 따라 구성방법도 다양한 메시지로 이뤄진다. 예를 들어 음주운전 방지 같은 위협적 소구 메시지는 다음 3가지 조건이 충족되었을 때 설득으로 인한 태도변화를 유발하는 데 효과적이다.

첫째, 수신자가 지극히 부정적인 결과를 경험할 가능성에 대해 강한 주장을 제시해야 한다. 둘째, 권유가 수용되지 않는다면 이런 부정적인 결과가 매우 일어나기 쉽다는 것을 주장에서 설명해야 한다. 셋째, 권유하는 행동을 받아들인다면 이런 부정적인 결과를 효과적으로 제거할 수 있다는 강한 확신을 제공해야 한다.

③ 수신자

수신자의 태도변화는 주목과 이해, 파지(retention)의 과정을 포함하는 메시지 주장의 수용과 지지에 의해 결정되며 그 영향력에 굴복함으로써 결정된다. 설득 커뮤니케이션에서 송신자가 아무리 메시지를 전달해도 수신자가 거부한다면 아무런 효과가 없다.

맥과이어(McGuire, 1968)에 의하면 지적 능력(지능이 높은)이 높은 수신자일수록 커뮤니케이션을 더 잘 이해하고 기억해서 태도변화의 가능성이 높다고 했다. 그러나 지적 능력이 높은 수신자는 비판 능력 또한 높기 때문에 굴복하지 않으려 한다고 했다. 그리고 스스로에게 부여하는 존경을 의미하는 자존심이 높은 사람은 외부 사건(커뮤니케이션)에 관심이 높은 반면 굴복에는 부정적으로 관계한다고 했다. 또한 성별 차이에 따른 설득성은 여성이 남성보다 더 설득적이다. 이러한 차이는 여성이 사회와 협조적이며 조화를 이룰 수 있도록 학습 받고, 남성은 독단적이고 비의존적으로 학습 받는 사회적 역할의 차이에 기인한다고 할 수 있다.

④ 채널

채널의 선택은 설득에 있어 중요한 요소다. 직접 대면 접촉을 통한 대인 커뮤니케이션이 설득 효과가 더 크지만, 매스미디어 커뮤니케이션은 대량으로 빠르게 도달할 수 있으므로 대중적이다.

a. 대인 커뮤니케이션: 두 사람 또는 소수의 사람들이 대면하거나 전화, 서신 등을 통한 대담, 연설 등의 상호적 커뮤니케이션을 말하는 것
b. 집단 커뮤니케이션: 대인 커뮤니케이션과 비슷하지만 기술적 매체요소가 많이 포함되고 사람들의 수가 집단적 규모라는 점에서 구별된다.
c. 매스 커뮤니케이션: 대체로 기술적 매체를 이용하여 불특정 다수에게 대량으로 커뮤니케이션하는 것으로, 메시지의 흐름이 일방적이고 의도적이다.

이 과정에서 원활한 커뮤니케이션을 이루기 위해 몇 가지 중요한 변수가 발생하는데 크게 나누어 송신자의 요인, 수신자의 요인, 메시지 구성, 채널의 정확성 등이 있다. 송신자가 메시지를 잘 구성하는 능력이 있어야 하고, 송신자의 신뢰도가 있어야 수신자도 메시지를 수용하는 태도가 형성된다. 또한 송신자가 구성한 메시지는 채널을 통해 전달되는데, 두 사람의 대화의 경우는 공기가 그 역할을 하고 매스 커뮤니케이션인 경우는 언론미디어가 채널이다. 그러나 거기에는 잡음(noise) 현상이 있어 메시지를 왜곡하는 경우가 있다. 이를테면 대화 중 걸려오는 전화라든지 TV를 시청할 때 시청을 가로막는 잡념 등이 모두 잡음이다.

이런 메시지를 수신자가 받아들여 반응하여 송신자에게 피드백

하게 된다. 수신자의 답변, 표정 등이 모두 피드백이다.

(3) 커뮤니케이션의 유형

① 자아 커뮤니케이션

개인이 자신과 주변 환경을 이해하기 위해 의식적으로 또는 무의식적으로 자신의 머릿속에서 생리적·심리적으로 메시지를 처리하는 모든 과정으로 정의할 수 있다. 다시 말해 자기 자신과의 의사소통을 가리키며, 자아개념 형성 및 다른 사람과의 대화·경청 상황에서 중요한 기능을 하게 된다. 자아를 표현하기 위한 이용매체로는 일기장 등을 들 수 있으며 연구주제로는 자아존중(self respect), 자기통제(self control), 자기인식(self awareness) 등 개인적 차이에 관한 연구가 많이 이뤄지고 있다.

② 대인 커뮤니케이션

두 사람 또는 소수의 사람들이 대면하거나 전화, 서신 등을 통한 대담, 연설 등의 상호적 커뮤니케이션을 말하는 것으로 최근에는 인터넷 휴대폰, BMB 등 방송과 통신이 융합된 커뮤니케이션 기기를 많이 활용하고 있는 추세다. 대인 간 커뮤니케이션과 관련된 연구주제는 가족, 친지, 친구 등의 관계 형성 및 갈등 해결에 대한 연구 등이 있다.

③ 집단 커뮤니케이션

대인 커뮤니케이션과 비슷하지만 기술적 매체요소가 많이 포함되고 사람들의 수가 집단적 규모라는 점에서 구별된다. 신제품 출시 후 소비자 반응을 점검하기 위해 10여 명의 포커스그룹을 가동하는 경우가 있는데, 이 사례도 집단 커뮤니케이션에 해당한다. 연구주제는 누가 그룹을 리드하는지에 대한 리더십 역할 또는 기타 구성원의 역할에 대한 연구 등이 있다.

④ 매스 커뮤니케이션

대체로 기술적 매체를 이용하여 불특정 다수에게 대량으로 커뮤니케이션하는 것으로 방송, 신문, 잡지, 서적, 인터넷 등을 매개로 이뤄지는데 현대사회의 사회화 과정의 필수요소라 할 수 있다. 매스 커뮤니케이션은 주로 일방적인 메시지 흐름으로 진행되지만, 최근에는 인터넷을 통한 쌍방향 커뮤니케이션과 쌍방향 TV도 가능해지고 있다. 국내외적으로 커뮤니케이션 분야에서 이뤄진 대다수의 연구가 매스미디어의 기능과 효과에 관한 연구라고 해도 지나치지 않은데, 텔레비전 영상물의 폭력효과를 측정한 문화계발효과이론과 매스미디어 폭력과 선정성의 유해 효과에 대한 연구가 이뤄지고 있다.

(4) 커뮤니케이션의 방법

커뮤니케이션 행위는 가장 원시적인 단세포 생물에서도 찾아볼 수 있다. 비록 화학적인 방법에 의한 것이긴 하지만, 그런 미미한 생물도 자신들의 주위 환경에 영양분이 있는지를 알아보기 위한 커뮤니케이션 방법을 가지고 있기 때문이다. 개가 의사소통을 할 수 있다는 것을 부인하는 사람은 아무도 없을 것이다. 고양이를 뒤쫓는 개는 분명히 어떤 메시지를 전달하고 있다.

인간은 감각기관을 통해 상호 간에 의사를 주고받을 수 있을 뿐 아니라 자신이 경험해보지 못한 과거와 미래까지도 생각할 수 있는 유일한 존재다. 선함과 악함, 권력과 정의 같은 추상적 개념을 화제로 삼을 수도 있다.

그러나 인간이 태초부터 이처럼 대단한 커뮤니케이션 능력을 가졌던 것은 아니다. 오랜 세월에 걸쳐 더욱 복잡한 정보를 처리할 수 있도록 감각을 넓히고, 시간과 공간을 초월하여 메시지를 전할 수 있는 방법을 끊임없이 개발해온 것이다. 커뮤니케이션 방법은 사회발전의 정도에 따라 매우 다양하다.

① 언어

언어의 발명은 위대한 인간 역사의 시작이었다. 다른 영리한 동물들과 마찬가지로 인간도 언어를 갖기 이전부터 어느 정도의 의사소통 행위는 있었을 것이다. 이렇게 기본적인 의사소통을 해오던 인간은 마침내 신호를 사용하는 법을 터득하게 됨으로써 눈앞에 보이지 않는 사물까지 지칭할 수 있게 되었을 것이다. 언어는 어떻게 시작되었을까? 우리는 언어의 시초를 추측할 수밖에 없다. 우연히 음성에 의한 신호(signal)를 개발하게 되고, 점차 이 신호를 보완하는 체계로서 언어기호(word-sign)가 형성되기 시작했을 것이다.

언어의 기원에 대해 추측하는 여러 가지 이론 중에서 어느 이론이 옳다고 단정할 수는 없으며, 그럴 필요도 없다. 모든 이론은 본질적으로 서로 비슷하기 때문이다. 즉, 어떤 '소리'를 인간의 '경험'이나 '행동'에 결부시킴으로써 언어가 출현하게 되었다고 보는 것이다.

언어는 처음에는 구체적인 사물 이름에서 시작하여 추상적이고 일반적인 개념에 이르기까지 수천 년에 걸쳐 서서히 다듬어진 것이다. 어떤 소리가 특정 경험과 결합됨으로써 점차 어떤 대상의 이미지를 형성하게 되었을 것이다. 시간과 공간을 초월한 언어의 기본적 유사성과 상대적 불변성은 바로 언어가 공통의 환경에 대한 반응에서 발생했음을 뒷받침해주고 있다.

인간이 거주하던 지역마다 자연환경과 집단경험이 달랐으므로 무수한 종류의 언어가 형성되었을 것이다. 현재까지 남아 있는 주요 방언만도 3천여 가지나 된다. 그러나 점차 빈번해진 지역 간 접촉과 교류, 민족국가의 발전, 제국주의의 팽창 등으로 오늘날 세계에서 통용되는 언어의 종류는 100종 미만이다. 이와 같은 상황에서 일단의 사람들은 세계 공용어의 필요성을 주장하면서 단일 세계어 보급운동을 전개하기도 한다. 최근 동유럽에서 일어난 변혁의 물결과 유럽의 통합 추이를 지켜보면서 지구촌의 실현이라는 것이 이룰 수 없는 꿈만은 아니라는 희망적 관측을 할 수 있을지도 모른다. 그러나 언어란 한 종족의 오랜 역사와 생활의 결정체이기 때문에 단일 세계어의 꿈은 세계국가의 출현보다 더욱 기대하기 어려울 것이다.

② 문자

흔히 쓰기가 말하기보다 문명사적으로 훨씬 늦게 시작되었으리라고 막연히 생각한다. 그러나 사실 언어의 시작에 대해서는 쓰기의 시작에 관한 것보다 아는 바가 훨씬 적다. 문자까지는 아니더라도 최소한 그리기는 말하기보다 먼저 시작되었을지 모른다. 언어가 사물이나 경험을 추상화하기 위한 필요에서 생겨났다면, 그리기는 형상과 신호들을 더 오래 존속시키기 위한 필요에서 생겨난 것이다. 그림 또한 인간의 오랜 체험과 무수한 시행착오를 통해 여러 지역에서 독자적으로 발전했다. 프랑스 남부의 동굴들, 사하라 사막의 오지, 오스트레일리아 원주민이 거주하던 지역 등에서 발견되는 동물과 사냥꾼들의 모습은 적어도 2~3만 년 전의 그림으로 추정된다.

오늘날 '문자'라고 부르는 형태에 더 가까운 추상적 그림은 중국, 메소포타미아, 이집트, 아스텍, 마야 등지에서 처음으로 생겨났다. 중국에서는 은나라 때 '갑골문자'라는 것이 있었고, 메소포타미아, 이집트 등에서는 기원전 5~6천 년경 '회문자' 또는 '상형문자'라는 것이 있었다. 이것들을 보면 그림 하나가 하나의 의미를 가지고 있기는 하지만 거의 대부분 그림으로 되어 있다. 그림들이 오랜 세월에 걸쳐 추상화되고 인습화되면서 일정한 의미를 나타내는 문자로 발전했을 것이다. 문자의 시초는 대략 기원전 4천 년경으로 추정하고 있다. 그러나 언어와 달리 모든 지역에서 문자가 발전할 수 있었던 것은 아니다. 많은 구어들은 오늘날까지도 체계적인 문자로 발전하지 못했기 때문에 문자는 구어의 종류보다 훨씬 적다.

문자의 발명은 언어의 출현 못지않은 인류 역사의 대사건이었다. 그것은 공간적으로 더 멀리 의사를 전달할 수 있게 했으며, 시간적으로는 기억의 차원을 넘어 먼 후세에까지 체험을 전할 수 있게 했다. 이러한 변화는 필요한 정보를 입수하고, 경험을 축적하며, 미래를 설계하는 인간의 능력을 크게 향상시킴으로써 인간역사 발전의 기틀을 마련했다.

③ 준언어

커뮤니케이션의 가장 기본적인 수단은 언어와 문자다. 그러나 이들을 보완하는 또 다른 중요한 커뮤니케이션 방법이 있는데, 흔히 '준언어'라고 부르는 비언어적 수단이 바로 그것이다. 준언어는 언어 이전의 커뮤니케이션 양식으로서 음성적인 것과 비음성적인 것으로 구분될 수 있다. 음성적 준언어의 보기로서는 웃음, 하품, 신음, 자세, 제스처, 시선, 악수, 키스, 어깨 두드림 등이 있다. 요컨대, 준언어란 음성적이든 비음성적이든 회화에서 사용되는 비언어적 표현의 모든 것을 지칭하는 개념이다.

비언어적인 커뮤니케이션은 광범위하고 다양한 형식과 내용을 가지며, 인간생활에 대단히 중요한 기능을 담당한다. 그러나 그것은 직접적으로 상호작용할 수 있는 대인접촉에서만 가능하다. 그리고 준언어에 대한 해석은 언어의 경우와 마찬가지로 동일 문화권에 속하는 성원들이 공유하는 관습에 달려 있다. 이는 언어공동체를 넘어서 준언어공동체의 존재 가능성을 시사하는 것이다.

④ 기타 방법들

커뮤니케이션의 가장 중요한 수단인 언어는 지칭하는 사물이나 현상의 본질과 필연적으로 또는 객관적으로 관련성을 갖지 않는다는 점에서 다분히 자의적이며 관례적이다. 따라서 어떤 언어든지 그 자체에 체계성과 논리적 일관성을 지니고 있지만, 해당 언어집단 밖의 사람들에게는 전혀 이해될 수 없다. 즉, 언어에 사용되는 기호는 관계적으로 어떤 개념과 결합됨으로써 특정의 이미지를 전달할 수 있는 것이다. 따라서 언어에 사용되는 기호는 관례적으로 어떤 개념과 결합됨으로써 특정의 이미지를 전달할 수 있다. 이는 언어에 사용되는 기호 이외에 다른 종류의 기호도 얼마든지 커뮤니케이션에 사용될 수 있음을 보여주기에 충분하다. 퍼스(Raymond Firth)는 이것을 지표(index), 신호(signal), 형상(icon), 상징(symbol)의 4가지로 구분하여 제시하고 있다.

a. 지표란 지칭하고자 하는 현상과 직접적인 관계를 가지고 있는 기호를 말한다. 예컨대, 누군가 지나갔음을 나타내는 발자국, 불이 났음을 알게 해주는 연기 등이 지표에 속한다.

b. 신호는 전달자의 의도적 행위를 강조하는 기호로서 어떤 반응을 요구하는 것이다. 이것은 지표와는 달리 관계적으로 서로 이해할 수 있는 공통적 인식의 바탕을 필요로 한다.

c. 형상이란 지칭하고자 하는 현상에 대해 감각적 유사성을 갖는 기호다. 예를 들면, 조각이나 채색 또는 바람, 폭풍우, 새소리 등의 본질적 특징을 재생한 음악 등이다.

d. 상징은 어떤 사상이나 사건을 전하는 데 관습적으로 사용되는 부호화된 표시물을 말한다. 우리는 흔히 무엇인가를 표현하는 데 이러한 상징들을 사용함으로써 더욱 효과적으로 전달할 수 있다. 예를 들어, 어떤 배지나 유니폼은 특정 집단의 성원임을 강하게 암시할 수 있으며, 머리모양이나 의상으로도 특정한 분위기를 전할 수 있다. 자동차나 가구, 장식물 등은 사회계층적 지위를 나타내는 훌륭한 상징이 될 수 있다. 또한 국기는 그 자체로서 국가공동체를 나타내며, 십자가는 기독교인에게 예수 또는 구원의 상징이 된다.

언어와 준언어가 감각적인 경험에 한정되어 있으며 정확하고 형식적인 데 반해 상징은 시간과 공간의 제약이 직접적 경험을 초월하는 커뮤니케이션 양식이다. 따라서 상징은 개인과 사회집단 또는 인간과 신의 세계를 결합시키는 데 특히 중요하다.

이상에서 설명한 지표, 신호, 형상, 상징 등에 의한 커뮤니케이션 과정은 체계적 기호에 바탕을 둔 언어나 문자에 의한 커뮤니케이션과는 다른 범위와 힘을 갖는다. 이들은 언어보다 모호하고 비체계적이고 비공식적이며, 학습되거나 학습하지 않고도 알 수 있는 것들이다. 또한 이들은 창조성과 선택성이 가능한 커뮤니케이션 양식으로서, 개인적 경험과 사회적 상호작용, 개인의 생활세계를 구성하는 구체적 대상물과 관계되어 있다. 특히 상징은 읽고 쓸 수 있기 이전의 사회나 문화적·언어적으로 다양한 사회, 그리고 직접 경험할 수 없는 추상적 상태에서 대단히 중요한 커뮤니케이션 방법이 된다.

(5) 커뮤니케이션과 문화

커뮤니케이션과 문화의 관계에 대한 논의는 자칫하면 혼란에 빠지기 쉽다. 두 가지 개념은 통념적으로 명확히 구분될 수 있는 성질의 것이 아니기 때문이다. 여러 종족의 생활모습에 대한 인류학자들의 연구에 의해 이제 문화란 도처의 인간생활에 편재하는 것이라는 사실을 의심할 사람은 없다. 그리고 문화란 인간 삶의 유형 또는 생활양식 그 자체를 의미하는 것으로 이해되고 있다.

이런 관점에서 본다면, 커뮤니케이션은 바로 문화의 한 부분이라고 볼 수 있다. 그러나 여기서는 커뮤니케이션 현상에 논의의 초점을 맞추고 있기 때문에 커뮤니케이션이 마치 문화의 다른 부분들과 구분될 수 있는 것처럼 가정한다. 다시 말하면, 사회제도나 규범, 신념, 가치 및 사고방식, 도구 및 그 사용, 제작기술 등 커뮤니케이션 이외의 제 문화적 측면들과 커뮤니케이션이 어떠한 관계를 맺고 있는지 분석해보고자 한다.

커뮤니케이션이 문화로부터 분리될 수 있는 개념이라고 전제하더라도 문제는 여전히 남아 있다. 두 가지 개념이 모두 다양한 의미를 지닌 복합적 현상들이기 때문에 어떠한 시각에서 양자 간의 관계를 보느냐에 따라 논의는 다르게 전개될 수 있다. 문화와 사회구조의 관계에 대한 로젠그렌(Rosengren)의 분류도식을 원용하여 커뮤니케이션과 문화 중 어느 쪽이 다른 쪽에 영향을 미치는지 여부에 따라 양자 간의 관계를 고찰하고 있다.

그림 9−1 | 커뮤니케이션과 문화의 관련성에 따른 유형 분류

〈그림 9-1〉에서 + 부호는 영향을 미치는 것을 나타내고, − 부호는 영향을 미치지 않는 것을 나타낸다. 커뮤니케이션과 문화 간에는 서로 영향을 미치느냐, 미치지 않느냐에 따라 4가지 가능한 관계가 있을 수 있다. 이 분석틀은 단순화되어 있어 논의의 초점이 분명함과 동시에 양자 간 관계의 핵심을 다루고 있다는 장점을 지닌다.

① 자율론
커뮤니케이션과 문화의 관계에 대한 분석틀의 첫 번째 유형은 서로 직접적인 영향을 미치지 않는다고 보는 자율론이다. 그러나 앞에서 언급한 대로 커뮤니케이션과 문화는 상호 밀접히 관련된 현상이며, 커뮤니케이션은 문화의 한 부분이라고까지 볼 수도 있다. 따라서 사실상 커뮤니케이션과 문화를 자율성을 가진 상호 독립적 현상들이라고 보기는 대단히 어렵다.

다만 문화의 개념을 예술적·지적 활동의 산물 또는 고급문화로 국한해서 정의한다면, 자율론이 어느 정도나마 타당성을 가질 수 있다. 예술가는 자신이 살고 있는 사회에서 창작의 능력을 연마하기는 하지만, 미적 가치의 기준을 당대의 사회에 두지는 않는다. 어떤 종류의 예술이든 위대한 창작품은 시간적으로 영속성을 갖는 미적 산물이어야 하기 때문이다. 그러므로 진정한 예술가는 수신자의 가치에 괘념치 않고 창작자로서 자신의 의도와 심미적 판단에 따라 활동한다. 이들에게 일반대중의 기호나 취향은 무의미한 것이다. 실험주의적 전위예술 또한 이 점에서는 마찬가지다. 이러한 순수예술이나 전위예술을 문화라고 한다면 문화는 다수 대중의 사회적 커뮤니케이션 내용에 직접적 영향을 미치지 못하며, 사회적 커뮤니케이션 과정 또한 문화에 별 의미를 갖지 못한다고 할 수 있을 것이다.

② 문화결정론

두 번째 유형은 커뮤니케이션이 문화의 내용이나 형식에 별 영향을 미치지 못하는 반면, 문화는 커뮤니케이션의 과정이나 양식에 결정적인 영향력을 행사한다고 보는 입장이다.

문화결정론적 시각에서는 인간을 "후천적 학습과정을 통해 사회의 지배적 규범문화 또는 가치체계를 내면화한 존재"로 본다. 즉, 인간은 자신이 속한 문화에 따라 만들어지는 소극적이고 피동적인 존재다. 사회생활의 모든 영역에는 개인의 행동을 규제하는 지침, 즉 규범이 있으며, 규범들은 나름대로의 일관된 체계를 지닌 여러 가지 제도를 형성하고 있다. 이러한 관습이나 규범 또는 제도를 내면화함으로써 개인은 언제 어떠한 양식의 커뮤니케이션 행동을 해야 할지 결정한다고 보는 것이다.

여기서 언어는 바로 사회화 과정의 중요한 수단이며, 문화적 가치체계가 반영된 기호다. 커뮤니케이션이란 '전달' 또는 '영향'의 측면이 강조되는 문화전수의 도구 또는 수단일 뿐이다. 요컨대, 커뮤니케이션은 문화적 양식에 의거하여 이뤄지는 종속적 현상이라는 것이다. 이러한 입장은 문화적 규범이 커뮤니케이션을 결정하는 것으로 보고 있다는 점에서 '문화규범론'이라고 부를 수도 있다.

지나치게 단순화시킨다는 위험성이 따르긴 하지만, 다음의 몇몇 이론은 문화결정론적 시각에 서 있다고 할 수 있을 것이다. 우선 사회집단과 언어사용의 유형에 주목하는 사회언어학적 이론들이다. 즉, 언어적 상징은 그 집단 또는 사회의 문화적 내용에 의해 규정된다고 보는 것이다.

대중문화를 자본의 독점을 성공시키기 위한 지배계급의 상업적 수단으로 보면서 기술적 합리성을 이용하여 지배계급이 그들의 문화적 표현을 상품화시킨다고 보는 프랑크푸르트학파의 문화산업론도 문화결정론적 시각에 서 있다고 할 수 있다. 여기서는 대중이 문화산업 또는 대중문화에 의해 그들의 커뮤니케이션 양식을 조종당한다고 보기 때문이다.

끝으로, 지배계급에 의한 사회적 권위의 행사가 정당화되는 것은 물리적 강제력이나 지배이념의 강요에 의해서가 아니라 피지배층이 수동적이고 무관심하게 됨으로써 나타나는 사회적 합의의 창출에 의해서라고 보는 패권이론(hegemony theory) 역시 문화결정론적 시각에 서 있다고 할 수 있다. 사회성원들의 커뮤니케이션 과정이나 내용은 모두 지배계급의 사회적 의식이나 성격 등 문화적 가치에 의해 결정된다고 보기 때문이다.

③ 커뮤니케이션 결정론

두 번째 유형인 문화결정론은 커뮤니케이션의 도구적 측면과 효과적 측면을 강조하면서 그것에 의해 영향받고 조종되는 수동적 인간관에 바탕을 두고 있다. 반면에 세 번째 유형인 커뮤니케이션 결정론은 커뮤니케이션 과정 자체에 의미를 부여하면서 인간을 자주적·능동적·창조적 존재로 보는 인간주의적 관점에 서 있다. 인간주의적 관점에서 문화란 인간을 속박하는 외재적 요소가 아니라 인간에 의해 계발되고 창출되는 정신적 복합체계다. 인간은 문화의 종속자가 아니라 창조자다. 이 시각에 따르면, 집단성원들의 커뮤니케이션 과정을 통해 문화가 창조되는 것으로 보고 있다는 의미에서 '문화창조론'이라고 불리기도 한다.

사회를 기본적으로 커뮤니케이션 체계라고 보는 공동문화론이나, 인간은 의미나 상징의 해석을 통해 구체적 존재가 된다는 점을 강조하면서 그 해석과정에 초점을 맞추는 상징적 상호작용론에서 문화란 인간의 동조를 강요하는 규범이 아니라 인간에 의해 선택·취급되고 해석·재구성되는 것이다. 즉, 문화란 상징에 의한 상호작용을 통해 형성되고 창조되는 것이므로 커뮤니케이션의 산물이라는 것이다. 여기서 인간은 자기가 생활하고 행동하는 세계를 스스로 창조하는 존재다. 그리고 행위자들의 주관적 세계가 곧 사회적 실재하고 보는 현상학이나, 한걸음 더 나아가 '더 실재적' 현상은 사람들이 외재적인 사회적 실재의 감각을 의식적으로 또는 무의식적으로 구성해내고, 유지하거나 변경시켜가는 복잡한 방법에 관한 것이라고 보는 민속방법론

등도 커뮤니케이션 결정론의 입장에 속한다.

④ 상호의존론

커뮤니케이션과 문화의 관계를 보는 네 번째 시각은 상호의존론이다. 이것은 커뮤니케이션과 문화 중 어느 한쪽도 다른 쪽에 대해 결정적인 영향을 미칠 수 없으며, 양자가 상호의존적으로 서로 밀접히 관련되어 있어 영향을 주고받는 관계에 있다고 보는 관점이다.

문화란 사회성원들 간의 합의와 이해를 가능케 하는 근원이며, 집단에서 집단으로, 세대에서 세대로 전파되고 전승되는 사회적 규범 또는 사회적 유산에 상징에 의한 커뮤니케이션은 그 사회 또는 집단의 지배적 문화양식에 의해 규정되거나 크게 영향을 받는다고 본다. 커뮤니케이션이 문화의 형성과 지속 또는 발전을 가능케 하는 기본적 사회과정인 반면, 문화 또한 커뮤니케이션의 양식, 즉 언어적 표현이나 전달목적 설정에 중요한 영향력을 행사한다는 것이다. 어느 쪽이 원인이라거나 어느 쪽이 결과라고 말할 수는 없지만, 서로가 다른 쪽의 필요조건이라고 볼 수 있다.

인간은 사회 속에 태어나 사회화 과정을 통해 비로소 사회적 존재가 된다. 따라서 자연적 환경뿐 아니라 사회적·문화적 환경의 영향을 받지 않을 수 없는 존재다. 그러면서도 인간은 스스로 그 문화적 틀을 변형시킬 수 있고 깨뜨려버릴 수도 있는 창조의 능력을 지닌 자율적 존재다. 인간존재의 이러한 양면성을 인정하고 보면, 커뮤니케이션과 문화의 관계가 상호의존적이라는 시각은 설득력을 더하게 된다 (배규한·류춘렬·이창현, 1998).

(6) 커뮤니케이션과 사회변동

커뮤니케이션의 발달은 인류역사의 발전과 그 궤적을 같이하고 있다. 인류가 농경사회로 정착할 때쯤 알파벳 문자가 쓰이기 시작한 것이다. 고대 문명의 발상지와 문화가 발명된 곳이 일치하는 것은 결코 우연이 아니다. 인간관계를 분명하게 밝힐 수는 없지만, 문자의 사용과 고대에 꽃핀 문화적·제도적 발전 사이에 밀접한 관련이 있었다는 것은 의심할 여지가 없다. 또한 문자는 위대한 제국, 그리고 종교운동과도 관련되어 있었다. 정치적, 문화적 또는 종교적 운동의 역사적 획은 바로 언어형태 및 문자의 보급에 따라 그어져왔다. 이러한 사실은 커뮤니케이션과 사회의 발달이 밀접하게 서로 연관되어 있음을 보여주는 좋은 역사적 실례들이다.

커뮤니케이션의 발달과 사회변동의 관계를 바라보는 한 가지 시각은 사회가 양적으로뿐만 아니라 질적으로 변화함에 따라 새로운 사회적 요구에 대한 반응으로서 커뮤니케이션이 발달하게 되었다고 보는 것이다. 일단 사회이론가들에 의하면 초기 단계의 인류사회는 모든 성원이 상호 밀접한 접촉을 유지하는 가운데 공통의 감정을 나누며 자급자족할 수 있었다. 그러나 인구가 증가하고 잉여생산력이 커지면서 노동의 분업이 생겨났고, 성원들 간의 상호의존성은 커졌으나 이질성이 증대된 복잡한 사회로 발전해갔다. 사회적 이질성을 보완하면서 성원들 간의 협력과 상호작용 관계를 유지시켜나가야 할 필요성에 따라 형성된 구조가 뒤르켐(Emile Durkheim)이 말하는 이른바 유기적 연대다. 새로운 사회구조의 유지 및 원활한 기능을 위해 더욱 정교한 커뮤니케이션이 필요해졌고, 이 요구에 부응하여 커뮤니케이션이 발달하게 되었다는 것이다.

위의 시각에서 본다면, 현대사회가 당면하고 있는 많은 과제들은 커뮤니케이션의 결여 또는 부적합성 등에 원인을 두고 있을지 모른다. 예컨대, 오늘의 가족문제는 가정 내 성원들 간 상호 커뮤니케이션의 결여 또는 가정 밖에서 이를 대체할 수 있는 적합한 커뮤니케이션의 부재에 관한 것으로 볼 수 있다. 교육의 문제 역시 같은 시각에서 볼 수 있다. 개인이 학습하고 이해할 능력이 없다든지, 급격한 사회변동의 결과 기존의 교육내용을 받아들이지 못한다든지, 교사와 교육기관의 부족 또는 부적합 등에 기인하는 것일 수 있다. 그렇다면 해결책 또한 가족 내 새로운 커뮤니케이션 양식의 개발이나 새로운 교육적 패러다임 도입 등의 각도에서 모색되어야 할 것이다.

커뮤니케이션과 사회의 관계를 보는 반대쪽 입장은 커뮤니케이션의 변화와 발전이 사회 및 문화의 변동에 영향을 미친다는 시각이다. 커뮤니케이션의 발전은 정보를 교환하거나 축적하는 인간의 능력을 강화시켰으며, 성원들 간의 상호의존적 관계를 고양시키고 사회를 더욱 조직화되게 했다는 것이다.

인쇄술, 사진, 영화, 전신, 라디오, 텔레비전, 컴퓨터 등 커뮤니케이션과 관련된 과학기술의 발명이 사회에 끼친 영향을 생각해보면 잘 알 수 있다. 특히 인쇄술의 발명은 사회적 사상과 관념의 보존을 가능케 했고, 변화와 쇄신을 자극한 원동력이 되었다고 해도 과언이 아니다.

대중미디어의 등장은 현대인을 능동적인 상호 전달자로서보다는 수용에 익숙한 피동적 청중으로 바꾸어놓았고, 새로운 형태의 정치문화를 만들어냈다. 반대로 우편제도와 전화의 발달은 오히려 개인 간 커뮤니케이션을 촉진시켰다. 이들의 사회적 효과는 현대사회의 기동성, 개인주의, 사생활 중시, 노동의 분업 등에 잘 반영되어 있다. 금세기 커뮤니케이션의 가장 현저한 발달은 무엇보다 복제와 전파의 영역에서 이뤄졌다. 이러한 커뮤니케이션 기술의 발달은 생산과 마케팅에 새로운 모델을 창조해내게 되었다. 논의의 편의상 앞에서는 커뮤니케이션과 사회의 영향력 관계를 상반된 양쪽 시각에서 고찰했지만, 양자는 분명히 상호의존적이다. 경우에 따라서는 커뮤니케이션이 자율적 과정으로서 사회구조 및 조직의 발달에 영향을 미치기도 하지만, 다른 한편으로는 새로운 사회조직의 유형이 커뮤니케이션 구조를 결정하고 새로운 미디어를 창출해내기도 한다. 21세기에는 흔히 '뉴미디어'라고 불리는 갖가지 새로운 전자미디어가 대중화되고 있으며, 사회도 끊임없이 변하고 있다.

뉴미디어가 기존의 미디어를 완전히 대체하지는 못하겠지만, 기존 미디어의 기능 중 많은 부분을 잠식하게 될 것이다. 새로운 커뮤니케이션 테크놀로지의 발달과 사회 조직의 변화는 수용자들에게 더 많은 정보를 제공하고, 수용자들의 선택성을 더욱 증대시킬 것이다. 커뮤니케이션에 대한 대중 수용자의 통제력이 변하게 되면, 이는 사회적으로 큰 영향을 미치게 될 것이다. 예컨대, 정치운동 양식의 근본적 변화, 새로운 교육제도의 등장, 여가생활의 질적 변화 등이 뒤따르게 될 것이다.

새로운 커뮤니케이션 방식의 정착은 정보의 절대량 증가뿐 아니라 질적 변화까지도 예견케 한다. 커뮤니케이션의 변화는 일의 속성을 바꾸게 될 것이며, 직장근무의 유형이나 직업구조까지 바꾸게 될 것이다. 또한 지금까지의 커뮤니케이션 양식이 구어적·추상적이었다면, 앞으로의 커뮤니케이션은 좀 더 회화적·형상적인 형태가 될 것이다. 사회성원들의 사고방식 또한 경험적이고 논리적인 것에서 선험적이고 심미적인 경향으로 바뀌게 될지 모른다.

그렇다면 지금 당면하고 있는 과제는 물론, 미래에 대응해나가야할 과제에 대해서도 커뮤니케이션을 어떻게 현명하게 이용해야 할 것인가 하는 관점에서 접근해나가야 할 것이다.

커뮤니케이션은 여러 가지 방법으로 사회적 힘을 발휘할 수 있다. 특정 문제에 주의를 기울이게 한다든지, 권력을 가진 사람에게 호의적 이미지를 심어준다든지, 어떤 특정 욕구를 자극하거나 특정한 가치를 갖게 해주는 것, 낙인을 찍는 것 등은 커뮤니케이션이 지니는 사회적 영향력 행사의 몇 가지 예에 지나지 않는다. 더욱이 앞으로는 물리적인 힘이나 강압보다 동의나 가치합의가 훨씬 더 중요한 사회통합의 방법이 될 것이므로 커뮤니케이션의 중요성은 더욱 커지게 될 것이다(배규한·류춘렬·이창현, 1998).

2) 매스미디어의 의미

개인의 삶에 영향을 주는 요소들과 공동체의 변화와 발전을 가져오는 바탕에는 언제나 개인과 개인 혹은 공동체와 공동체 사이의 의사전달 혹은 소통, 즉 커뮤니케이션이 있다는 것은 주지의 사실이다. 개인의 삶이 풍요롭다는 것은 개인과 그 개인의 삶에 영향을 주는 요소들과의 커뮤니케이션이 원활하게 이뤄지고 있다는 반증이며, 공동체의 번영은 그 공동체가 내부와 외부로의 커뮤니케이션이 원활하게 이뤄진 결과라고 볼 수 있다.

1909년에 찰스 쿨리(Charles Cooly)는 "커뮤니케이션은 인간관계를 발전하게 하는 기제(mechanism), 즉 공간을 통해 전달하고 시간적으로 보존하는 수단을 포함하는 모든 마음의 상징들이며 그것은 표정, 태도, 몸짓, 음성, 언어, 서체, 인쇄물, 철도, 전보, 전화 그리고 공간과 시간을 정복하는 근대의 기술을 포함한다"고 했다.

커뮤니케이션 매체 연구의 선구자라고 할 수 있는 마셜 매클루언(Marshall McLuhan)이 등장한 1960년대 이후 많은 학자들에 의해 커뮤니케이션과 매체가 개인의 삶과 공동체의 역사에 미치는 영향에 대한 연구가 활발하게 진행되면서 그 중요성이 날로 부각되고 있다.

현대사회의 본질을 파악하기 위해서는 매스미디어를 이해하는 것이 필수적이다. 정치, 경제, 사회, 문화 현상에 이르기까지 다양한 분야의 내용들이 모두 매스미디어와 밀접한 관련을 맺고 있기 때문이다.

문자가 발명되면서 인쇄술이 발달했고, 신문·잡지 등의 인쇄매체와 영화, 음반, 뉴스 등의 영상매체를 이용하며, 디지털 온라인 정보기술을 통한 매스 커뮤니케이션 매체의 발달은 우리 삶을 집안에서 일하고, 공부하고, 먼 곳에 있는 사람들과 교류하고 필요한 정보를 얻으며 가정과 학교, 직장, 놀이터의 개념을 허물어가도록 변화시키고 있다.

또한, 매스 커뮤니케이션은 대중사회를 주도하는 주요 요인으로 예전의 공동체적인 삶이 점점 해체되고 대중은 대중매체를 매개로 하여 사회생활을 영위하면서 개별화되고 원자화되는 성격을 띠게 된다.

이 장에서는 가장 오래된 매스미디어로서 현재에도 가장 중요한 매스미디어 중의 하나인 신문·잡지 등의 인쇄미디어, 라디오 등의 음성미디어, 텔레비전·영화 등의 영상미디어 그리고 인터넷과 휴대전화 등의 디지털미디어로 나누어 자세히 살펴보도록 하겠다.

(1) 인쇄미디어

① 신문

a. 신문의 역사

신문은 일방적인 요구에 의해서만 성립될 수 없다. 즉, 신문은 자기경험의 부족을 타인의 경험에 의해 충족하려고 할 때 성립되는 것이므로 경험의 제공으로 이뤄질 수 있다. 이러한 경험의 본능설로 말하면 알고 싶어 하는 구지욕과 알리고 싶은 고지욕의 상관관계가 있기 때문에 신문현상이 나타나게 되는 것이라고 할 수 있다(이재학·권기남·이종석, 2005).

처음에 그 누구도 대중에게 알 권리가 있음을 고려하지 않았다. 하지만 대중은 알기를 원했다. 율리어스 시저는 공식적인 정부 뉴스와 공고를 로마 전역에 게시하여 알릴 것을 명령했다. 이것이 바로 『악타 디우르나(Acta Diurna: 일일회보)』로, 원로원에서 있었던 일과 기타 정부가 대중이 알아야 한다고 생각했던 것들을 알리는 관보였다. 『악타』에서 나온 기사들을 포함한 소식지를 노예들이 손으로 일일이 복사하여 방대한 로마제국 전체에 돌렸다. 로마의 전성기 때는 이 소식지가 위로는 스코틀랜드에서 아래로는 이집트까지 전달되었다. 이것은 천 년 동안 필적할 수 없는 수준의 신문(관보)의 배포였다.

수세기 후 중국에서는 이와 유사한 『티파오(tipao: 궁중 소식)』라는 관보가 등장했다. 문맹이었던 대부분의 보통사람들이 아니라 아래로는 먼 원방에서 위로는 관료들에 이르는 독자층을 가진 이 신문은 공식적인 공고와 뉴스를 전달했다. 『티파오』의 출판은 처음에 손으로 쓰거나 목판인쇄를 했으며, 이것은 만주제국 말엽인 1911년까지 계속되었다. 비록 『티파오』가 자주 그리고 폭넓게 출판되지는 않았어도 약

12세기 동안 이런저런 형태로 존속했다.

b. 신문의 선구자들

유럽에서 중상주의가 중세의 장원 제도를 대체했을 때 글을 아는 상인과 정부 관료들은 교역, 정치적 사건, 전쟁 결과 등과 관련된 믿을 수 있고 즉각적인 먼 도시의 소식을 알고 싶어 했다. 15세기 중반 요하네스 구텐베르크가 성경책을 출판했을 때쯤 로마제국 이후 사라졌던 손으로 쓴 소식지들이 또 한 차례 유럽에 등장했다. 처음에 이 소식지들은 불규칙하게 나왔지만, 그 후 규칙적으로 나왔다. 가끔씩은 주간 우편배달과 때를 맞추어 나왔다.

때때로 인쇄되어 나온 소책자들과 전단은 누군가 어떤 뉴스와 공고를 널리 알릴 필요성을 원했을 때 출간되었다. 구텐베르크의 인쇄 발명 50년 후 정치 소식지들은 어떤 것은 담시(ballad) 형식으로 인쇄되거나 어떤 이유로 인쇄를 할 수 없는 곳에서는 새로운 정보의 욕구를 충족시키기 위해 필사본으로 배포되었다. 가끔씩 전단들은 이 마을에서 저 마을로 옮겨 다니면서 운율에 맞춘 뉴스 노래를 부르며 돈을 버는 발라디나의 전통을 좇아 라이밍 발라드 형식으로 소식을 전했다. 인쇄된 소책자 덕분에 대규모로 흩어져 있는 대중에게 최초로 초본에 있는 정보와 정확히 똑같은 일련의 복사본들로 신속히 소식을 전달하는 수단이 생겼다. 불어로 『카나르드(canards)』라 불린 몇몇 소책자는 마귀적인 행동과 기적, 괴물들, 이변들 그리고 혜성의 도착 사건 등을 보도했다.

나중에 교양 있는 사람들은 여러 페이지를 하나로 묶어 인쇄한 『뉴스북(newbooks)』을 읽을 수 있었다. 이것은 보통 한 주제만을 다뤘으며, 때때로 목판 삽화를 곁들였고, 텍스트도 포함하고 있었다. 아마도 『뉴스북』의 주제는 권력 있는 누군가가 대중의 시선을 끌기 위한 승전보 혹은 계획된 왕가의 결혼식 같은 상황이나 사건이었을 것이다.

베니스에서는 더욱 현대적인 소식지 『뉴스시트(newssheets)』가 나왔다. 이것은 베니스를 제외한 유럽 각지에서 들어오는 짧은 정치 군사적인 기사와 더불어 포고를 알리는 관원과 커피집의 잡담을 보충했다. 드문드문 발간된 『뉴스시트』에 대한 호평으로 '신문(newspaper)'이라는 개념이 도입되었다. 이것은 똑같은 제하에 규칙적인 스케줄을 가지고 발간되는 출판물로, 최신 뉴스와 다양한 뉴스의 정보원을 의미한다. 17세기경 『뉴스시트』는 신문으로 확대되었다.

c. 최초의 신문들

어느 것이 최초의 신문인가에 대해 학자들 간에 일치된 견해는 없다. 아마도 1594년 콜로네에서 인쇄된 라틴어 정기소식지 『메르쿠리우스 갈로-밸지쿠스(Mercurius Gallo-Belgicus)』일 것이다.

네덜란드와 스위스는 둘 다 자기네 나라가 세계 최초의 신문이 탄생한 곳이라고 주장한다. 학자들이 동의하는 점은 '신문'이라는 개념이 곧 서부유럽에 걸쳐 확산되었다는 사실이다. 그것이 1690년 미국 식민지에 들어왔고, 벤저민 해리스(Benjamin Harris)는 식민지 당국이 폐간하기 전까지 보스턴에서 한 장짜리 『대중사건(public occurrences)』을 발간했다. 그는 정치적이고 선동적인 자신의 출판물들을 규제했던 런던에서 보스턴으로 도망쳐온 사람이었다.

18세기 미국의 인쇄업자들은 수입원으로서의 신문을 발간하기 전까지는 생존하기가 어려웠다. 사업을 시작하는 한 인쇄업자는 비록 기사 기고자가 그 자신뿐이었지만, 신문이 그의 생산의 일부임을 확신했다. 다른 신문에서 기사를 차용하는 일은 흔한 일이었는데, 그것은 수고를 덜어주었다. 일간지의 출현으로 새로운 정보에 대한 대중의 취향이 확대되었다. 이곳저곳에서 새로운 것을 더해 '뉴스'를 만들었다.

사업적 광고뿐 아니라 대중적 광고도 싣고 있는 상업적 신문들은 늘어나는 정치 신문과 잘 어울렸다. 인쇄를 가능하게 한 문자 교육의 확대는 17~18세기 동안 공공사건을 뉴스로 다루게 했으며, 정부가 위기 상황에서 무시했던 여론의 초석을 놓았다. 유럽 국가들은 개혁과 통치에 대한 발언권을 요구하는 민중의 외침 앞에 줄지어 왕권신수설이 무너지는 것을 보았고, 자신들이 원하는 것을 얻기 위해 바리케이드가 쳐진 곳으로 달려가려 했다. 식민지 미국에서 1765년 뉴스물에 대해 무거운 의무를 부과하는 인지조례(the stamp act)는 미국혁명 이전의 동요를 한층 악화시켰다.

뉴스 인쇄의 결과는 왕권신수설의 개념적 기초를 흔들어 권위를 내리는 데 일조했다. 세상사가 종종 반복되는 것처럼 커뮤니케이션 수단의 보급은 권력의 분산을 가져왔다. 심지어 문맹인 서민까지도 뉴스의 인쇄를 열정적으로 기다리게 되었고, 결과적으로 힘을 가진 자들은 스스로 지지를 확보하기 위해 출판을 하지 않을 수 없음을 깨달았다. 새로운 통신수단은 유효한 것이나 즐거운 것을 대체할 수도 있었다. 새로운 커뮤니케이션 도구인 신문은 어느 정도의 구어 커뮤니케이션을 대신했다.

d. 신문사업

미국혁명과 프랑스혁명 그리고 이성을 신앙 위에 올려놓았던 계몽주의 시대쯤에 시작된 18세기 후반의 산업혁명은 대중사회를 만들었다. 그것은 삶을 크게 개선했고, 예전에는 소수 권력층만이 누렸던 삶의 기회를 대부분의 사람들에게 가져다주었다. 산업혁명은 지금껏 비독자층이었던 사람들에게까지 인쇄물을 보급했고, 도시의 도서관 선반 위에 놓일 책과 잡지를 만들어냈으며, 인간을 훈련시켜 독서하도록 했다. 산업혁명으로 모든 사람이 읽을 수 있고, 뉴스와 대중적 광고로 가득 찬 신문이 나왔다.

인쇄업자는 신문, 책 그리고 정기간행물을 내놓음으로써 노동자와 장비를 완벽하게 고용하는 수단으로 삼았고, 19세기 중엽 대형인쇄로의 전환과 전보뉴스의 등장으로 신문생산으로의 자본 유입이 더욱 커졌으며 이윤도 커졌다. 대도시에서 신문에 실린 뉴스는 그 어느 때보다도 사실을 원자재로 하여 제조한 생필품 중 하나로 이윤이 남는 장사였다.

19세기 동안 이뤄진 인쇄, 연판인쇄, 활자조판, 사진술 그리고 석판인쇄의 기술적 진보들은 매일 아침 현관 계단에 놓이는 오늘날의 그것과 별로 다르지 않은 모습으로 변혁시켜 현대의 신문 형성에 기여했다(Fang, 1997).

e. 우리나라 신문의 역사
① 근대 신문

우리나라에서 처음 발행된 근대 신문은 1883년 10월 31일에 창간된 『한성순보』다. 그 이전에는 조보(朝報)가 있었다. 조보는 근대 신문이 발간되기 전 단계의 뉴스 매체로, 오랫동안 존재해서 1883년 『한성순보』와 1886년 『한성주보』가 발행된 때에도 계속 발행되다가 1894년 8월 초 대한제국 정부가 정식으로 인쇄된 관보를 창간하면서부터 필사 신문인 조보가 사라졌다.

『한성순보』는 창간 이듬해 12월에 일어난 갑신정변으로 발행이 일시 중단되었는데, 뒤를 이어 1886년 1월 25일에 『한성주보』가 창간되어 1888년 7월까지 발행되었다.

이때의 신문은 오늘의 기준에서 보자면 신문이라기보다 잡지 형태를 띠고 있었고, 정부의 통리아문 산하기관인 박문국에서 발행했으므로 관보의 성격도 지니고 있었으며, 크기와 양식 면에 있어서도 오늘의 신문과는 거리가 먼 것이었다.

그 이후 1896년 4월 7일, 민간인에 의해 최초의 한글 신문인 『독립신문』이 창간되었는데 주 3회 간행, 순 한글과 영문 편제를 갖추고 독립을 지향하는 민중의 대변지 역할을 했다.

ⅱ 일간지 등장

1898년은 언론사에서 특기할 해가 되었다. 이해에는 한말의 대표적 창간지로서 언론사를 장식하게 될 주요 일간지 3개가 새롭게 창간되었다. 1월 1일에 배재학당 학생회인 협성회가 주간신문 『협성회 회보』를 창간했다가 4월 9일부터는 제호를 『매일신문』으로 바꾸어 일간으로 발행했는데, 이것이 우리나라 최초의 일간지다. 3월 2일에는 주 2회 발행되는 『경성신문』이 창간되었는데, 4월 6일 제11호부터는 제호를 『대한황성신문』으로 바꾸었다가 9월 5일 일간지 『황성신문』으로 발전시켰다. 또한 8월 10일에는 『뎨국신문』이 창간되어

1898년은 우리나라 민간신문이 개화한 해로 기록된다.

1899년 말에 서울에서 발행된 신문은 『한성순보』, 『독립신문』, 『조선 그리스도인회보』, 『그리스도신문』, 『매일신문』, 『뎨국신문』, 『황성신문』 등 7개에 이르러 급격한 수적 증가가 있었고 발행의 주체도 다양해졌다.

1904년에 일어난 러일전쟁 이후 한국 신문에 많은 변화가 일어났다. 일제가 직접적으로 검열과 탄압을 시작했고, 우리나라에서 처음으로 신문지법과 출판법이 제정되어 한국 정부도 언론에 제도적인 통제를 가했는데, 신문에 대한 사전검열, 정간처분, 압수, 발매 금지 등이 실시되었다.

러일전쟁 이후 일본은 한국 내에서 여러 종류의 신문을 발행했고 한국 언론에 직접적인 탄압을 가했지만, 이 기간에 한국인이 발행한 신문도 상당히 늘어났다. 『대한매일신보』가 대표적인 것으로, 영국인 배설(裵說, Bethell)이 발행인이어서 일본의 탄압을 피할 수 있었기 때문에 강력한 항일논조를 펼 수 있었다. 그러나 『대한매일신보』는 경술국치 직전에 일본 통감부에 매수되어 일제강점기 동안에는 제호를 『매일신보』로 바꾸고 총독부의 기관지가 되었다.

러일전쟁 발발 이후 우리 신문은 논조로 보면 민족지와 친일지로 양분되었고, 발행주체로 보면 한국인 경영지와 외국인 경영지로 나눠진다. 신문발행 장소로 국내만이 아니라 미국과 러시아 등지에서 교포가 발간하는 신문도 있었고, 반대로 국내에 들어온 일본인이 발간하는 신문도 많았다.

ⅲ 일제강점기 하 신문

경술국치 후 무단정치가 실시되면서 한국인이 발행하는 신문은 일제히 자취를 감췄고, 한국어 일간지로는 조선총독부 기관지 『매일신보』의 독무대가 되었다. 그러나 1919년 3·1운동이 일어난 후에는 국내와 해외에서 여러 종류의 지하신문이 나왔고, 상해에서는 『독립신문』이 창간되어 민족 언론이 다시 살아나게 되었다.

1920년대에 들어와서 일제의 조선통치 방침이 문화정치로 바뀌면서 3개 일간지 발행을 허용하여 『조선일보』, 『동아일보』, 『시사신문』의 3개 일간지가 창간되었다. 그러나 『시사신문』은 사주였던 민원식이 암살당한 뒤에 발행이 중단되었고, 1924년에 최남선이 『시대일보』를 창간하여 민간지는 다시 3개가 되었는데, 기사 삭제와 압수처분, 정간처분 등으로 경영상의 어려움도 겪었다.

1930년대에는 신문의 상업성을 가장 우선적인 경영방침으로 생각하여 1920년대까지의 민족주의적인 태도, 민족지를 지향하던 신문의 논조가 퇴색하게 되었다. 그러나 상업성에만 치우친 것은 아니고 항일운동을 펴기 어려워지자, 1920년대 후반부터는 우회적으로 민족정신을 고양하는 사업을 벌이기도 했다.

그러나 일제가 1940년 8월 『조선일보』와 『동아일보』를 폐간시켰기 때문에 해방이 될 때까지 5년간은 다시 『매일신보』의 독점기가 되었다.

ⅳ 현대 신문

해방 이후 좌우익의 정치적 갈등기에 우리 신문 역시 좌우익으로 갈려 투쟁하는 정론지적 성격을 갖게 되었다. 정부수립 후 좌익 신문은 사라지게 되었고, 그에 따라 오늘날과 같은 형태의 신문 구도가 형성되었다. 때로는 4·19로 자유가 신장되고 때로는 5·16 같은 정변으로 신문 통제의 정치적 필요성이 나타났는데, 이때마다 신문에 새로운 정비 기회가 주어졌다.

1972년 10월 유신, 1980년의 언론통폐합 등이 그 대표적인 예다. 5공화국에서 신문사의 수가 언론기본법에 의해 제한되었는데, 반대급부로 그에 따른 초과이익을 보장받았다. 6공화국 하에서는 '자율경쟁'이라는 명목 아래 언론사의 창간을 허용해서 국민주 형식의『한겨레신문』이 탄생했고, 종교에 기반을 둔『국민일보』도 창간되었다(이재학·권기남·이종석, 2005).

f. 신문의 기능

신문은 '활자'와 '지면'이라는 공간적 표현 형태이기 때문에 다른 매스미디어와는 다른 신문 나름대로의 독자적인 기능을 가지고 있다.

신문의 기능은 학자에 따라 여러 가지로 분류되고 있으나, 대표적인 신문 기능설을 살펴보면 다음과 같다.

① 보도 기능

신문의 무엇보다 중요하고 첫째 가는 임무는 진실을 보도하는 데 있다. 인간은 본능적으로 알고 싶어 하는 구지욕을 충족시켜주기 위한 뉴스의 전달이 있어야 한다. 그러한 뉴스를 받는 인간은 신문 매체를 통해 비로소 자기의 운명과 환경에 관한 사회적 의식을 가질 수 있는 것이며, 그것에 바탕을 두고 사회적 행동을 하게 된다.

이런 의미에서 신문은 매일의 역사 변동을 보도할 뿐만 아니라 역사를 창조하는 데 도움을 준다고 볼 수 있다. 신문이 보도하는 뉴스 기사내용은 일반적인 관심사인 정치적·경제적·사회적·문화적인 내용과 사회적 사건의 발생과 발전에 대한 것이다.

인간이 사회활동을 영위해나가기 위해서는 자기 주위에서 일어나고 있는 정보를 알고 있어야 하고, 그래야만 거기에 적응하여 계속적인 생존을 할 수 있다.

현대 국가 생활에서 우리에게 필요가 되고 신문뉴스 기사내용으로 취급되는 것은 다음과 같이 3개의 유형으로 분류할 수 있다.

첫째, 법률제정, 정책결정 같은 명령적인 내용, 둘째 타인의 의견이나 발언 내용, 셋째 사회현상의 객관적인 내용이다.

이 같은 뉴스내용을 보도함에 있어 어디까지나 공정하고 객관성을 가지고 있어야 한다. 신문의 뉴스보도는 독자의 자유로운 비판에 필요한 자료를 제공하는 데 사명을 지니고 있기 때문이다. 즉, 있는 그대로의 사실을 독자에게 전달해줌으로써 신문은 사회의 반영 또는 사회의 거울 역할을 하게 된다.

신문기사 중에서 스트레이트(straight) 기사는 반드시 5W 1H(when, where, who, what, why, how)의 요건을 갖춰야 하며, 이러한 기사문이 이른바 보도 기능을 하는 뉴스기사다.

ⓘ **지도 기능**

신문은 있는 그대로의 사회적 현상, 즉 변화적 뉴스만을 객관적으로 보도하는 것으로 끝나는 것이 아니라 의식적 또는 무의식적으로 일어난 사회적 현상에 대해 견해문이나 의견을 나타내게 된다. 이때 의견의 발표는 지도성의 기능을 갖는다. 신문은 결코 단순한 사회환경의 반영이 아니라 즉시 그 환경을 변화시킴으로써 더 좋은 사회를 건설하려는 의욕이 포함되어 있다.

신문의 견해를 단적으로 나타내는 것은 사설과 논설이다. 사설과 논설은 그 신문이 갖는 권위와 지도성 또한 나타낸다.

신문의 역사를 보면 거기에 발행자의 의견이 있음을 알 수 있다. 그 의견은 발행자 스스로의 의견일 경우도 있으며, 그 신문을 통해 널리 독자에게 소개하고 싶다고 생각되는 타인의 의견일 경우도 있다. 다시 말하면 신문의 발행자는 막연하게 심심풀이로 또는 단순히 돈을 벌기 위해서만 신문의 발행을 기획하는 것은 아니다.

사설은 발행자의 의견에 바탕을 두고 있다. 사설의 지도 기능이 앞의 보도 기능과 다른 것은 뉴스에 발행자의 의견이 암시적 또는 간접적으로밖에 표현되지 않는 데 대해 사설은 그것을 명시적·직접적으로 나타내는 데 있다.

어떤 사회적 변화 사실에 대해 사회적·국가적으로 문제점이 있다거나 해결해야 할 장애 요인이 있을 때 그것을 바로잡고 합리화시키기 위한 신문의 의견을 공시하여 환기시키거나 국민 대중의 여론을 형성 또는 반영하는 것은 사설이나 기명의 논설이 지니고 있는 사명이자 역할이다.

신문의 현대적 발달은 광범위한 대중의 여론을 이끌어왔고 또 반영해왔는데, 이는 모두 지도에 그 목적을 두고 있다. 지도성의 문제는 사설이나 논설 등으로 신문사의 주관적 판단과 견해를 의견으로 나타낸다. 신문독자에게 어떤 뉴스사실에 대한 의미와 그 중요성을 밝혀 대중을 직접적으로 지도하는 기능을 한다. 즉, 우리가 신문을 읽는다는 것은 대중이 가야 할 방향의 의미를 읽는 것이다.

ⅲ 오락 기능

대중을 상대로 하는 커뮤니케이션 수단이라면 어느 것을 막론하고 대중에게 정보와 지식을 제공하고, 보도하고, 오락을 제공한다는 3대 기능의 균형을 유지할 책임이 있다. 신문의 대량적 보급을 시작한 초기부터 신문의 3대 기능 중 오락 기능은 앞의 보도 기능 및 지도 기능보다 독자를 대중적인 방법으로 충족시키고 있다.

오락적 기능은 날로 복잡하고 다양해지는 사회생활의 메커니즘 속에서 쌓인 스트레스, 즉 긴장과 권태를 풀어주는 돌파구로서의 내용이 바로 신문내용으로 새롭게 나타나게 된 것이다. 오락적 내용은 인간의 지성보다는 감성의 욕구충족에 바탕을 두고 있기 때문에 기사 소재와 기사 표현에 변화가 온 것이다.

이러한 오락적 기능의 신문보도 방법으로 등장한 것이 뉴스의 문학화, 문학의 대중화다. 즉 소설, 영화, 연극, 유행, 읽을거리(feature story) 등의 이른바 잡보를 신문의 내용으로 다루어 독자의 오락적 만족을 충족시켜주는 것을 의미한다. 이러한 오락적 신문의 내용은 뉴스나 논평이 이성과 지성에 소구하는 데 반해 감성에 소구하려는 감각적 요소가 중시되고 있다.

신문이 특수계층만의 것이 아니고 일반대중 모두에게 읽히고 호응을 받는 대중 신문이 되기 위해서는 첫째, 값이 싼 신문이어야 하고, 둘째 문체의 평이성과 내용의 오락성이 있어야 한다.

신문기사의 선정적 보도가 아니더라도 뉴스기사를 읽기 쉬운 문체로 표현하고, 더 좋은 편집으로 표현의 나열과 효과적인 사진, 색채의 이용 등은 독자들을 즐겁게 한다. 이것은 오락성을 중요시한 것이다. 또한 뉴스가치가 없는데 문장기교로 독자를 이끈다고 할 때도 오락적인 힘을 발휘한다고 할 수 있다.

한편 오락성에 중점을 둔 내용으로 신문이 저속화되기 쉽고, 이성적으로 심리적 마비를 가져오게 할 수 있는 역효과도 있다.

ⓘ 광고 기능

나날이 변화·발전되어가는 현대사회에서 인간의 개인적 또는 사회생활에 필요한 의식주 용품에 이르기까지 매스미디어의 광고는 그 소구를 충족시키게 된다.

신문광고는 식자성이 있는 공간적 매체 광고이기 때문에 독자에게 주는 효과도 다른 매체들보다 크다고 할 수 있다. 신문광고는 대중에게 새로운 상품 또는 서비스를 알려주는 기능을 한다. 그리고 물건이나 서비스가 어떻게 생겼으며 어떠한 곳에 쓰인다는 정보적 기능과 그 사용방법 및 이용방법 등 교육 기능까지 한다.

광고는 신문기사의 일부로서 무엇보다 독자의 관심을 끄는 데 빼놓을 수 없는 기사항목으로 되어 있다. 신문광고는 광고주가 신문의 광범한 분포성과 편재성을 이용하여 상업적 목적을 달성하는 데 그 바탕을 두고 행해진다. 신문광고는 초기에는 단순한 정보전달 수단으로 이용되었으나 19세기 산업혁명을 계기로 대량생산에서 대량소비로의 상품유통이 이뤄지게 되자 필연적으로 대량매체에 의한 대량전달 방법으로 나타나게 되었다.

신문의 광고는 신문기업의 경영면에서 절대적인 수입원이 되고 있다. 신문에서 기사와 광고면의 비율은 대개 60 대 40으로 되어 있다. 그러나 신문사 총수입의 3/4은 광고이고 나머지 1/4은 신문판매 대금으로 얻고 있는 만큼 신문의 광고 기능이 얼마나 중요한 기능을 수행하는지 알 수 있다.

⑤ 평균화 기능

현대의 신문은 대중신문으로서 인간의 평균적 관심을 끌고자 노력한다. 그리고 각자 특색과 개성을 가지고 있는 동시에 전체로서는 놀랄 만큼 닮아가고 있다. 이러한 것은 대중의 풍속, 유행, 스포츠, 오락 등에 평균화의 기능을 발휘하며, 도시와 농촌, 중앙과 지방의 역사적·지역적 거리를 감소시켜 평균화한다(이재학·권기남·이종석, 2005).

② 잡지

a. 잡지의 역사

정규적으로 전달되는 대중매체들 가운데 잡지만큼 세분화·전문화된 것은 없다. 잡지를 의미하는 magazine은 원래 '창고(storehouse)'라는 뜻을 가진 프랑스 말 'magasin'에서 나온 말로, 이를 잡지 형태의 출판물에 적용한 것이다. 영국이나 유럽에서 초기 잡지는 문자 그대로 스케치, 시, 수필 그리고 다양한 주제에 관한 잡다한 글의 저장소였다.

18세기 초, 영국에서 최초의 신문이 1세기 전에 소식지와 팸플릿에서 태어났던 것처럼 잡지는 신문에서 태어났다. 최초의 주간지인 『더 리뷰(the review)』에서 거침없이 의견을 피력하던 출판업자는 다니엘 디포(Daniel Defoe)로, 『로빈슨 크루소』를 저술하기 전이었다. 『더 리뷰』의 뒤를 이어 화려한 에세이로 가득 메운 『더 테틀러(the tatler)』와 『더 스펙테이터(the spectator)』가 나왔으며, 이들은 오늘날에도 읽히고 있다.

영국 잡지의 모델을 따라 만든 최초의 미국 잡지는 벤저민 프랭

클린과 경쟁자인 필라델피아의 인쇄업자 앤드루 브래드포드(Andrew Bradford)에 의해 1741년에 등장했다. 자금난으로 인해 이들 초기 잡지들 대부분은 당시의 열악한 배포시설과 인쇄기계 등의 여건 때문에 불과 몇 호만을 찍어냈을 뿐이다. 신문과는 달리 우편서비스도 준비되지 못했는데, 이는 높은 비용을 의미했다. 잡지 발행자가 당면한 문제들 중에는 적은 광고와 그 결과 부수 요금 회수의 의존도가 높다는 데 있었다. 또 다른 문제는 1년 예약 구독료로 미국혁명 전 농장노동자의 4~5일치 삯에 해당했고, 혁명 후에는 더욱 비쌌다. 잡지는 노동자나 가난한 서민을 위한 것이 아니었다.

초창기 주간, 월간, 연 4회로 발행되던 미국 잡지들은 오늘날 항목별 광고의 활자 크기로 대개 뻣뻣하고 거친 재생 종이에 인쇄된 약 64페이지의 『리더스 다이제스트(the readers digest)』크기만 했다.

몇 개 안 되는 삽화들은 목판과 유사한 것이었지만, 부유한 잡지들은 이따금 철판 또는 동판화를 싣기도 했다. 발행자는 하나의 조각판화를 넣으려면 잡지 한 권에 글을 싣는 데 드는 비용 전부를 지불해야 했다. 미국 잡지들은 유럽 특히 영국의 잡지를 모방했지만, 양질의 잡지를 출판하는 데 필요한 요소인 탁월하고 유능한 예술가, 신뢰할 수 있는 인쇄술이 부족했다.

창작품 또한 모자라서 표절이 일반적이고 합법적이었다. 당대의 중요한 수필 작품은 곧 미국 잡지 페이지를 장식했고, 이러한 역사를 되풀이함으로써 잡지는 비싼 책값을 지불할 수 없는 독자들에게 문학작품을 전달해주었다. 19세기경 잡지기고가(magazinists)로 알려진 작가들의 작품이 정기간행물로 출판되었다.

19세기 초 미국의 확장은 미국 내 모든 정기간행물의 부수 증가와 발맞추어 나갔다. 페니 출판물이 등장할 무렵 미국 내에는 일반적으로 월간잡지, 주간문학, 쿼터리뷰, 여성잡지, 종교 정기간행물 그리고 특정지역 잡지가 있었다. 많은 일요일자 신문은 진정한 의미에서 일간신문의 일요일 판이 아니라, 근본적으로 분리된 잡지였다. 근대적 대도시 일간지들의 일요 부록판은 그러한 전통을 계속 이어갔다. 특히『뉴욕타임스』의 부록판이 유명했다.

최초의 대중잡지는 목판 삽화를 폭넓게 사용한 잡지였다.『페니 잡지(the penny magazine)』는 유용한 사회지식 확산을 위해 영국에서 1832~1845년에 출판되었다. 이것은 글을 아는 기능공과 노동자를 위해 쓰였는데, 목표는 그들의 생각과 행동을 개선하기 위한 것이었다.

가장 유명한 여성지『고디의 여성들의 책(Godey's lady's book)』은 루이스 고디(Louis A. Godey)에 의해 출간되었다. 여성에 대한 고디의 입장은 당시 '공평한 성'의 평등이라 불리며 시작된 사회운동에서도 언급되지 않은 용감한 행동 중 하나였다. 사라 조슬린 헤일(Sara Jocelyn Hale)은 41년 동안 이 잡지의 편집자였다. 판매부수는 15만 부로 당시 정기간행물로는 보기 드문 부수를 기록했으며, 여성들의 문학적 재능을 글로 실을 수 있는 기회를 제공했다. 그 여성들 중 한 사람인 해리엇 비처 스토(Harriet Beecher Stowe)는 후에『톰 아저씨의 오두막』을 썼다. 남성 기고자에는 미국의 유수한 작가들인 에머슨(Emerson), 롱펠로(Longfellow), 홈스(Holmes), 호손(Hawthorne) 그리고 포(Poe)가 포함되었다. 1900년경 적어도 50여 개의 전국적인 잡지들은 10만 부 이상의 부수를 자랑했다(Fang, Irving, 1997).

b. 잡지의 분류

잡지는 특정 제호하에 일정한 간격을 두고 주간, 순간, 반월간, 월간, 계간 및 장기에 걸친 발행을 의도하고 매호 편집 발행하는 출판물이라고 할 수 있다. 그것이 인쇄된 문자, 사진, 회화 등을 소재로 구성되는 커뮤니케이션 미디어라는 점에서는 신문, 책과 다르지 않지만, 정기적으로 계속 간행된다는 점에서 신문이나 책과는 다르며 신문에 비해 발행 간격이 길고 그 내용이 정보전달보다는 의견전달을 주로 하는 점과 풍속, 오락, 예술 등을 내용으로 하는 점에서는 신문과 다르다고 할 수 있다.

일반적으로 잡지란 내용이나 독자 대상에 따라 대중지, 일반전문지 그리고 특수지로 분류할 수 있고 양식에 따라 포켓판, 표준판, 플랫판, 대형판 등으로 분류가 가능하다. 또 발간횟수에 따라 주간, 순간, 격주간, 월간, 격월간, 계간 등으로 분류되며 영리성에 따라서는 상업지와 비상업지로 분류되기도 한다.

① 형태에 따른 분류

잡지의 크기와 모양에 따른 분류로 판형과 제본 방식에 따라 분류하고 있다. 판형에 따른 분류는 ① 4·6판형 ② 국판형 ③ 4·6배판형 ④ 국배판형 ⑤ 타블로이드판형이 있고 ⑥ 변형판이라고 하여 크기와 종이 규격의 범위와는 전혀 다르게 판을 앉히거나 재단 방법에 따라 다르다.

잡지의 제본 방식은 '중철'이라 하여 가운데 매기로 흔히 주간 잡지와 같은 제본 방식으로 펼치는 가운데에 철사를 박아 제본하며, 판을 앉히는 방법이 각기 다르다.

ⅱ 영리성에 따른 분류

잡지가 영리를 목적으로 하느냐 그렇지 않느냐에 따라 분류하는 방법으로, 상업지와 비상업지로 나뉘고 독자에게 무료로 배포되느냐 유료로 배포되느냐에 따라 무가지, 유가지로 분류된다. ① 상업지: 영리를 목적으로 하는 잡지 ② 비상업지: 영리성을 생각하기보다는 잡지사나 발행사가 어떠한 목적을 가지고 발행되는 잡지로, 정가가 있을지라도 제작비 정도나 원가 정도로 값이 싸다. ③ 무가지: 가격이 매겨져 있지 않아 무료로 배포되는 잡지 ④ 유가지: 가격이 매겨져 있어 돈을 받고 파는 잡지

ⅲ 한국잡지협회 분류

우리나라 정부와 한국잡지협회는 정기간행물을 성격별 분류 통계로 보아 아래와 같이 분류하고 있다. ① 종합지 ② 여성, 대중지 ③ 시사, 교양지 ④ 교육, 아동, 학생, 수험지 ⑤ 종교지 ⑥ 경제, 금융지 ⑦ 농림수산지 ⑧ 교통, 관광, 체신지 ⑨ 의약, 보건지 ⑩ 산업, 과학지 ⑪ 문예, 학술지 ⑫ 스포츠지 ⑬ 생활정보지 ⑭ 기타 사보, 학보, 노동보 등으로 분류할 수 있다(이재학·권기남·이종석, 2005).

③ 인쇄미디어의 특성

a. 장점

인쇄미디어는 표현하고자 하는 내용을 문자화하고 이를 '인쇄(print)'라는 기술을 사용하여 종이에 담아내는 것이다. 다른 미디어와 비교할 때 인쇄미디어가 갖는 가장 큰 장점은 첫째, 다양한 내용을 담아낼 수 있다는 점이다. 서점에 가보면 잡지가 저마다 다른 내용을 담

고 있다. 다른 미디어에서는 시간의 부족으로 담아낼 수 없는 내용이라도 인쇄미디어에서는 지면을 늘려서라도 독자들이 원하는 내용을 얼마든지 자유롭게 제공할 수 있다.

둘째, 독자가 마치 시장에서 물건을 고르듯이 원하는 내용을 마음껏 고를 수 있다는 점이다. 서점에서 독자들은 자유롭게 몇 개를 선정할 수 있다. 그러나 방송은 제한된 채널 중에서 하나를 선택해야 한다. 최근 100여 개의 채널을 제공하는 방송서비스가 나타나고 있지만, 서점을 채우고 있는 다양한 책에 비교할 바는 못 된다.

셋째, 독자가 원하면 얼마든지 다시 볼 수 있고 다른 사람들과 함께 돌려볼 수도 있다는 점이다. 반면 방송미디어는 방송시간을 놓치면 다시 보기 어려운 특성을 지니고 있다. 독자들은 시간 여유가 생길 때마다 필요에 따라 언제든지 조금씩 연속해서 인쇄미디어의 내용을 다시 읽고 음미할 수 있다.

넷째, 인쇄미디어는 오래 보존할 수 있다는 장점을 갖고 있다. 인쇄미디어는 보존하여 나중에라도 필요하면 항상 꺼내 볼 수 있다. 우리가 옛날 사람들의 생활이나 생각들에 대해 알 수 있는 것은 바로 그들이 남긴 책이 보존성을 갖고 있기 때문이다.

b. 단점

반면에 인쇄미디어는 다른 미디어와 비교해볼 때 몇 가지 단점을 지닌다.

첫째, 신속성에서 뒤진다. 정보전달에서 신속성은 매우 중요한 요소다. 그러나 인쇄미디어는 방송매체나 신문과 비교할 때 신속성 면에서 매우 뒤지는 약점을 지니고 있다. 따라서 인쇄미디어는 이러한 약점을 더욱 정확하고 깊이 있는 정보를 제공함으로써 만회하려고 노력하고 있다.

둘째, 미디어가 독자에게 전달되는 과정이 다른 미디어에 비해 복잡하고 번거롭다는 점을 지적할 수 있다. 정기구독이나 우편판매제도와 같이 편리하게 접할 수 있는 방법도 있지만, 몇몇 예외적인 경우를 제외하고는 서점에 가야만 서적이나 잡지를 구입할 수 있다. 바로 이 점이 인쇄미디어의 보급을 다른 매스미디어만큼 대중화시키지 못하는 중요한 요인이라 하겠다.

셋째, 인쇄미디어는 다른 미디어에 비해 상대적으로 관여를 요구하는 매체라는 점이다. 아무런 부담 없이 편안하게 시청할 수 있는 텔레비전 미디어에 비해 인쇄미디어는 활자 자체가 주는 부담에다 많은 분량으로 독자들이 매우 부담스럽게 생각할 여지가 많다. 따라서 이러한 단점을 극복하기 위해 요즘의 출판 경향은 활자 외에 도표나 사진 등 시각적인 요소를 많이 도입하고 분량도 줄어드는 추세다.

인쇄미디어의 단점에도 불구하고 인쇄미디어가 갖는 장점은 음성미디어와 영상미디어로 쉽게 대체할 수 없기 때문에 다채널 미디어가 본격화하더라도 인쇄미디어는 사라지지 않고 오랫동안 존재할 것이다.

(2) 음성미디어

① 라디오

a. 라디오의 역사

라디오는 전 세계 사람들을 동일 시간에 모두 함께 매스커뮤니케이션의 수용자로 만든 최초의 미디어였다. 그것은 기술 발전의 결과에 의한 것이었고, 거기에는 그러한 기술을 종용한 사회적 배경도 있었다. 당시 교역이 확대되면서 바다와 대륙을 뛰어넘을 수 있는 커뮤니케이션 수단이 요구되었고, 사회가 복잡해짐에 따라 좀 더 나은 통신수단의 필요성도 대두되었다.

라디오는 휴대가 간편하고 어느 곳에서나 간편하게 들을 수 있다는 이점 때문에 가장 손쉽고 간편하게 언제 어디서나 항상 함께할 수 있는 친근한 매체이며, 생활필수품이라 할 수 있다.

라디오의 역사는 사회적인 사용, 지점 간의 통신과 방송이라는 두 개의 구별된 기간을 거쳤다. 목적이 정보와 오락인 방송은 음성, 음악 그리고 모든 다른 소리를 한 지점에서 다른 여러 지점으로 송신한다.

실험실 속의 전파를 통신수단으로 응용한 사람은 마르코니(Marconi)였다. 그는 1901년에 세계 최초로 대서양을 횡단한 무선통신에 성공한 이래 본격적인 무선통신 시대를 열었다. 하지만 방송미디어로서 라디오 시대의 문을 연 사람은 포레스트(Forest)였다. 그가 1906년 발명한 3극진공관은 이제까지 부호에만 의존하던 무선 전파에 음성을 실어 보낼 수 있게 함으로써 라디오 시대를 여는 데 결정적 기여를 했다. 1910년에 그는 뉴욕 메트로폴리탄 오페라하우스에서 열린 테너 카루소(Caruso)의 콘서트를 방송했는데, 이것은 오락 미디어로서 라디오의 가능성을 보여준 역사적 사건이었다.

초창기 라디오는 정치적으로 활용되는 경우가 많았다. 세계 최초의 정규방송으로 알려져 있는 웨스팅하우스(Westing House) 회사가 설립한 KDKA는 미국 피츠버그 시에서 1920년에 개국했는데, 정규 라디오 방송국과 무선국의 차이는 다음과 같은 점에서 각별하다. 첫째, 정시 방송을 실시한다는 점이다. 이에 따라 사람들의 하루 생활과 라디오 방송 시간을 연결하는 시간 코드가 형성됐다. 사람들은 라디오 방송 시간 코드에 맞추어 음악, 뉴스 등을 매일 즐기는 등 하루 일상을 꾸리게 됐다. 둘째, 방송이 산업 활동에 진입하게 됐다는 점이다. KDKA 개국은 웨스팅하우스가 자사 상품 판매를 목적으로 한 경영전략이었다. 셋째, 불특정 대중이 수신자가 되었다는 점이다. 이제 라디오는 아마추어 무선 애호가들이 아니라 라디오 방송 내용에 흥미를 느끼고 소비하는 대중이 청취하게 되었다(요시미 순야, 1995). 개국 3개월 후에 벌써 파리의 에펠탑에서 대(對)소련 선전방송이 실시되었으며, 1924년에는 미국 대통령 선거 전날 쿨리지 후보가 방송을 통해 선거 방송을 한 것이 방송을 선거라는 정치현상에 이용한 첫 사례가 되었다(원우현, 1991). 또한 미국의 루스벨트 대통령은 기회가 있을 때마다 국내 여론의 육성을 위해 노변담화(fireside chats) 프로그램을 실시했으며 청취율도 매우 높았다. 물론 당시 텔레비전이 없던 시기라는 점을 고려해야 하고 텔레비전이 있는 오늘날 라디오의 정치적 이용은 상대적으로 줄어들 수밖에 없지만, 청취자에게 라디오에서의 간단한 시사 프로그램을 통한 정치내용의 전달은 정치 학습의 장을 제공하기에 효율적이다.

라디오는 일련의 기술적 발전을 거치며 해상용 통신이나 군사용 통신 장치에서 대중에게 프로그램을 전달해주는 매스미디어로 전환하게 된다.

여기에는 수신기의 소형화와 저렴화, 그리고 음질 개선이 큰 몫을 했으나, 무엇보다 사람들이 듣기를 원하는 정규 프로그램을 공급하는 라디오 방송국의 설립이 결정적이었다.

라디오 정규방송이 시작된 것은 1920년 미국의 피츠버그에서

KDKA가 개국하면서부터였다. 뒤이어 1922년에는 영국과 프랑스에서도 라디오 방송이 시작되었고, 1923년에는 독일에서, 1925년에는 일본에서 정규 방송국이 출범했다. 일제강점기 하에 있었던 우리나라에서도 비록 일본인의 손에 의한 것이긴 하지만 1927년에 경성방송국(JODK)이 방송을 시작했다.

라디오는 방송을 시작한 지 얼마 되지 않아 오락과 정보를 제공하는 매스미디어로 자리 잡게 되었다. 1920년대 말 라디오의 인기는 절정에 달했는데, 당시 미국 대통령이었던 캘빈 쿨리지(Calvin Coolidge)는 유명한 코미디 프로그램인 〈애모스와 앤디(Amos 'n' Andy)〉를 한 회도 거르지 않고 청취한 것으로 알려졌고, 많은 극장들이 공연시간을 인기 라디오 프로그램이 끝난 후로 연기하기까지 했다.

1930년대 세계적인 경제공황은 예기치 않게 라디오를 활성화시켰다. 직장을 잃고 살던 집에서도 쫓겨나 거리에 나앉게 된 사람들은 먹을 음식도 입을 옷도 없었지만, 그들 곁에는 라디오가 있었다.

음질이 훨씬 향상된 FM 방송은 1933년 암스트롱(Amstrong)에 의해 개발되었으나 정규 FM 방송국은 경제공황과 제2차 세계대전의 여파로 연기되어 1941년에 출범하게 되었다. 암스트롱은 1954년 FM 스테레오 라디오도 개발했는데, 스테레오는 라디오가 음악 방송으로 전환하는 데 결정적 역할을 했다. 그리고 1947년 벨(Bell) 연구소에 의해 개발된 트랜지스터는 라디오 수신기의 소형화를 가능케 해서 라디오를 언제 어디서나 들을 수 있는 개인미디어로 만드는 데 크게 공헌했다.

라디오는 실의에 빠진 사람들에게 위안을 주며 점차 가장 중요한 매스미디어가 되었다. 이때부터 시작된 라디오의 황금기는 텔레비전이 등장하기 전인 1950년대 초까지 계속되었다.

한편 경제적인 측면에서 라디오가 갖는 역할과 기능 또한 더욱 중요하게 여겨지게 되면서 라디오에서의 광고는 자유경쟁주의 경제체제에서 시장 활동의 중요한 요인으로 작용하고 있다. 방송광고는 생산자와 소비자 간의 지역적·시간적 괴리현상을 감소시킬 뿐만 아니라 소비자에게 필요한 상품과 서비스에 관한 지식을 제공하기도 한다. 그리고 방송광고는 대량생산·대량유통·대량소비의 메커니즘을 가능케 하며 광고수익을 보장해줌으로써 언론기관이 경제적인 자립도를 높이도록 하는 데 기여한다.

라디오와 텔레비전은 동일한 방송매체이면서도 그 속성을 달리한다. 매클루언(Marshall McLuhan)이 언급한 바와 같이 핫미디어와 쿨미디어라는 차원에서 이 두 매체를 구분할 수 있다. 쿨미디어는 인간의 감각적 균형(sensory balance)을 유지하지 못하고 비교적 허위적인 의미를 주며, 기호로부터 현실을 파악하는 데 창의적 노력을 적게 요구하는 매체다. 반면에 핫미디어는 감각적 균형을 가지며, 상상력을 요구하는 매체다. 라디오는 핫미디어에, 텔레비전은 쿨미디어에 속한다.

매체가 담고 있는 내용의 특성이라는 관점에서 보았을 때 라디오는 소리에만 의존하는 매체인 반면, 텔레비전은 소리와 영상이 종합적으로 전달되는 매체라는 구분이 가능하다. 이러한 속성 때문에 라디오는 스튜디오 안에서 무한의 세계를 창출해낼 수 있는 반면, 텔레비전은 눈으로 인식할 수 있는 세계만을 보여줄 수 있는 한계를 갖기도 한다.

라디오는 텔레비전에 비해 상대적으로 수용자가 지나치게 분산되어 있으며, 훨씬 유동적이고 즉흥적이며, 주의력의 집중상태도 약한 편이지만 텔레비전에 비해 저렴하고, 광고물 제작이 비교적 용이하며, 수용자가 다른 행위와 병행하여 청취 가능하고, 프로그램 선택이 텔레비전보다 자유스럽고 청취자 대상계층을 더욱 세분화·전문화할 수 있다는 등의 장점을 갖는다.

대중매체 중 라디오는 그 어느 매체보다 신속성 또는 속보성이라는 측면에서 탁월한 능력을 발휘한다. 라디오는 다른 매체에 비해 기술적으로 큰 어려움 없이 발생하는 상황을 즉각적으로 전달하거나 재현하는 데 있어서 매우 우수한 매체다. 텔레비전은 복잡한 장비의 동원을 필요로 하지만, 라디오는 녹음기와 마이크만으로 가능하기 때문에 신속성이 탁월한 특성을 갖는다.

청취자가 라디오 프로그램이 방송되는 시간을 놓치게 되면 녹음이라는 보조적인 수단을 동원하지 않으면 그 프로그램을 다시 청취하기가 매우 어렵다. 이는 시간의 제약을 받는 전파매체가 갖는 공통적인 특성이다. 이러한 일회성으로 인해 라디오는 전달하는 내용을 청취자가 쉽게 이해할 수 있도록 제작되어야 한다.

라디오는 다른 매체에 비해 상대적으로 복잡한 장비를 필요로 하지 않으며 적은 비용과 소수의 인력으로 제작이 가능하다.

라디오의 소형화와 가격의 저렴화는 개인적으로 커다란 어려움 없이 라디오를 휴대할 수 있게 하여 청취자는 언제 어디서나 프로그램을 손쉽게 들을 수 있다. 또한 라디오는 전달하는 내용이 간결하고 청취자가 이해하기 쉽게 만들어지기 때문에 대체로 편이한 매체로 인식되고 있다.

라디오는 다른 일을 하면서도 청취가 가능한 매체다. 집안일을 하거나 식사를 하면서 또는 자동차를 운전하면서 라디오를 들어도 그러한 일을 하는 데 방해가 되지 않으며 오히려 라디오는 일의 효율성을 증진시키는 요인으로 작용하기도 한다. 반면에 이러한 병행성은 청취자로 하여금 매체에 대한 집중이나 프로그램에 대한 몰입을 약화시키는 요인으로 작용하기도 한다.

라디오가 작아지고 가격이 저렴해짐에 따라 개별적인 청취가 가능해졌다. 프로그램의 전달방식도 3인칭보다 1인칭이나 2인칭을 많이 사용하여 비록 라디오라는 기계적인 매개체를 이용하지만 프로그램을 통해 사람들 간의 직접적인 대화 상황을 연출해낸다. 그렇게 함으로써 마치 송신자와 수신자가 일대일 상황에서 커뮤니케이션을 이루는 것과 같은 분위기를 자아내게 하여 청취자의 친밀성을 도모한다(유재천·한진만·강명현·김경희·박승현·박용규·안정임·윤태일·전규찬·정윤식·조정열, 2004).

b. 우리나라의 라디오 역사
① 일제강점기의 방송
세계 각국의 라디오들이 전성기를 누릴 무렵 우리나라의 라디오는 일제의 식민지화와 전쟁동원을 위한 수단으로 악용되기도 했지만, 수신기 보급의 꾸준한 증가로 대중의 사랑을 받는 매스미디어로 자리잡기 시작했다. 한국 최초의 라디오 방송국은 1927년 2월 16일에 개국한 경성방송국(JODK)이다.

ⅱ 해방 이후의 라디오 방송
해방 후 국영체제를 유지하던 라디오 방송은 1954년 최초로 민간 라디오 방송국인 기독교 중앙방송국이 설립되면서 비록 종교방송이지만 기독교 방송이 한국 최초로 정부 소유 및 운영 형태가 아닌 전국 규모의 라디오 방송망을 형성했다. 1959년 4월에 개국한 부산문화방송은 한국 최초의 민간 상업 라디오방송이었고, 전쟁으로 인해 텔레비전 방송은 1960년대 들어와서야 MBC, DBS, TBC 등 민간 상업방송들이 개국하게 됨에 따라 본격화된 우리나라의 경우 라디오의 전성기가 시작되어 방송사 간 본격적인 경쟁시대를 맞게 되었다.

라디오 만담은 전국을 웃기고 울렸고, 스포츠 중계는 수많은 사람을 열광시켰으며, 라디오를 통해 흘러나오는 노래는 사람들을 감동시켰다. 낮 시간대의 주요 청취층이 가정주부임을 간파한 라디오는 곧 그들을 대상으로 한 라디오 연속극을 탄생시켰다. 라디오는 공황과 전쟁 등으로 들끓던 격동의 시기에 중요하고도 신속한 뉴스의 공급원이었다.

한국의 FM방송은 1964년 10월 AFKN이 주한미군들을 위해 방송한 것이 처음이지만, 순수하게 국내방송의 첫 전파는 '서울 FM 방송주식회사 FBS'에 의해 처음으로 시작되었다.

ⅲ 방송사 통폐합

우리나라의 라디오 환경은 1980년 언론통폐합으로 축소되었다. 이 조치로 동양방송(TBC), 동아방송(DBS), 서해방송, 전일방송, 대구FM이 KBS로 흡수되었고, 이로써 우리나라의 방송은 상업방송체에서 공영방송체제로 전환하게 되었다.

ⅳ 민영/특수방송의 출범

1990년 방송법 개정에 의한 민영방송의 허용으로 다시 증가했다. '서울방송'이라는 민영라디오방송의 개국을 비롯하여 교통방송, 종교방송 등의 특수방송들이 개국했고, 지역민영방송의 라디오 방송국들이 개국했다.

그러나 전반적으로 텔레비전이 등장한 이후 라디오의 위상은 점차 위축되어가고 있는 것이 현실이다. 라디오는 현재 채널별·프로그램별 차별화와 전문화를 통해 새로운 돌파구를 찾기 위한 전략을 추구하고 있는 중이다. 교통방송이나 종교방송 같은 전문채널의 등장, 주부나 청소년, 차량 운전자 등 특정 계층을 대상으로 한 프로그램의 차별화, 그리고 청취자들의 직접적 참여를 보장하는 쌍방향 프로그램의 개발 등은 텔레비전에서는 충족되기 어려운 만족을 제공하는 요인이라 하겠다(배규한·류춘렬·이창현, 1998).

현재의 월드 와이드 웹에 라디오 채널이 등장함으로써 위성전송을 제외하면 네트워크 그리고 단파방송으로 국부적이었던 라디오 방송이 FCC(Federal Communication Commission)의 승인을 필요로 하지 않으며 전자기판에 공간도 차지하지 않게 되었기 때문에 상업적인 점을 고려하지 않는다면 가능한 라디오 방송국의 숫자는 무한정이라고 할 수 있다(Fang, 1997).

c. 음성미디어의 특성

현재 라디오 방송은 세계 거의 모든 나라에서 실시하고 있으며 그 대부분은 중파, 단파, 초단파 등의 전파를 사용해서 2계통 이상의 방송을 하고 있다. FM 라디오 청취자의 증가와 전문화·지역화를 특색으로 하고 있으며, 음성미디어인 라디오의 특성은 다음과 같다.

ⓘ 상상성

라디오의 두드러진 특성은 시각에 의존하지 않고 청각에 의존하는 미디어라는 점이다. 라디오를 듣고 머릿속에서 상상의 세계를 펼쳐보는 것은 수용자의 몫이다. 라디오는 수용자의 무한한 상상의 세계를 파고들지만 시각적 요소가 결여되어 있기 때문에 구체적으로 내용을 실감나게 전달하는 데는 약점을 가질 수밖에 없다.

ⓘⓘ 신속성

라디오는 기술적으로 텔레비전보다 간단하기 때문에 긴급 사건에 대한 신속한 뉴스보도가 가능하다. 라디오는 화면을 취재하고, 편집하고, 스튜디오 엔지니어와 카메라맨을 대기시키고, 분장을 마친 출연자가 나온 다음 방송을 시작하는 복잡한 과정으로부터 해방되어 있다. 라디오 취재기자는 세계 어느 곳에 있건 전화 다이얼을 돌리는 것으로 방송 준비가 완료된다. 그래서 아직도 사람들이 비상시에 자동으로 손이 가는 미디어는 바로 라디오다.

ⓘⓘⓘ 생활 친화성

라디오가 지닌 가장 큰 장점 중 하나가 언제 어디서나 들을 수 있다는 점이다. 라디오를 어디서든 들을 수 있다는 점은 텔레비전 시대에 라디오가 살아남을 수 있었던 가장 큰 강점이었다.

더욱이 라디오는 다른 작업을 하면서 들을 수 있기 때문에 일상생활을 중단시키는 일 없이 오히려 그 속에 자연스럽게 녹아 들어갈 수 있다. 출근 준비를 하는 이른 아침 시간대에는 그날의 주요 뉴스를 요약해주고, 출근길에는 하루의 기분을 상쾌하게 해주는 음악과 시사

정보를 들려주며, 졸린 낮 시간대에는 경쾌한 음악과 재담, 웃음으로 작업의 능률을 높여준다. 특히 요즘같이 교통이 복잡해 사람들이 장시간 자동차에서 보내야 하는 때에는 라디오가 더욱 큰 사랑을 받고 있다.

ⅳ 참여성

청취자들이 쉽게 프로그램에 참여할 수 있다는 점도 라디오가 지닌 장점이다. 청취자가 보내온 엽서의 사연을 읽어주고 신청 음악을 틀어주는 방법은 음악 프로그램에서 널리 애용되고 있고 전화로 청취자가 신상문제에서부터 자동차 수리나 세금문제 등에 이르기까지 온갖 문제를 상담하는 방식은 흔히 '전화연결 토크쇼'라 불리는 포맷에서 이용된다. 요즘에는 전화로 청취자들이 노래경연을 벌이는 프로그램이라든지, 시민 통신원들에게 휴대용 전화를 지급해 교통정보를 제공케 하는 방식도 개발되어 있다.

이렇게 라디오에서 청취자 참여가 활발한 것은 참여가 손쉬운 기술적 장점 때문이기도 하지만 얼굴이 보이지 않는다는 점이 사람들에게 용기를 준다는 측면도 있다. 라디오가 다른 어떤 미디어보다 청취자 참여의 문이 넓다는 것은 대다수 매스미디어가 갖는 일방향성의 위험에서 벗어난 쌍방향성을 구현할 수 있는 민주적 미디어로서의 가능성을 암시한다.

ⅴ 전문성

전성기 라디오는 가능한 한 최대의 청취자를 붙들어두기 위한 일반적 취향의 프로그램을 추구했다. 하지만 지금의 라디오는 성, 연령,

종교, 취미에 따라 세분화되는 특정 청취자층을 집중 공략하는 프로그램 개발에 박차를 가하고 있다.

미국의 경우 음악방송만 해도 흘러간 명곡, 최신 히트곡, 100대 판매 앨범 수록곡, 무드 음악 등 특정 장르의 음악만을 고집하는 라디오들이 열성적인 청취자를 확보하고 있다. 또한 지역 청취자층을 집중 공략할 수 있다는 점에서 환영받고 있다.

라디오가 전문성을 띨 수 있는 것은 상대적으로 자본이 적게 소요되므로 그다지 많은 청취자를 확보하지 않아도 수지가 맞는다는 점 때문이다. 광고주의 입장에서도 전문화된 라디오는 광고비도 상대적으로 저렴하고 잠재적 구매자로 판단되는 특정 청취자층을 집중 공략할 수 있다는 점에서 환영받고 있다.

⑥ 친밀성

텔레비전은 온 가족이 함께 모여 시청하는 가족용 미디어다. 이에 반해 값싼 소형 라디오는 라디오 청취를 개인적 형태로 만들었다. 사람들이 가득한 도서실에서도 이어폰을 끼고 라디오를 듣는 청소년은 자신만의 공간에 있다고 느끼게 된다. 자연스럽게 라디오는 청취자 한 명 한 명에게 직접 말을 거는 듯이 접근한다.

편성방향도 이에 맞춰지고, '당신'이니 '그대'니 하는 친밀한 표현들이 동원된다. 라디오가 전달하는 메시지의 직접성은 다른 미디어는 갖지 못한 특성 중의 하나다.

⑦ 진보성

라디오가 갖고 있는 진보성은 정치 사회적인 측면뿐 아니라 다른 매스미디어로부터 문화적으로 소외된 사람들에 대해 각별한 관심을 갖는 것을 포함하는 개념이다. 특히 라디오는 주요 청취자의 일상생활과 밀착되어 있고 상업성이나 정치적 규제로부터 상대적인 자율성을 갖는다는 면에서 민주적 방송의 가능성이 열려 있다.

한편 라디오의 생명은 기존의 고정적인 틀과 관념을 과감히 탈피하여 제작에 임하는 왕성한 실험정신에 있다. 그러므로 포맷 개발에서뿐 아니라 새로운 기술의 채택에서도 실험정신이 필요하다(이재학·권기남·이종석, 2005).

d. 윤리와 뇌물

전국의 DJ들이 어떤 음악을 방송하느냐에 따라 시청자가 주목하는 음악이 달라지고, 이것은 음반 판매 실적과도 이어졌다.

음반 제작사들은 자사가 띄우려는 가수의 음반을 방송하도록 설득하기 위해 시청자에게 영향을 미치는 DJ들에게 돈을 지불하게 되었다.

DJ들은 순수하게 청취자들이 좋아하는 음악을 방송하도록 방송국으로부터 급여를 받는 사람들이기 때문에 뇌물수수로 문제가 되어 해고되었다. 그리고 국회는 그런 행위를 불법으로 규정하도록 통신법(communication Act)을 개정했다.

이후 많은 라디오 방송국들은 DJ가 음악을 선별할 권리를 박탈하고 이를 프로그램 디렉터가 주관하도록 했다. 음반 판매에 라디오의 역할이 매우 중요해지자 이런 뇌물수수 행위는 프로그램 디렉터를 향해 또 다른 방법으로 성행했다. 돈 대신 섹스와 마약을 포함한 고가의 선물이 주어지기도 했다. 뇌물수수는 아직도 윤리적인 문제로 거론되고 있는 실정이다.

e. 라디오의 미래

21세기 라디오산업은 건강이 매우 양호한 상태다. 라디오 방송국의 주수입원인 광고를 댈 광고주와 시청자를 충분히 갖고 있기 때문이다. 그리고 라디오산업이 건강한 상태를 유지할 수 있는 것은 경영진들이 변화하는 매체 환경에 잘 적응하고 있는 덕분이다.

지금의 텔레비전이 그러하듯 라디오가 우리 가정의 중심을 차지하고 있었던 것은 불과 40여 년에 지나지 않는다. 텔레비전이 등장했을 때 라디오는 위기를 맞게 된다. 텔레비전은 라디오의 청취자를 잠식하기 시작했으며, 라디오는 더 이상 가정의 중심 매체로서의 역할을 할 수 없었고 그 자리를 텔레비전에 내주지 않으면 안 되었다. 혹자는 심지어 라디오가 소멸될 것이라는 예측까지 했다. 소위 새로운 매체인 텔레비전이 구 매체인 라디오를 대체할 것이라고 했다. 그러나 우리가 매체의 발달과정에서 볼 수 있듯이 신·구 매체는 서로 경쟁하면서도 상호보완적이고, 서로 차별화를 모색하면서 공존의 길을 걷고 있다.

사라질 것 같았던 라디오에 대한 관심이 새롭게 모아지고 있다. 라디오가 이제는 소형화되고 휴대가 가능해짐에 따라 개인이 개별적으로 소유하는 평범한 매체로 바뀌게 되었다. 또한 자동차 인구의 증가와 더불어 커뮤니케이션 테크놀로지의 발달에 힘입은 라디오의 문자방송서비스, 소출력 라디오의 등장 등은 라디오의 지평을 넓혀가는 동인으로 작용한다.

또한 가장 지역적인 것이 가장 국제적인 것으로 특성화시킬 수 있을 것이라는 관점에서 볼 때 라디오의 지역성 강조가 필요시된다. 규모면에서 층화된 많은 라디오국이 자유롭게 망을 구성할 경우, 커뮤니티 라디오는 정보수집의 촉각 역할을 할 수 있다. 또한 라디오 사업자들은 단순히 라디오 수신기를 통해서뿐만 아니라 상용 정보통신망이나 인터넷 등을 이용한 서비스로 청취자의 관심을 끌어 모으기에 열중하고 있다.

TV를 비롯한 신문, 영화 등 다른 많은 경쟁 매체의 확산 속도가 매우 빠르지만, 아직도 라디오는 읽을 수 없는 사람들과 볼 수 없는 사람들을 돕거나 연결시켜주는 동반자로 사랑스런 매체의 구실을 충분히 감당하고 있다. 특히 라디오는 생활양식의 변화에 따른 옥외 생활의 증가, 이동수단으로서 자동차의 증가로 인한 자동차 라디오 수신 시간의 증가 등으로 꾸준히 성장할 가능성이 높은 매체임을 재인식할 필요가 있을 것이다.

LA 다저스, 한국어 라디오 중계방송 추진

메이저리그 LA 다저스가 한국어 라디오 중계방송을 추진한다.
다저스는 올 시즌 개막부터 왼손 투수 류현진(26)의 선발 등판에 발맞춰 한국어로 라디오 중계를 하는 방안을 적극 알아보고 있다고 『로스앤젤레스타임스』가 3일(한국시간) 보도했다. 다저스 구단은 내년부터 20~25년간 다저스 경기를 중계하는 종합미디어그룹인 타임워너케이블 측에 영어, 스페인어에 이어 한국어로도 중계해달라고 요청한 상태다.
다저스 구단은 한국 프로야구 선수로는 최초로 메이저리그에 직행한 류현진을 앞세워 지역 내 재미동포사회의 관심을 끌고자 한국어 중계방송에 열을 올리고 있다. 한국어 중계방송을 추진하는 쪽에서는 다저스와 6년간 장기 계약한 류현진이 다치지만 않으면 빅리그에서 계속 뛸 수 있다는 사실을 매력적으로 느낀다.

『스포츠월드』(2013. 3. 3)

(3) 영상미디어

① 텔레비전

우리에게 텔레비전은 생활의 일부가 되었고 심지어 우리 생활의 주류를 이루고 있다고 할 수 있다. 텔레비전은 어린아이를 돌보는 유모에 비유하기도 하고 정신적 교사라고 하기도 한다. 20세기에 사람들에게 가장 큰 영향을 미친 매체를 꼽는다면 단연 텔레비전이라고 할 수 있다. 텔레비전은 각 가정에서 마치 가구 같은 존재로 가족 구성원 모두에게 쉽게 친숙해졌고, 일상생활에서 떼려야 뗄 수 없는 대다수 사람들의 삶의 일부분이 된 매스미디어의 대명사다.

또한 텔레비전은 책이나 신문과는 달리 오락매체의 성격이 강하여 정보와 뉴스를 제공하는 기존 미디어의 기능에 오락적 기능과 문화적 기능이 부가되었다는 점, 또한 기존의 라디오에 움직이는 영상화면을 입힘으로써 수많은 볼거리를 제공한다는 점에서 다른 매체와 차별화된다.

현대사회에서 텔레비전의 의미는 수많은 사람들에게 한 시대의 공통된 경험의 세계를 제공하고 가치관, 사상, 관습, 유행 등을 공유하게 하여 개인 단위, 사회 단위의 매스커뮤니케이션 체계를 구축하도록 만들었다는 데 의미가 있다.

그러나 텔레비전이 우리 인간에게 미치는 영향력이 너무나 크다는 걱정과 함께 일주일에 하루쯤 텔레비전을 보지 않는 모임이 생기기도 하고, 너무 많은 시간을 텔레비전 수상기 앞에 매달려서 소비하는 것에 대한 우려가 나타나기도 했다. 하지만 어쨌든 텔레비전은 우리의 일상생활에서 중요한 위치를 차지하고 있다는 사실은 인정하지 않을 수 없다(유재천 외, 2004).

a. 텔레비전의 역사

텔레비전(television)은 '멀리서 보다'라는 뜻으로, 그 기원은 적어도 1817년으로 거슬러 올라간다. 스웨덴의 과학자 욘 베르셀리우스(Jon Berzelius)가 구리 정제 시 얻어지는 부산물인 황 같은 화학원소인 셀레늄이 빛을 비추는 정도에 따라 전기를 발생한다는 사실을 발견했고, 1897년에는 독일의 과학자 카를 브라운(Karl Braun)이 크룩스 진공관의 내부 표면에 형광성 물질을 입혀 음극광선에 부딪혀 빛을 내게 했다. 각 가정에 있는 텔레비전은 '음극선관(cathode ray tube: CRT)'이라고 부르며, 이 장치를 브라운이 만들었기 때문에 일반적으로 '브라운관'이라고도 불린다. 독일의 과학자 파울 닙코프(Paul Nipkow)는 처음으로 한 장면을 사람 눈의 시각적 연속성을 유지하며 광학적으로 하나하나 주사하여 텔레비전의 기초를 이뤘고, 닙코프의 원판에 근거한 기계적인 시스템을 완성시키려는 노력이 계속되었다. 처음에는 텔레비전 수상기 시장이 영화처럼 극장에서 상영되리라고 예상했지만, 1938년 듀몬트(Dr. Allen DuMont)가 완전 전자식 텔레비전을 일반인에게 판매하기 시작했다. 라디오산업 지도자들은 라디오 방송에 영상을 덧붙이는 것의 잠재적인 대중성을 인식했고, NBC와 CBS는 각각 뉴욕에 있는 자사의 시험방송국에서 상업방송을 할 수 있는 허가를 취득했다. 하지만 제2차 세계대전이 일어나자 미국연방통신위원회는 텔레비전 개발을 동결시키면서 텔레비전 허가를 거의 발행하지 않았고, 연구와 생산은 전쟁물자였던 레이더 시스템이나 다른 전기적 기계장치들을 만들었다.

제2차 세계대전이 끝난 뒤 상업적인 텔레비전은 1946년 6천 대이던 수상기 제작이 1948년 11만 대에 이르는 기록을 남겼고, 1950년에는 1천만 대의 TV 수상기가 제작되었다. 특히 7인치나 10인치 원형 화원 수상기로 1940년대 후반기와 1950년대 들어 텔레비전이 전국에 걸쳐 판매되었다(Fang, Irving, 1997).

세계 최초로 텔레비전 방송을 실시한 나라는 독일로서 1928년부터 5개 방송국에서 텔레비전 실험 방송을 실시했다. 1935년 3월 22일부터 베를린에서 세계 최초의 정기 방송을 실시했는데, 1주일에 사흘간 하루 1시간 30분씩 정기적으로 방송했다. 특히 1936년에 열린 올림픽기간에는 시내 28개 장소에 TV 수상실을 설치하여 경기 실황을 중계하기도 했다. 한편 텔레비전이 뉴욕 만국박람회에 첫 선을 보이면서 미국의 루스벨트 대통령은 텔레비전 화면을 통해 일반 대중에게 공개된 최초의 대통령이 되었다(유재천 외, 2004).

1936년에 영국 방송사는 세계 최초의 정규 텔레비전 서비스를 시작했다. 미국은 1952년 포틀랜드에서 정규방송을 시작했고, 일본은 1953년 NHK 도쿄 텔레비전 방송국이 정규 방송을 했다.

b. 한국의 텔레비전 역사

1956년 선보인 KORCAD의 HLKZ-TV가 한국 최초의 텔레비전 방송이다. 이 방송은 NTSC식 방식으로 세계에서는 15번째이며, 아시아에서 네 번째로 개국한 것이다. 이 방송은 민영방송 형태였는데, 당시 한국의 경제사정이 열악하기 그지없어 광고에 의존할 수 없는 상황이었으므로 운영에 상당한 어려움을 겪을 수밖에 없었다. 1957년 5월에 한국일보 사주에게 양도되어 DBS(대한방송주식회사)로 개편했고, 미국 상업TV 패턴에 충실한 종합편성을 했다. 그러나 1952년 2월 화재로 시설이 소실되면서 AFKN-TV의 도움을 받아 방송하다가 결국

1961년 KBS-TV 개국에 즈음하여 채널 9와 제작 요원들을 대부분 넘겨주고 문을 닫는다.

박정희가 쿠데타에 성공하여 정권을 잡은 후 1961년 12월 31일 KBS-TV를 개국했다. 말 그대로 '국민에게 드리는 선물'로 텔레비전 방송을 개국한 것이다. 1964년 12월 7일에는 한국에서 두 번째로 DTV가 개국한다. 이 방송을 1965년 11월 JBS와 합병하고 TBC-TV가 된다. 1969년 8월 8일에는 세 번째 텔레비전 방송국인 MBC-TV가 개국한다. MBC-TV는 교육방송으로 허가를 받고 교육방송 위주의 편성을 하다가 1970년에 완전히 상업방송화하면서 오락 위주의 편성으로 전환했다.

박정희 정권시대에는 방송에 대한 통제가 심했다. 심지어 방송 프로그램 편성에 대한 가이드라인을 설정하여 방송사들로 하여금 지키도록 권유하기도 했다. 1976년 4월 12일 정부의 질책에 따라 방송사들은 획일적인 편성을 하기에 이르렀다.

1980년은 방송뿐만 아니라 한국 언론 구조에 일대 변혁이 발생한 해다. 전두환 정권에 의해 언론사 통폐합의 일환으로 방송사 통폐합이 행해졌으며, 상업방송에서 공영방송체제로의 전환이 일어났다. 방송사 통폐합 조치로 TBC는 KBS에 흡수되고, MBC는 공익법인 5.16 장학회와 KBS를 대주주로 하는 방식으로 공영화되었다.

방송사 통폐합 이후 언론기본법이 제정되고, 공영방송제를 채택했으며, 컬러 TV가 도입되었다. 과열과외 억제책의 일환으로 KBS 3TV를 통해 교육방송을 실시했고, 1982년과 1983년은 KBS-TV에서 〈이산가족찾기〉 생방송으로 텔레비전의 위력을 유감없이 발휘했다.

1990년에는 민영방송의 허용을 통한 방송구조의 개편이 있었고, 1991년 12월 9일 서울방송(SBS)이 수도권지역 대상 방송으로 개국했다.

1991년 12월 26일 KBS는 제3TV와 교육 FM라디오의 무선국 허가증을 체신부에 반납하고, 체신부는 한국교육텔레비전방송국(채널 UHF43)과 한국교육FM방송(104.5㎒)에 대해 무선국 가허가를 내주면서 교육방송 전문채널인 한국교육방송국(EBS)이 개국하게 되었다.

1995년부터는 지역에 민영텔레비전방송의 개국이 있었고, 1995년 5월 14일 부산, 대구, 대전, 광주의 4개 지역에 1차 지역민방이 개국한 이래 1997년 9월과 10월에는 인천, 울산, 전주, 청주의 4개 지역에, 그리고 2001년 12월 15일과 2002년 5월에는 강원과 제주 2개 지역에 민영방송국이 개국했다(유재천 외, 2004).

c. 텔레비전과 쟁점
① 선정성

텔레비전의 성적 표현에 관한 문제는 끊임없는 논란의 대상이 되고 있는 영역이다. 그런데 한국사회에서는 텔레비전을 통한 성적인 표현 자체가 바로 선정성과 동일시되고, 결국은 비도덕적·비윤리적인 것으로 해석되는 경향이 있다. 요컨대 TV오락에 대한 사회 내 윤리적 시비는 "텔레비전 프로그램의 선정성이 지나치다"는 지적으로 요약될 수 있다. 비록 최근 들어 성적 표현에 대한 사회적 분위기가 훨씬 관대해졌다고 볼 수도 있겠으나, 제작자들에게는 언제든지 윤리적 시비를 가져올 수 있는 일종의 금기(taboo) 영역에 속한다. 결국 방송을 통해 사회적으로 허용된 수준 이상의 성적인 표현을 '선정성'으로 정의할 수 있다.

방송위원회의 방송심의규정 제49조는 성규범의 문제와 관련하여 "방송은 불건전하고 부도덕한 남녀관계를 주된 내용으로 다루어서는 아니 된다. 방송은 성과 관련된 내용을 지나치게 선정적으로 묘사하여서는 아니 되며 성을 상품화하는 표현을 해서도 아니 된다"라고 명시하고 있다.

방송에서의 과도한 성적인 표현에 대해서는 한국사회 내 완고하고 보수화된 평가가 지배적이다. 일부 프로그램의 과도한 선정성이 사회 내 보수적 윤리를 자극하고, 이것이 다시 TV오락 및 그 제작자를 도덕적 일탈자로 보이도록 만드는 선정성/비윤리성의 악순환 구조를 낳게 된다.

그러나 최근 들어 성개방화 경향이 두드러지면서 TV오락의 성적 표현 개방성을 강조하는 소수 목소리도 등장하고 있다.

ⅱ 폭력성

텔레비전 프로그램의 폭력성에 관한 연구를 해오고 있는 방송위원회의 문화지표연구에서는 "총, 칼, 자동차 등 무기나 완력에 의한 물리적 폭력이나 협박, 욕설 등의 언어적 폭력을 모두 포함하며, 원칙적으로는 인간에 대한 폭력에 국한되나 대물파손이나 동물에 대한 폭력일지라도 인간에 대한 부수적 공격수단일 경우는 포함한다"고 정의하고 있다(방송위원회, 1995).

텔레비전 프로그램의 폭력성에 대한 논의는 주로 그것이 가져다줄 수 있는 실제적 효과와 관련되어 전개된다. 특히 정서적으로 민감한 어린이와 청소년들에게 미칠 폭력적 모방의 효과에 주목한다. 혹자는 TV의 폭력성이 수용자들로 하여금 세상이 폭력으로 가득 차 있다는 고정관념을 갖고 폭력 사용에 허용적 의식을 갖도록 한다고 주장하기도 한다. 그러나 TV 폭력이 오히려 공격성향이나 감정을 완화시킬 수 있다는 순화이론(catharsis theory)과 이와 반대되는 공격발단이론(aggressive cues theory) 또는 보강이론(reinforcement theory)이라는 이론들이 대립하여 논의되고 있다(한진만, 1982).

그러나 지나친 폭력적 표현은 위험하다는 원칙에 대한 사회적 입장은 매우 엄격하다. 방송위원회의 심의규정 제50조는 폭력 및 폭력묘사와 관련하여 "방송은 시청자에게 지나친 충격 또는 불안감을 주어서는 아니 되며, 잔인하거나 비참한 내용 및 미성년자의 범죄를 다룰 때에는 신중을 기해야 한다. 방송은 폭력행위 등을 지나치게 묘사하거나 범죄의 결과를 긍정적으로 표현하여서는 아니 된다"라고 명시하고 있다.

외국의 경우에도 BBC 프로듀서 가이드라인은 "프로그램 제작자가 폭력의 상세한 묘사가 내용전개에 필요한 것인지 또는 단지 그 자체만으로 포함되었는지에 대해 문의해야 하며 폭력의 사용이 호의적이어서는 안 된다"고 규정하고 있다. 특히 BBC 가이드라인은 "어린이와 폭력성의 문제와 관련하여 머리를 때리는 장면이 심각한 결과를 초래하지 않는 사소한 문제인 것으로 취급되어서는 안 된다"고 명시하고 여성에 대한 폭력과 관련해서도 "드라마에서 여성에 대한 폭력은 여성이 폭력을 통해 착취 또는 격하되거나 혹은 일반적으로 폭력의 희생자라는 인상을 주어서는 안 되며, 여성에 대한 폭력이 때로는 에로틱한 것으로 묘사되기도 하는데 이것은 피해야 한다"고 강조하고 있다.

요컨대 선정성의 문제와 비교해볼 때 폭력성에 대해서는 사회 내

상당히 엄격한 윤리적 상식이 자리 잡고 있다. 구체적으로 지나친 폭력 묘사가 윤리적으로 바람직하지 않다는 점에 대해서는 방송과 관련된 모든 집단이 대체적인 인식의 합의를 이룬 상태라고 볼 수 있다.

텔레비전 프로그램이 사회적 일탈을 촉진하는 일차적 동인이라는 단정적 결론은 피해야겠지만, 그럼에도 불구하고 폭력과 어린이, 청소년에 대해서는 지속적인 관심이 필요하다는 데 인식을 같이한다.

d. 텔레비전의 특성

영상미디어인 텔레비전은 인쇄미디어와 음성미디어와는 다른 독특한 특성을 갖고 있다. 영상미디어의 대표인 텔레비전의 특성을 살펴보면 다음과 같다.

① 복합성을 가지고 있는 방송미디어

방송은 종합 문화 미디어다. 방송은 결코 신문 같은 차원의 언론 미디어가 아니라 광범위한 종합적 문화 미디어다. 방송은 보도 기능을 가지고 있기는 하지만 문화예술의 조직체다. 그러므로 방송미디어에 대응하는 상대역은 신문이라기보다는 좀 더 상위의 미디어 개념인 인쇄미디어여야 한다. 따라서 방송 문화의 비교 개념은 인쇄 문화다.

② 문화자산을 소비하는 방송미디어

방송미디어는 문화예술의 소모력이 엄청나다. 방송미디어는 끊임없이 문화내용을 공급해줘야 한다. 이 점 또한 다른 미디어와 다르다. 신문사는 훌륭한 신문 언론인을 자체적으로 만들어낸다. 방송 보도 역시 자체적으로 방송 언론인을 생산해낸다. 다시 말해 언론인은 언론사 안에서 탄생한다.

그러나 그 밖에 문화예술의 경우는 그렇지 않다. 방송미디어는 예술인을 소모하는 것이지 만들어내는 것이 아니다. 방송미디어는 끊임없이 음악인, 작가, 연기자를 소모함으로써 생명을 이어간다. 수준 높은 문화 내용이 없으며 저급한 내용이라도 계속 공급해야 한다.

ⅲ 현장성 있는 방송미디어

방송미디어의 특성 중 하나는 기술적 특성으로서 현장에서 생생한 보도가 가능하다는 점이다. 이것은 방송미디어의 속보성과도 연결된다. 반면 시간의 제약으로 융통성이 없고 단위시간의 정보전달량이 적은 것이 특징이다. 따라서 가장 자세한 텔레비전 뉴스라고 해도 가장 간략한 신문뉴스에 지나지 않는다. 비디오의 개발로 반복이나 선택적 시청이 가능해지기는 했지만, 그래도 신문에 비해서는 여전히 미디어의 이용이 일회적이라는 특성이 있다.

또한 라디오는 일하거나 담소를 나누면서 방송내용을 청취할 수 있지만, 텔레비전을 제대로 시청하려면 그것이 힘들다는 점도 특성이다.

ⅳ 사회책임적 전통의 방송미디어

신문은 자유주의 이론에서 출발하여 비판의 자유가 보장되나, 방송미디어는 사회책임이론의 전통이 강하기 때문에 공익의 목적에 이용되어야 한다는 책임성이 강조된다. 한때 미국에서는 방송사설을 금지했는데, 이는 방송국이 특정 입장을 가지고 현실을 비판하는 것이 공공의 이익에 부합되지 않는다고 보았기 때문이다(이재학·권기남·이종석, 2005).

e. 스포츠 관중십과 TV 중계

스포츠 관중십의 성격은 TV의 발전과 함께 드라마틱하게 변했다. 24시간 방영하는 스포츠채널 덕분에 주말 스포츠 이벤트에 참가하는 대신, 팬들은 말 그대로 주말 또는 주중에도 스포츠 이벤트를 시청할 수 있다. 게다가 다채널 직접 위성 서비스의 발달로 인해 팬은 언제라도 경기 중인 다양한 라이브 스포츠를 선택할 수 있다.

미국에서는 TV에 방영되는 경기에 100만의 관중을 예상하는 것이 일상적이고, NFL 슈퍼볼 같은 이벤트는 네트워크 TV가 가장 집중적으로 방영하는 프로그램 중의 하나이며, NFL 슈퍼볼 경기일을 국가적 휴일로 여기고 있다.

게다가 월드컵 축구는 지구상의 수십억 시청자가 보는 이벤트가 되었고, TV에서 중계하는 스포츠는 세계인의 사랑을 받게 되었다(송해룡, 2004).

우리나라에서는 1982년 3월 23일 프로야구가 출범했는데, 전두환 대통령 집권 당시인 5공이 올림픽 유치와 더불어 야심작으로 내놓은 작품이었다. 3월 27일 서울운동장에서 전두환의 시구로 삼성과 MBC의 경기로 첫발을 뗀 프로야구는 개막전부터 관중석이 인산인해를 이루며 성공적인 출발을 했다. MBC가 프로야구팀을 갖게 된 것은 전두환의 지시로 텔레비전을 프로야구 흥행의 견인차로 삼기 위해서였다. MBC가 앞장서서 프로야구 열기를 촉진하는 동시에 프로야구를 앞세워 모든 국민을 스포츠에 열광하게끔 만드는 것이 5공 정권의 심오한 스포츠 정책이었다. 그래서 프로야구 출범 후, 스포츠 중계시간은 계속해서 늘어갔다. 1981년 9월 8%에 불과했던 텔레비전 방송국의 스포츠 중계시간 비중은 1982년 2월 12%로 증가하더니 1년 후에는 20%에 이르렀다. 그리고 LA올림픽이 열린 1984년 6월에는 프로그램의 4분의 1이 스포츠 중계였다. 토요일과 일요일은 한마디로 스포츠 중계를 위한 방송이었다. 이때는 스포츠 중계가 텔레비전 프로그램의 30~40%를 차지했다(고광헌, 1988).

또한, 서울올림픽 방송을 주관하는 기구인 SORTO(서울 올림픽 방송실시본부)의 국제방송센터 건설에 2,140억 원의 예산이 소요됐고, 방송장비에만 722억 원이 투입되었다. 이 가운데 중계차가 33대, 카메라가 308대, 녹화기가 383대, 헬리콥터 3대, 인공위성 채널 25개 등이 포함되었으며, 이러한 장비들을 활용하기 위해 3,500여 명의 SORTO 요원이 실핏줄처럼 포진되었다. SORTO가 국제 신호로 제작한 올림픽 프로그램은 모두 2,230시간에 이르는 방대한 분량이었으며, SORTO는 올림픽 방송제작에 필요한 신형 방송장비들을 개발하여 방송기술의 혁신을 이뤘다(김용원, 1988. 7. 16). 비디오시장도 호황을 누렸다. 1988년 4월 당시 국내의 VTR 공급 대수는 180만 대였는데, 올림픽 특수에 힘입어 연말에는 220~250만 대에 이르러 비디오시장의 규모가 영화시장을 추월해버렸다(강한섭, 1991. 11).

② 영화

a. 영화의 역사

마술공연을 했던 프랑스의 조르주 멜리에(George Melies)는 처음으로 가상영화를 제작했다. 멜리에는 상영시간이 1분도 안 되는 필름을 10~15분까지 되도록 감개를 확장시킨 최초의 인물이다.

얼마 지나지 않아 세계의 거의 모든 나라가 영화를 유행시켰다. 항공사와 함께 영화사 소유가 국가적인 자랑거리가 되었다. 독일과

덴마크는 각각 첫 번째 영화 촬영 스튜디오를 설립했다.

제1차 세계대전으로 유럽 대부분의 영화사들이 문을 닫게 되어 할리우드의 성장에 큰 도움을 주었다. 미국의 개봉관은 짧은 필름들을 여러 개 무작위로 엮어서 한 개의 프로그램을 만들었다. 이런 식으로 입장료를 이름에 내세운 최초의 '5센트 극장'이 1904년 피츠버그에서 개업했다. 1907년까지 한 해에 2,500개의 극장이 운영되었고, 하루에 20만 장의 표가 팔렸다.

부유한 계층은 교육받지 못한 노동자들과 여성들이 혁명적인 생각을 공급받고 있다는 우려로 5센트 극장을 좋아하지 않았고, 심지어 상영을 금지해야 한다는 제안이 나오기도 했다. 10여 년 후에는 활동사진의 호소력이 빈민층을 넘어서 중류계층의 미국인에게 열광적으로 수용되었고, 냉방시설이 설치된 호화로운 영화관으로 대체되었다. 그리고 장편영화가 등장하자 5센트 극장이나 소규모 영화관은 더 이상 단편영화를 상영할 수 없게 되었다. 최초의 대형 영화관인 브로드웨이의 스트랜드 극장(the Strand Theater)은 1914년에 개봉했는데 곧바로 성공했고, 수백 개의 대리점을 가진 극장 연쇄점은 스튜디오와 계약했거나 동일한 법인 소유권을 갖고 지속적인 제작과 신뢰할 수 있는 배급을 보장했다. 워너브라더스(Warner Bros.) 영화는 모든 대도시의 워너브라더스 극장에서 상영되었고, 패러마운트(Paramount) 영화는 패러마운트 극장에서, MGM(Metro-Goldwyn-Mayer 영화사) 영화는 로우(Loew) 극장에서 개봉되었다.

안방영화(home movie)는 적어도 1923년부터 유통되었는데, 그때 씨네-코닥(Cine-Kodak) 영화 카메라와 코더스코프(Kodascope) 영사기가 판매되었다. 1984년에 모습을 드러낸 쉽게 사용할 수 있고 너무 비싸지 않은 가격의 비디오 캠코더, 결합식 텔레비전 카메라와 테이프 리코더를 아무나 이용할 수 있게 되면서 영화제작과 배급의 폭이 넓어졌다. 대규모 예산영화는 아직도 제작되어 나오며, 소액자본으로 시작한 우수한 품질의 영화들도 여전히 제작되고 있다. 최근의 컴퓨터, 스마트폰을 사용한 영화 기술로 인해 일반인들도 가정, 학교, 사무실 같은 장소에서 영화를 제작할 수 있게 되었으며, 새로운 대중매체 기술은 보통 사람들의 삶에 중대한 영향을 끼쳤다(Fang, 1997).

b. 우리나라 영화산업

우리나라에도 할리우드 같은 영화 제작의 메카인 충무로가 있다. 한국 최초로 영화가 상영된 것은 1900년대 초반이지만, 한국인의 손으로 영화가 만들어진 것은 1926년 나운규가 〈아리랑〉을 제작하고, 이어 〈풍운아〉(1927), 〈벙어리 삼룡이〉(1929) 등을 발표함으로써 본격화되었다. 하지만 한국영화는 곧 일제의 한국영화 말살 정책에 의해 황폐화되었다. 해방과 전쟁의 소용돌이 속에서 어렵게 뿌리를 이어가던 한국영화는 자유당 정권의 국산영화 장려책에 의한 면세 조치와 수입영화 규제 등의 영화 진흥 정책으로 황금기를 맞게 되었다.

그러나 미국과 마찬가지로 1970년대에 텔레비전이 전국적으로 보급되면서 한국영화는 쇠락의 길을 걷게 되었다. 1962년 영화법 제정에 따라 외화수입 쿼터 및 스크린 쿼터제(한 극장에서 매년 상영일수의 2/5, 즉 146일 이상 국산영화를 상영해야 한다는 규정), 교호 상영제(인구 30만 이상 시 지역에서는 외화와 국산영화를 번갈아가면서 상영해야 한다는 규정)가 실시되어 침체에 빠진 국산영화시장을 보호하고자 했으나, 영화제작사가 제작과 동시에 외화를 배급함으로써 국산영화는 단지 외화

수입을 위해 법적 의무를 충족시키기 위한 생색내기용으로 전락해 질적 하락을 가져오게 되었다. 이러한 상황 속에서 영화시장 개방이 이뤄졌고, 그 결과 해외자본에 의한 외화직배사의 시장지배가 더욱 가속화되었다(배규한·류춘렬·이창현, 1998).

하지만 1990년대 국내 영화시장의 특징을 들자면 한국영화의 제작이 증가되었고, 대기업의 투자로 처음 만들어진 〈결혼이야기〉의 흥행 성공은 영화제작 활성화의 촉매 역할을 하면서 로맨틱 코미디라는 새로운 장르의 붐을 조성했다. 한국영화는 1997년에 시장점유율 25%를 다시 회복했고, 1999년에는 이를 39.4%로 높여나갔다.

또한, 경제적 규모의 성장으로 인해 국내에서도 블록버스터 영화를 제작할 만한 경제적 여건이 마련되면서 〈쉬리〉, 〈공동경비구역 JSA〉, 〈친구〉 등이 영화의 질을 높이는 데 성공했고, 한국영화가 흥행에 성공하게 되었다. 특히, 2000년 이후의 흥행 순위에서 한국영화가 과반수를 차지했고 매년 한국영화가 흥행 1위를 차지하면서 점차 외화 가격은 하락하게 되었다.

2003년 1년 동안 한국영화 점유율이 49.9%를 차지하여 처음으로 할리우드 영화 점유율을 넘어섰고, 우리나라에서 제작한 영화가 극장가를 휩쓸었다(전석호, 2006).

그러나 2012년 개봉한 〈광해, 왕이 된 남자〉와 비교하여 베니스 국제영화제에서 수상한 〈피에타〉가 국내 영화시장에서 소외된 것과 같이 대규모 자본이 투자되지 않은 영화들의 설 자리를 감소하게 하는 문제를 대두시키면서 대형 기획영화 정도만이 안정적 상영을 보장받게 된 현실은 한국영화의 미래와 어떻게 맞물려 진행될 것인지는 아직 명확하지 않다.

관객의 다양한 취향을 받아들이지 못하는 편협한 시장이 유지된다면 이는 영화를 통한 획일적 경험이 주어짐을 의미한다. 정치적 동기에 의해 획일적 경험이 주어질 때 과감한 비판을 제기했듯이 경제적 요인에 의해 획일적 경험이 주어진다면 이 또한 과감한 비판을 통해 해소방안을 찾아야 할 것이다(유재천 외, 2004).

c. 영화의 기능

첫째, 영화의 가장 큰 기능은 오락을 제공한다는 것이다. 이는 코미디영화나 비극영화, 또는 환상의 세계를 보여주는 영화나 참혹한 현실세계를 보여주는 영화를 막론하고 모든 영화에 적용되는 기능이다. 하지만 영화의 오락적 기능이 관객에게 단순히 즐거움만을 주는 것은 아니다. 디즈니영화같이 어린이에게 해가 없고 가족이 함께 즐길 수 있는 영화들도 있지만, 사회의 현실적인 비리를 다룬 영화나 이념적 대립을 다룬 영화처럼 관객에게 즐거움보다는 심각한 문제의식을 전해주는 영화도 많다.

둘째, 영화는 정보전달 기능을 한다. 예를 들어, 기록영화 같은 경우에는 오락적 기능보다는 정보전달 기능이 강조된다. 특히 전쟁 기간 중에는 정보전달을 통해 국민을 설득하기 위한 선전술의 한 수단으로 영화가 제작되기도 한다. 우리나라에서도 비록 오락 기능과 함께 혼합하기는 했지만, 그 주된 주제가 국가 정책을 알리기 위한 영화를 제작하기도 했다.

어떤 경우에는 수많은 언어적 표현보다 화면에서 표현된 비언어적인 장면이 관객에게 훨씬 많은 메시지를 전달할 수도 있다. 이는 영화가 대사나 자막을 통한 언어적인 메시지의 전달뿐만 아니라 음악이나 화면 구성을 통한 비언어적 이미지 전달 기능이 강한 미디어여서 강력한 선전 미디어로 사용할 수 있기 때문이다(김학철·김병길·김동규, 2001).

(4) 디지털미디어

매스미디어의 발달과정을 보면 최초로 정보의 기록·전달·저장을 가능하게 했던 인쇄미디어 시대를 제1기, 공간적 한계를 극복하고 음성을 전달할 수 있었던 음성미디어 시대를 제2기, 음성은 물론 영상까지 보낼 수 있게 된 영상미디어 시대를 제3기로 구분할 수 있다. 기존의 미디어들을 통합한 다채널, 즉 뉴미디어인 디지털미디어는 제4기 미디어라고 할 수 있을 것이다.

인터넷과 모바일 미디어가 주도하는 디지털 시대의 새로운 미디어 환경은 '패러다임의 전환'이라 할 만큼 미디어 역사상 유례를 찾아볼 수 없는 전반적인 미디어 지형의 변화를 보여주고 있다. 새로운 미디어는 급속도로 세력을 확대하며 기존 미디어들을 위협하고 있고 기존 미디어들은 이런 도전에 직면해 직접 경쟁함은 물론 생존을 위한 변신을 부단히 모색하고 있다(최양수·김태용·김유정·조수선·김예란·이시훈·안주아·김영주·이화진·정재민·이재현·최현철·최승범·김주환·김효동·김광재·박한우·박웅기, 2006).

① 디지털 TV

미디어의 디지털화는 크게 두 가지 기술적인 진보를 가져왔다. 정보의 기록과 재생, 전송에 있어 신호의 왜곡을 최소화한 것과 신호 압축 기술에 의해 전송 대역을 효율적으로 사용할 수 있는 것이다. 전송 대역의 효율적인 이용에 덧붙여 새로운 대역을 활용하고 빛의 파장 같은 새로운 반송파(carrier wave)를 이용함으로써 미디어와 채널의 대폭적인 증가를 가져왔고, HDTV의 개발은 고도의 해상도와 음질을 가진 획기적인 영상매체의 등장을 보게 했다.

현재 방송계와 통신계는 디지털 혁명으로 방송과 통신의 융합을 이루고 있다. 모든 정보를 0과 1로 전환하는 디지털 기술은 음성/데이터/영상정보 등 종래 다른 네트워크와 단말기를 사용하던 정보들을 0과 1로 표준화하여 융합하게 되었고, 장치를 소형화하고 전력 소비를 적게 할 수 있으며, 높은 신뢰성을 확보하여 광통신 등 통신네트워크에서 전달할 수 있게 되었다.

구체적으로 단말기의 융합현상을 보면 DMB 서비스가 도입되어 휴대폰 전화기로 방송서비스를 수신할 수 있고, 원래 데이터 정보를 주로 처리했던 컴퓨터가 최근에는 음성과 영상정보도 신속하게 처리하고, 데이터 방송이나 T-Commerce(TV 상거래)를 실시하여 영상기기인 TV 수상기로 데이터 수신이 가능하게 되었다. 영상/방송정보를 주로 전달했던 케이블 네트워크는 초고속 인터넷 서비스의 핵심 네트워크가 되고 있으며, 케이블 전화서비스도 가능해졌다.

또한 디지털 혁명은 신문/방송/통신/인터넷 매체 간의 구분을 흐리게 하고, 이들 매체 간의 융합으로 이른바 '혼성매체(hybrid media)'의 등장을 야기하고 있다. 이와 같이 단말기, 네트워크, 서비스의 융합을 주도하는 디지털 혁명의 역할을 고려한다면 디지털 혁명의 핵심 코드는 표준화(standardization), 컨버전스(convergence), 개방성(openness)에 있다고 하겠다(유재천 외, 2004)

미디어의 증가는 미디어의 대체와 공존에 대한 관심을 촉발시키며, TV와 인터넷의 관계는 최근 많은 연구자의 관심을 끄는 연구영역 중의 하나다.

채널의 증가는 개별 채널을 이용하는 이용자의 감소를 가져왔다. 이른바 수용자 세분화(audience fragmentation)는 채널의 증가와 함께 지속 되어왔다(최양수 외, 2006).

② 인터넷

'인터넷'이라는 용어는 1990년대 중반에 세계적으로 떠올랐지 만, 그 출발은 1960년대에 시작되었다. 1964년, 미국의 폴 배런(Paul Baran)은 전쟁에서 핵 공격을 대비하기 위해 군사적인 커뮤니케이션 망을 분산시켜야 한다는 보고서를 미국 정부에 제출했다. 쿠바의 미 사일 문제가 고조되고 베트남 전쟁을 치르던 1960년대에 미국 정부 는 배런의 아이디어를 실험하고자 1970년대까지 군사 지역에 설치된 컴퓨터를 연결하여 이를 활용했다. 이것이 아르파넷(ARPANet: Advanced Research Project Agency)이다.

아르파넷의 기본적인 목표는 명령수행과 정보의 통제였다. 이러 한 실험은 다른 컴퓨터 기종이라도 공통된 인터페이스를 가지고 있다 면 그 인터페이스를 바탕으로 공통의 작업을 수행하는 방법이었다(김 희상, 1995).

1970년대에 이르러 미국의 국립과학재단(NSF)에서는 네트워크 를 확장하는 기술을 발전시켜 오늘날 같은 인터넷의 초기 모델을 구 축하게 되었다. 동시에 팀 버너스 리(Tim Berners-Lee)는 유럽의 입자물 리학연구소(CERN: the european laboratory for particle physics) 과학자들과 함 께 '월드 와이드 웹(World Wide Web)'이라 불리는 세계적인 상호작용 시스템을 발전시켰다. 현재 미국 MIT 대학의 컴퓨터과학연구소 소장으로 재직하고 있는 그는 과학적인 정보공유 방식인 웹을 발전시킨 공로로 오늘날 'WWW의 아버지'라 불린다.

1990년대에 이르자 인터넷은 지역적인 정보전달이나 근거리 연계수준을 벗어나 다양하고 깊이 있는 수단이 되었다. 1993년에는 NCSA(National Center for Supercomputing Application)의 마크 앤드리슨(Mark Andreessen)이 개발한 웹 브라우저인 모자익(Mosaic)이 발표되면서 WWW가 폭발적으로 증가하기 시작했다. 앤드리슨은 자신의 능력과 짐 클라크(Jim Clark)의 재정적 후원에 힘입어 이 기술을 발전시키게 되었다. 모자익 기술은 텍스트와 멀티미디어 데이터를 다룰 수 있는 하이퍼미디어 기반의 응용 프로그램으로, 기존 문자 기반의 다양한 서비스들을 통합한 환경을 제공하면서 점차 인터넷의 표준 인터페이스로 자리 잡게 되었다(김윤식·엄정국·한경호, 1999).

1996년 클린턴 대통령이 '원거리통신 개혁법안'에 서명한 날, 인터넷 사용자들은 우연히 '가상공간의 24시간'을 만드는 데 협력하게 되었다. 국경 없는 인터넷 세상에서 가장 큰 공급자인 마이크로소프트와 인텔은 인터넷을 주요 언어와 비디오 전화시스템으로 전환하여 전화통화 요금을 내렸다. 4만 개 이상의 정부, 기업, 대학 그리고 사설 네트워크를 연결하는 하나의 네트워크가 호주에서 잠비아에 이르는 200여 개 국가에서 200만 개 이상의 호스트 컴퓨터들을 보유하고 있어 데이터베이스에 들어가고, 전자우편 메시지를 교환하거나 특별한 관심을 공유하는 사용자들과 대화를 나눌 수 있다.

기업들은 인터넷을 사용하여 내부 간의 대화를 하고 고객에게 기술적인 지원을 한다. 정치인들은 자신들의 메시지를 유권자들에게 전달하는 방법으로 저렴한 인터넷을 사용하며, 각 가정에서도 인터넷상의 신문과 라디오, 텔레비전, 동영상 등은 시간에 구애를 받지 않고 접속이 가능하다.

인터넷의 미디어적 특성을 송수신 방향 측면에서 보면, 신문·방송 같은 미디어는 송신자가 선택한 메시지를 수신자에게 보내는 일방향 커뮤니케이션 미디어이지만, 인터넷은 송신자와 수신자가 서로 메시지를 주고받을 수 있다는 점에서 양방향 커뮤니케이션 미디어다. 인터넷이 기존 미디어와 구별되는 가장 큰 특징이 바로 양방향성이다. 인터넷이 민주적인 미디어로 기대되는 것은 이러한 양방향성이라는 특성에 기초한다.

이러한 인터넷에 대한 시각은 크게 두 가지로 이해할 수 있는데, 하나는 인터넷을 포함한 컴퓨터 네트워크가 진정한 공론장을 형성하여 원격민주주의, 나아가 세계민주주의를 실현시킬 수 있으리라는 낙관적인 시각이다. 립슨(Lipson, 1995)은 인터넷을 "무정부 상태의 기능을 수행하는 것"으로 정의했고, 플라워스(Flowers, 1995)는 '풀뿌리, 하부체계'를 이루는 인터넷이 "인쇄신문의 발명보다도 더 큰 의미를 가진 인간 커뮤니케이션 진화의 터닝포인트"라고 보고 있다. 또 카포(Kapor, 1994)는 "과거에는 소수의 신문·방송만이 스피커로서 활동했으나, 이제는 많은 사람들이 말하고 들을 수 있는 시대를 맞았다"며, 민주주의의 가능성이 더 크게 열릴 것이라는 기대를 나타냈다. 해커(Hacker, 1996)도 "정치적 커뮤니케이션의 상호작용적 접근은 파워와 영향에 있어서 엘리트영역(elite sphere)을 공중영역(public sphere)으로 넓힐 것"이라고 보았다. 이와 같이 인터넷은 많은 사람들이 참여할 수 있는 공론장(public sphere)으로 새로운 기대를 모으고 있다.

다른 한 시각은 인터넷의 민주적인 성격에도 불구하고 상업화의 시도로 상업적 미디어로 변질될 것이라는 부정적인 시각이다. 맥체스니(McChesney, 1996)는 "인터넷에 대한 상업적 투자가 아직 이윤을 내고 있지 않지만, 인터넷이 상업적인 잠재력을 갖고 있기 때문에 이를 상업화하려는 움직임이 활발해지고 있다"고 지적하고, "이러한 상업화가 민주적 정치문화와 공론장을 추구하는 활동에 심각한 도전을 하고 있다"고 보았다. 지나친 상업성의 추구가 인터넷을 사회에서 유익한 매스미디어로 정착시키기보다는 비즈니스의 도구로 전락시킬 우려가 있기 때문이다. 진보적인 여성미디어를 기치로 알찬 콘텐츠를 제작해 의욕적으로 시작한 여성 포털사이트들이 경영난에 못 이겨 하나 둘 쇼핑몰로 변해가는 현실은 이와 같은 관점을 뒷받침해준다. 그뿐만 아니라 인터넷을 통한 음란물 유통도 부정적인 시각을 강화시키고 있다(유재천 외, 2004).

③ 휴대전화

휴대전화는 탄생한 지 불과 20여 년밖에 안 되는 유년기에 있음에도 불구하고 그 진화 속도는 현란할 정도로 빠르다.

특히, PC 같은 기능과 더불어 고급 기능을 제공하는 스마트폰(smartphone)은 본뜻이 '똑똑한 전화'인 만큼 국립국어원에서는 다듬은 말로 '똑똑(손)전화'를 채택하여 사용을 권하고 있다. 스마트폰의 산업 표준에 대한 정의는 없다. 어떤 사람들에게 스마트폰은 응용 프로그램 개발자를 위한 표준화된 인터페이스와 플랫폼을 제공하는 완전한 운영체제 소프트웨어를 실행하는 전화로 볼 수도 있겠고, 어떤 사람들에게는 전자우편, 인터넷, 전자책 읽기 기능, 내장형 키보드나 외장 USB 키보드, VGA 단자를 갖춘 고급 기능이 있는 전화로 비칠 수 있다. 다시 말해 스마트폰은 전화 기능이 있는 소형 컴퓨터라고 볼 수 있다. 무선인터넷을 이용하여 인터넷에 직접 접속할 수 있을 뿐 아니라 여러 가지 브라우징 프로그램을 이용하여 다양한 방법으로 접속할 수 있는 점, 사용자가 원하는 어플리케이션을 직접 제작할 수도 있는 점, 다양한 어플리케이션을 통해 자신에게 알맞은 인터페이스를 구현할 수 있는 점, 그리고 같은 운영체제를 가진 스마트폰 간에 어플리케이션을 공유할 수 있는 점 등도 기존 피처폰(feature phone)이 갖지 못한 장점으로 꼽힌다.

기본적인 사용법은 일반 휴대전화와 비슷하다. 휴대전화에 비해 대용량 메모리를 채택하고 운영체제를 탑재하여 다양한 프로그램 및 데이터 사용이 가능하며, 프로그램의 지속적인 추가와 삭제가 가능하다는 점에서 일반 휴대전화와 비슷하다. 두뇌 역할을 하는 운영체제가 탑재되어 있다는 점에서 PDA와 유사하지만 스마트폰은 음성통화, 무선 인터넷 등 휴대폰 기능을 기본으로 멀티 기능을 수행할 수 있는 사용자 지향적 모바일 PC플랫폼, 고성능 CPU와 상용 운영체제를 갖추고 있다. 개인정보관리와 고용량 멀티미디어 콘텐츠의 저장과 재생이 가능한 하이엔드 단말기다. 하지만 PDA는 음성전송을 2차적인 지원 사항으로 간주하며 데이터 중심의 휴대용 컴퓨터의 기능을 우선순위로 한다. 사용자가 자유롭게 서드파티의 어플리케이션을 추가할 수 있도록 하는 개방형 운영체제를 사용하며, PC와의 동기화가 가능해야 사용할 수 있다.

a. 스마트폰의 역사

스마트폰은 PC 같은 기능과 더불어 고급 기능을 제공하는 휴대전화로, 최초의 스마트폰은 IBM의 사이먼 퍼스널 커뮤니케이터였다. IBM사가 1992년에 설계하여 그해에 미국 네바다 주의 라스베이거스에서 열린 컴덱스에서 콘셉트 제품으로 전시되었다. 1993년 대중에게 공개되었고 벨사우스에게 팔렸다. 휴대전화의 기능을 할 뿐 아니라 주소록, 세계 시각, 계산기, 메모장, 전자우편, 팩스 송수신, 오락까지 할 수 있었다. 전화번호를 누르기 위한 물리적인 단추는 없었지만 터치스크린을 사용하여 손가락으로 전화번호를 입력할 수 있었다. 또, 팩시밀리와 메모를 수행하기 위해 부가적인 스타일러스 펜을 사용할 수 있었다. 문자열 또한 화면상의 키보드로 입력도 가능했다. 오늘날의 표준에서 사이먼은 매우 저가 제품으로 여겨지고 있으나, 당시에는 믿기지 않을 정도로 기능이 고급이었다고 평가받았다.

① 노키아(핀란드 기업)

노키아 커뮤니케이터 라인은 1996년 노키아 9000을 시작으로 첫 스마트폰 제품라인(Nokia Communicator line)을 발표했다. 이 눈에 띄는 팜탑 컴퓨터 스타일의 스마트폰은 당시 노키아의 베스트셀러의 휴대전화와 초기 휴렛패커드의 성공적인 값비싼 PDA 모델의 협동 결과로 탄생한 것이었으며, 이 두 개의 장치는 힌지(hinge)를 통해 고정되었다. 노키아 9210은 최초의 컬러 스크린 커뮤니케이터 모델이면서 개방형 운영체제를 가진 최초의 진정한 스마트폰이었다. 9500 커뮤니케이터 또한 노키아의 첫 카메라폰이자 WiFi폰이었다. 노키아 커뮤니케이터 모델은 가장 고가의 휴대폰으로 다른 제조사의 스마트폰보다

20~40% 정도 더 비쌌다. 또한 2010년 노키아는 심비안을 오픈 소스화시켰다.

2000년도에 휴대폰 시장의 40% 점유율을 보이던 노키아가 몰락한 이유는 구글의 안드로이드 대신 자신의 운영체제인 심비안을 고집하면서 2년뒤 매출액이 반토막으로 줄어들었고, 2013년 마이크로소프트사에 인수되었으나, MS가 생산한 폰들에 노키아 브랜드가 없어지게 되었기 때문이다.

ⅱ 마이크로소프트(윈도 10모바일)

한편 마이크로소프트의 윈도 모바일(당시 OS명은 포켓 PC) 팜원의 팜이 각각 유·무선 네트워크 연결을 지원하기 시작했고, 2002년, 2003년 정식으로 OS상에서 전화 모듈을 지원함으로써 PDA폰과 스마트폰이 출시되었다. 이 중 윈도 모바일은 기존 포켓 PC와 동일한 사양에 전화 모듈을 넣은 포켓 PC폰 에디션으로, 터치스크린이 없고 UI가 일반 휴대전화에 맞춰진 것을 스마트폰으로 명명하여 별도로 취급했다. 그러나 가격, PDA폰에 대한 편견 등으로 인해 일반 휴대전화만큼 널리 사용되지는 못했고, 이들도 현재는 스마트폰과 동일시하고 있다.

ⅲ 애플(ios)

애플은 2007년 iOS 기반으로 아이팟, 휴대전화, 모바일 인터넷이라는 3가지 주요 기능을 합친 스마트폰인 아이폰을 출시했다. 그 뒤 2008년에는 3세대 통신망을 지원하는 아이폰 3G를 출시했고, 이 제품을 더 업그레이드 해 2009년 아이폰 3GS를 출시했으며, 아이폰시

리즈 10주년인 2017년에 아이폰 8을 출시할 예정에 있다.

ⓘ 삼성전자(android)

대한민국에서는 LG전자와 삼성전자가 CDMA(코드분할다중접속) 방식의 디지털 휴대폰에 초소형 컴퓨터를 결합한 스마트폰을 개발했다. 이것은 휴대폰으로 사용하는 외에 휴대형 컴퓨터로도 사용할 수 있고, 이동 중에 무선으로 인터넷 및 PC통신, 팩스 전송 등을 할수 있다. 스마트폰이 아날로그 방식, 유럽의 GSM 방식, 일본의 PHS 방식으로 무선통신을 할 수 있도록 개발된 적은 있으나 CDMA 방식으로 개발된 것은 이것이 처음이다. 두 회사는 2000년 4월 일반 휴대용 전화기의 화면보다 2배 정도 큰 LCD(액정디스플레이)를 채택하여 데이터 송수신과 1,000~2,000개에 이르는 주소를 관리할 수 있는 PIM(Personal Imformation Management: 개인정보관리) 기능을 갖춘 스마트폰을 거의 같은 시기에 출시했다. 또한, 삼성전자는 2007년과 2009년에 윈도모바일을 기반으로 한 옴니아, 옴니아 2를 출시했고, 2009년에는 안드로이드를 내장한 갤럭시를 출시했으며, 2010년에는 갤럭시 S를 출시했다. 또 2017년에는 갤럭시 S8를 출시했으며, 갤럭시노트 시리즈는 국외에서도 인기를 끌고 있다. 최근에 삼성은 정보통신기술(ICT) 기업으로서 차세대 통신매체를 위하여 구글과 페이스북과 연계하여 가상현실(VR) 기기를 개발하고 있다.

ⓥ LG전자

LG전자는 GW620 이후로 옵티머스 시리즈의 여러 안드로이드 폰을 만든 이래, 세계 최초의 듀얼코어 스마트폰인 옵티머스 2X를 출시했다. 그리고 최근에는 스마트폰 최초로 3D 디스플레이를 탑재하고 3D 촬영이 가능한 옵티머스 3D를 출시했다. 또한 LG전자는 전작보다 더 나아간 옵티머스 G를 출시했다(위키백과, 2013. 1. 2).

④ 디지털미디어의 특성

뉴미디어인 디지털미디어는 그 기술적 속성으로 인해 기존의 미디어와는 다른 여러 가지 특성을 지니고 있는데, 커뮤니케이션 측면에서 보면 크게 다음과 같은 8가지를 들 수 있다.

첫째, 상호작용성(interactivity)이 크다. 기존의 매스미디어는 송신자가 일방적으로 메시지를 보내고, 수용자는 수동적으로 받기만 하는 형식이었다. 그러나 뉴미디어의 경우에는 홈쇼핑이나 전자게시판 등의 예에서 보는 것처럼 커뮤니케이션이 쌍방향으로 이뤄진다. 앞으로는 방송에서도 쌍방향 텔레비전이 보편화될 것이며, 쌍방향 케이블이 완성되면 시간적·공간적 제약을 넘어서 마치 대화를 나누는 것처럼 메시지를 주고받게 될 것이다. 뉴미디어는 더 싸고, 더 빠르게, 더 멀리 정보를 전달해줄 수 있으며, 사회성원들 간의 상호작용을 위한 상호연결성(interconnectivity)이 월등히 뛰어나다.

둘째, 뉴미디어는 비동시적(asynchronous)이다. 라디오나 텔레비전 같은 매스미디어의 경우에는 메시지가 동시적으로 전달된다. 즉, 수신자는 송신자가 원하는 시간이나 프로그램을 선택할 수 없는 수동적 입장이었다. 그러나 뉴미디어는 메시지를 저장하고 있다가 수신자가 원하는 시간에 원하는 프로그램을 볼 수 있게 해준다. 과거에 비해 정보수용이 훨씬 용이하고 다양해졌을 뿐 아니라, 프라임 타임이나 피크 타임 같은 개념이 사라지게 되었다.

셋째, 뉴미디어는 디지털 방식을 취한다. 뉴미디어의 핵심기술은 컴퓨터와 통신의 융합인데, 이는 디지털 방식에 의해 가능하게 되었다. 디지털의 원리는 전압의 개폐기를 이용하여 끊고 잇는(off/on) 신호 부문을 결합시킬 수 있는 2진 부호다. 디지털 기술은 아날로그 방식에 비해 정밀도가 높고, 재현능력이 뛰어나며, 경제적이다. 그러므로 뉴미디어는 디지털 방식을 사용함으로써 정보처리 및 정보전달의 기능을 극대화·고품질화한다.

넷째, 뉴미디어는 활자매체, 음성매체, 영상매체의 구별 없이 모두 영상화되어가고 있다. 이미 신문이 전자신문으로 바뀌어가고 있고, 영상전화, 영상회의, 영상음반 등 모든 매체가 영상화되어가고 있다. 이와 같이 모든 메시지가 텔레비전이나 컴퓨터, 스마트폰 화면을 통해 전달되도록 바뀌는 것을 흔히 '영상혁명'이라고 한다. 전달의 형식이 변할 뿐 아니라 내용 또한 영상성을 최대한 활용할 수 있도록 바뀌고 있다.

다섯째, 뉴미디어는 상이한 미디어 간의 접속성과 전환성을 획기적으로 개선함으로써 점차 멀티미디어(multi-media)화된다. 이것은 지금까지 각각 별도의 영역으로 존재해온 매체들이 하나로 통합되는 것을 의미한다. 예컨대, 수용자는 퍼스널컴퓨터 하나로 신문, 잡지, 서적, 영화, 전화, 전자통신, 라디오, 텔레비전, 화상회의 등 모든 매체의 메시지를 수용할 수 있게 될 것이다.

여섯째, 이동성이 높다. 예컨대 휴대폰, 포켓용 복사기, 승용차용 팩시밀리, 포켓용 비디오, 노트북 컴퓨터, 휴대용 프린터 등은 특히 이동성이 높은 매체들이다.

일곱째, 뉴미디어는 탈대중화(demassified) 매체다. 매스미디어가 이질적이고 익명적인 다수의 대중에게 무차별적으로 메시지를 보내는 데 반해 뉴미디어는 특정 집단, 경우에 따라서는 선정된 특정인에게 필요한 메시지를 선별적으로 보낸다. 뉴미디어는 기존 매스미디어의 'one to many' 방식에서 'one to one' 방식으로 바뀌는 것이다. 이것은 송신자 중심에서 사용자 중심으로 변하는 것을 의미한다.

마지막으로 뉴미디어의 편재성을 들 수 있다. 새로운 미디어 시스템은 이미 전 세계적으로, 그리고 사회 모든 계층에 이르기까지 체계적으로 보급되고 있다. 이러한 편재성은 정보이용의 평등화에 기여할 것이다(배규한·류춘렬·이창현, 1998).

(5) 제4차 산업혁명 시대의 ICT 기술과 스포츠 환경변화

오늘날 미래 세계를 만들어갈 핵심 키워드로 '제4차 산업혁명'이 주목을 받으며 세계 각국은 미래의 도전과제로 인식하고 있다. 제4차 산업혁명은 2011년 독일에서 'Industrie 4.0'이라는 용어로 처음 사용했고, 미국 기업 GE가 독일의 Plattform Industrie 4.0과 대비되는 IIC(Industrial Internet Consortium)를 구성했으며, 2016년 1월에 개최된 스위스 다보스 포럼(Davos Forum)에서 본격적으로 소개되면서 모든 나라가 제4차 산업혁명에 적극적인 관심을 갖게 되는 신호탄이 되었다(김인숙·남유선, 2016). 과거 18세기 첫 번째 산업혁명은 증기기관을 통해 기계 생산을 확립시켰고, 제2차 산업혁명은 전기와 컨베이어벨트로 상징되는 분업화를 통해 대량 생산의 시대를 열었다. 그리고 제3차 산업혁명은 컴퓨터를 기반으로 하는 생산자동화를 의미한다. 연장선상에서 오늘날 제4차 산업혁명은 고도로 발전된 정보통신기술(ICT)을 더 적극적으로 활용한 제조 혁신이라는 의미로 치환되며, 제조와 ICT

의 융합을 통해 기존의 틀에 국한되지 않는 새로운 패러다임을 상징한다(오현식, 2016). 이 체계가 적용된 대표적 사례로는 스포츠 용품 기업인 아디다스가 독일 안스바흐에 세운 '스피드팩토리'를 들 수 있다. 3D프린팅과 로봇 기술을 총동원한 이 공장은 당일 제작과 당일 배송이 가능하며, 아디다스는 이 스피드팩토리를 통해 한 해 100만 켤레의 운동화를 만들 수 있다. 올해 내로 미국 애틀랜타에도 연간 50만 켤레의 운동화를 만들 수 있는 스피드팩토리를 가동할 계획이다(주간조선, 2017. 6. 17).

이와 같은 제4차 산업혁명과 관계하여 인터넷을 이용한 디지털 혁명으로 기존의 산업 영역을 과감하게 파괴하며 새로운 비즈니스 모델을 만들어내고 있는 스포츠산업은 스포츠 인구가 증가함에 따라 스포츠 조직의 운영을 최적화하기 위해 인공지능(AI) 로봇, 가상현실(VR), 증강현실(AR), 사물인터넷(IoT), 빅데이터(Big data) 등을 활용하여 경기장과 선수 역량 개발, 마케팅, 팬 관계 관리, 엔터테인먼트, 미디어 등 제4차 산업화가 가장 치열하게 진행되고 있는 분야다. 우리나라에서는 2010년 이후 정부의 중점 육성산업으로 지정되었고, 최근 문화체육관광부를 통해 발표된 스포츠 산업 육성안을 보면, 가상스포츠, 착용형 제품 같은 융복합 스포츠 산업 기술을 집중 지원하는 내용을 포함하고 있다(윤양수, 2014).

이러한 정부의 정책 기조에 발맞춰 ICT 기업들은 4차 산업혁명을 위한 5G 스타디움 구축이 실생활 중심의 다양한 서비스를 구현할 수 있는 기술을 소비자에게 선보이는 데 최적의 무대라고 판단하고, 스포츠경기장을 이용하여 다양한 제4차 산업을 활발히 시연하는 방법으로 브랜드차별화와 경쟁우위 선점을 위해 노력하고 있다. 예를 들어 SK 텔레콤은 2017년 SK프로야구 구장의 1루 측 외야석에 '360 라이브 VR존'인 '5G 스타디움'을 운영하여 팬들이 5G 서비스를 체험할 수 있는 공간을 만들었다. 팬들은 이곳에 비치된 VR기기를 이용해 경기장 8곳의 특수 카메라가 실시간으로 전송하는 경기 영상을 볼 수 있으며, 아울러 초고해상도(UHD) 멀티뷰 기술을 이용해 구장 내부 전광판과 관람객의 스마트폰으로 여러 위치의 응원객 모습을 동시에 송출하고, 관중석에서 AR도 체험할 수 있도록 했다(스포츠경향, 2017. 3. 28). 그리고 월드컵을 후원하는 KT는 2017년 5월 20일부터 개최된 'FIFA U-20 월드컵 코리아'에서 전주 및 수원월드컵 경기장에 5G 시범망을 구축하고 '360도 VR'과 '인터랙티브 타임슬라이스' 서비스를 제공했다. 경기장 야외에는 CD존(Commercial Display Zone)을 설치하여 체험할 수 있고, 구글 플레이에서 'FIFA U-20 WC 2017 VR Player' 앱을 내려받으면 휴대폰으로 360 VR을 즐길 수 있도록 했다. 이와 함께 KT는 U-20 월드컵을 지상파 TV로 시청하지 않고 모바일 앱을 통해 시청하는 VR중계 평균 시청자 수가 2만 3,000명으로 집계되었다고 했는데(전자신문, 2017. 6. 1), 이것은 지난해 야구 VR중계 평균 시청자 수가 1,500명이었던 것과 비교하여 15배 이상 증가한 수치로서, 이러한 수치는 팬들의 VR중계 자체에 대한 관심이 높아지는 것으로 해석할 수 있다.

또한 2018년 2월 개최되는 평창동계올림픽은 '세계 최초 5G를 이용한 IT올림픽'이라는 슬로건 아래 ICT를 이용하여 경기를 즐길 수 있도록 하는 실감미디어를 도입하여 이미 미국의 방송사인 NBC와 1조 원의 방송중계권 계약을 체결했다. 평창동계올림픽의 다양한 경기를 더 빠르게 실시간 서비스로 만나볼 수 있는 인프라에는 '체험'이라는 키워드를 이용하여 싱크뷰, 포인트뷰, 멀티뷰로 구분하여 실감나는 다양한 감각으로 올림픽을 체험할 수 있게 되었다(미래창조과학부, 2017. 4. 27).

또한, 과거 영상미디어로서 텔레비전이 새로 등장한 20세기 제2차 산업혁명 시대에는 시청자를 확보하기 위해 스포츠 경기를 중계함으로써 스포츠를 좋아하는 집단을 공략하여 세계적으로 스포츠산업이 발전했다. 이와 같이 새로운 미디어가 등장하거나 새로운 방송국이 시작했을 때 스포츠를 이용하려는 경향을 보여왔다. 예를 들어 미국의 폭스 네트워크(Fox Network)가 처음 개국했을 때, 기존의 3개 네트워크(CBS, NBC, ABC)와 경쟁에서 프로 풋볼경기 독점중계권을 계약함으로써 시청자를 확보했고(배규한·류춘렬·이창현, 1998), 우리나라의 SBS 또한 1990년대에 메이저리그(MLB)의 박찬호 선수 경기를 중계함으로써 지금의 지상파 방송사로서의 기반을 다질 수 있는 계기가 되었다. 그리고 일본은 동경올림픽 이후에 대대적인 도시 생활기반 및 구조를 정비하여 도쿄의 도시지명도를 높였고, 중국은 베이징올림픽을 치른 후 G2로 성장했으며, 우리나라도 88올림픽과 2002월드컵으로 국가브랜드 향상과 경제성장에 크게 기여했다. 뿐만 아니라 우리나라 생활체육의 경제적 가치는 연간 60조 원 이상으로 집계되고 있다(윤양수, 2014).

이와 같이 과거부터 스포츠산업은 경제발전의 동력으로 활용되어왔으며, 현재는 디지털미디어가 발달함에 따라 우리나라 야구, 축구, 농구, 배구 등 4대 프로스포츠 구단들과 연맹들은 앞 다투어 페이스북과 트위터, 인스타그램 등의 SNS와 어플리케이션을 만들어 온라인을 이용한 팬들과의 적극적인 커뮤니케이션을 수행하며 수익을 창출하고 있다. 이러한 사실은 앞으로 기존 산업혁명에 비해 초연결 (hyperconnectivity)과 초지능(superintelligence)을 특징으로 하는 제4차 산업 혁명이 5G와 같은 더 넓은 범위에 더 빠른 속도로 크게 영향을 끼치며, ICT 기반의 새로운 산업시대를 대표하는 신기술(한국정보통신기술협회, 2017)을 체험하는 기술이 스포츠산업 현장에서 가속화될 것을 예상할 수 있다.

앞으로 스포츠와 ICT, 나노기술(NT), 생명공학기술(BT) 등 기술 간의 결합으로 스크린 골프(스포츠 + 과학기술), 나이키플러스(NIKE+ APPLE[ICT]), 구글신발(아디다스+구글[ICT])이 수요를 창출한 것과 같이 스포츠와 미디어, 관광 등의 결합을 통해 5G 기반의 중계권시장(스포츠+미디어), 메가 스포츠이벤트와 생활스포츠 참여자 증가(스포츠+관광), 건강 기반의 웰니스산업 성장(스포츠+의료)의 새로운 시장을 창출할 수 있다.

3) 현대사회와 매스 커뮤니케이션

현대인은 일상생활의 대부분을 매스미디어와 함께 보낸다고 해도 과언이 아니다. 매스미디어는 단순히 정보제공이나 여가시간 활용의 차원을 넘어 현대인의 가치관 형성이나 생활양식에 지대한 영향을 미친다.

흔히 사람들은 매스미디어와 접촉이 많고 익숙하기 때문에 매스 커뮤니케이션에 대해 잘 안다고 생각하기 쉽다. 그러나 사실은 대부분 매스미디어와의 접촉이 한정적이고, 선별적이며, 개인의 경험을 지나치게 일반화하는 경향이 있기 때문에 매스 커뮤니케이션의 내용을 제대로 파악하지 못하거나 오해하기 쉽다. 매스 커뮤니케이션의 범위와 내용 등에 관한 실상을 정확히 파악하기 위해서는 단편적 관찰을 넘어서는 체계적 분석이 필요하다. 그리고 메시지에 담긴 내용의 사회학적 의미를 해석하는 일도 중요하다. 메시지 내용은 그것을 만들어낸 사람이나 조직 등 보이지 않는 현상에 대한 것을 추론할 수 있도록 해주기 때문이다.

매스 커뮤니케이션의 내용을 분석하는 것이 중요한 이유는 단지 학문적 관심이나 시청률 분석을 위한 실용적 목적 때문만은 아니다. 매스 커뮤니케이션에서는 주로 커뮤니케이터가 수용자에게 일방적으로 메시지를 전달하고, 방송은 생생한 현실감을 전달해주므로 수용자들이 그 내용을 사실로 받아들이기 쉽다. 이것은 바로 수용자들의 가치관이나 인지성향, 태도 등에 지대한 영향을 미치게 된다. 따라서 매스 커뮤니케이션의 내용을 분석하는 일은 방송의 사회현상 왜곡을 막고, 방송이 건강한 사회에 악영향을 미치는 것을 방지하기 위해 대단히 중요하다.

매스 커뮤니케이션의 메시지에는 커뮤니케이션의 의도나 가치관이 담겨 있기도 하지만, 거시적으로 보면 그 사회의 가치관을 반영하기도 한다. 매스 커뮤니케이션 메시지에 담긴 사회적 가치는 단순히 시대상을 반영할 뿐 아니라, 그것을 더욱 확산하고 고착화시키는 데 기여하게 된다. 특히 텔레비전 드라마나 대중잡지의 분석 사례들을 보면 이러한 사실을 잘 알 수 있다.

대중잡지에 실린 인물상 중에서 어떤 인물이 바람직한 모습으로 묘사되는가 하는 것은 그 잡지가 주대상으로 삼는 독자층에 따라 다르게 나타난다고 한다. 예컨대, 같은 여성잡지라 하더라도 가정생활의 가치를 중시하는 기혼여성층을 주독자층으로 하는 경우에는 부와 안정, 그리고 애정이 있는 결혼생활을 하는 여성을 성공의 모습으로 그린다. 그러나 미혼의 화이트칼라 여성을 대상으로 하는 잡지에서는 연예인이나 사회 명사, 창의성과 행운으로 출세한 여성을 이상형으로 묘사하는 경향이 있다. 전문직 미혼여성을 주도층으로 하는 잡지에서는 사업가나 정치인, 정부관료, 전문직 여성을 성공의 모습으로 그려낸다.

미국 언론 및 잡지에 등장하는 성공한 사람들의 모습은 시대에 따라 다르게 묘사된다. 건국 초기에는 전통적으로 기본적인 주요 기관의 요인들을 성공의 우상으로 묘사했으나, 20세기 초에 이르면 권력과 개인지상주의의 영웅들을 높이 평가했고, 제1차 세계대전 직전에는 정치인을 정의의 우상으로 그려냈다. 그다음에는 기업, 정계, 관료사회 등 조직의 우상들을 성공의 표본으로 높이 평가했고, 20세기 중반 대중소비사회에 이르면 연예, 오락, 스포츠 분야에서 소비의 우상을 만들어냈다.

텔레비전 드라마에 묘사되는 직업의 세계를 보면, 흔히 현실과는 다르게 나타난다. 이것은 직업에 대한 사회의 가치관을 보여주는 좋은 예다. 우선 출연하는 인물들을 보면, 화이트칼라층은 과대 표집되는 반면, 근로층은 과소 표집된다는 것을 쉽게 일 수 있다. 그 외에도 배역의 편중현상을 보면, 사회 전체의 인구는 남녀가 비슷하지만, 배역에서는 대략 남성이 여성의 2배 정도 출연한다. 연령별로는 구혼기 연령이 주가 되며, 20대 미만이나 60대 이상은 과소 표집된다.

특정 직업의 활동은 일상적 직무보다 극적이고 비전형적으로 묘사되는 경우가 많다. 예컨대 과학자나 의사, 법조인 등은 대개 투철

한 신념과 직업의식을 가진 것으로 묘사되며, 극 중에서 대개 중심적인 역할을 하는 것으로 등장한다. 반면에 노동자들은 뚜렷한 개성을 지닌 존재로서보다는 대개 이름 없이 집단적으로 등장하는 경우가 많다. 그리고 미국의 경우지만 흑인이나 소수민족보다는 백인 위주의 배역이 보통이며, 특히 주인공이나 상류층 직업에는 대개 백인이 등장하고, 유색인종은 대개 하류층 직업의 배역을 맡는다. 드라마의 흥미를 높이기 위해 지나치게 많은 폭력을 등장시키는 문제도 심각하다. 한국에서는 구체적으로 분석된 것이 없지만, 미국의 경우에는 대개 드라마의 80% 정도가 폭력적 내용을 담고 있으며, 평균적으로 보면 주요 등장인물 5명 중 3명이 폭력에 관련되어 있다고 한다.

매스 커뮤니케이션에 담긴 사회적 가치는 어떤 형태로든지 실제 사회에서 그에 따른 결과를 만들어낼 수 있다. 예컨대, 매스미디어에 매우 드물게 등장하거나 아예 등장하지 않는 계층의 경우, 그 구성원들은 위신과 자존심의 손상을 받게 되며, 매스미디어에 의한 사회화 과정에서 역할모형을 찾지 못하므로 사회적 역할을 당당하게 수행하지 못하게 된다. 드라마가 보여주는 가공의 세계가 실제 사회와는 다른 모습을 보여줌으로써 왜곡된 사회상을 전달할 수도 있다. 또한 다양한 직종 간의 관계를 명령자와 피명령자라는 수직적 권력관계로 묘사함으로써 직업이나 인종에 따라 사회계급이 결정되는 듯한 고정관념을 주입시키기도 한다. 특히 폭력 및 소수 인종에 대한 차별과 편견을 담은 내용들은 젊은이들의 사회화에 매우 나쁜 영향을 미칠 수 있다.

매스미디어의 이러한 사회적 영향에 대해서는 많은 사람들이 동의하지만, 그에 대한 반대의견도 만만치 않다. 반대론자들은 매스 커뮤니케이션의 메시지 내용과 사회적 행위 간의 관계를 인과론적으로 단정할 만한 증거가 없음에도 불구하고 매스미디어를 나쁜 사회화의 주범으로 매도하는 것은 옳지 못하다고 주장한다. 또한 사회화 미디어로서의 매스미디어에 지나치게 집착하다 보면 사회적 행위에 큰 영향을 미치는 다른 유발요인, 예컨대 가정 분란, 주거지역의 영향 등을 등한시할 수 있다는 것이다. 성이나 폭력의 문제도 매스미디어에 보도된다고 해서 바로 시청자가 이를 용인하거나 모방할 것으로 단정하는 것은 사회화 과정을 지나치게 단순화하는 것이라고 한다.

또한 반대론자들은 매스 커뮤니케이션에 나타난 사회질서의 문제, 성과 폭력의 문제 등에 대해 대부분 시청자는 단지 오락물로 보거나 선악을 구분하여 인식한다고 주장한다. 그러므로 오히려 매스미디어에 나타나는 사회상이 사회의 그늘진 면이나 감춰진 부분을 알게 해주는 긍정적 효과도 있다고 한다. 예컨대, 드라마에 나타나는 사회질서를 보면서 현실세계에서 누가 권력을 가지고 있고, 누가 어떻게 순종해야 하는지에 대한 교훈을 얻을 수 있다. 또한 외설물의 경우에도 반드시 성범죄 유발효과만 있는 것은 아니라고 주장한다. 보기에 따라서는 성충동의 배출구 역할을 할 수도 있고, 성을 바로 알게 하거나 성에 대한 호기심을 충족시켜줌으로써 오히려 성범죄를 억제하는 효과도 있다는 것이다.

(1) 매스미디어와 사회화

사회화를 매개해주는 여러 가지 대행자 중에서 매스미디어만큼 지속적이고 강력한 것은 없다. 현대사회에서 대부분 사람들은 태어날 때부터 죽을 때까지 매스미디어에 노출되어 있으며, 매스미디어를 대하는 시간이 학교 교사로부터 배우는 시간보다 훨씬 많다. 어느 학자의 추정에 따르면, 현대인은 65세까지 평균 7만 8,840시간(약 9년)을 텔레비전 앞에서 보낸다고 한다. 레저 시간의 90% 이상을 매스미디어에 할애한다는 것이다. 이처럼 매스미디어에 많이 노출되고 있기 때문에 대부분의 사람들은 사회화 과정에서 알게 모르게 매스미디어로부터 직접적으로 큰 영향을 받는다.

매스미디어가 개인에게 노출시간을 통해 직접 영향을 미치는 것은 물론이지만, 사회화 대행자나 제도, 사회환경에 강력한 영향력을 행사함으로써 개인의 사회화에 간접적으로도 큰 영향을 미친다. 우선 매스미디어는 부모에게 자녀양육에 대한 정보와 조언을 제공한다. 교육제도나 교사 또한 매스미디어의 영향을 크게 받는다. 그리고 사회적으로 규범에 대한 안내 또는 규범의 강화 기능을 한다. 사회생활을 해나가는 가운데 필요한 다양한 정보를 제공함으로써 사회적으로 의견지도자의 지위를 부여하거나 박탈한다. 사회환경에 대한 여러 가지 정보를 제공함으로써 사회현상을 해석하고 처방을 제시해주기도 한다(배규한·류춘렬·이창현, 1998).

(2) 매스미디어 환경의 특성

첫째, 미디어의 양방향 소통의 증가로 인해 커뮤니케이션을 받아들이는 자, 즉 수용자가 이제는 소비자 개념으로 진화하고 있고, 그들의 참여가 증가하고 있다. 기존의 미디어는 정보 제공자로서 일방적인 정보전달에 중심을 두어왔으나 이제는 수용자들도 더 이상 수동적으로 정보를 받아들이는 것이 아니라 가입비나 이용료를 지불함으로써 그들의 의견을 적극적으로 반영하게 되었다. 따라서 각종 미디어들도 차별적인 채널과 프로그램을 통해 이를 원하는 수용자만을 대상으로 그들의 의견을 적극적으로 반영하는 방향으로 전환하고 있다. 이에 따라 미디어 상품의 이용자들은 단순한 수동적 수용자가 아닌 소비자 또는 가입자 중심의 체계로 전환되고 있다. 이러한 점에서 미디어들도 수용자에 대한 인식을 정확히 할 필요가 있다.

둘째, 정보와 지식의 상품화가 가속되고 있다. 매스미디어 경제의 영역 확장은 정보 자체가 하나의 상품으로 이용되는 것은 물론, 다양하고 새로운 시장의 형성에 따라 그 추이가 확산되고 있는 실정이다. 상품의 판매도 시장이나 백화점뿐만 아니라 PC통신의 쇼핑 채널, 인터넷 등의 다양한 시장이 생겨나고 있으며, 영화와 만화, 캐릭터산업의 혼합과 관광과 스포츠의 결합, 뉴스, 스포츠 시사 프로그램 등이 한꺼번에 취급되는 등 미디어를 통한 통합시장(total market)이 형성되고 있다. 이미 우리는 '멀티미디어'라는 말로 종합될 수 있는 거대 영상물의 시대에 모든 것이 하나의 상품으로서 존재하는 시장 앞에 서게 되었다.

셋째, 다양한 취미와 기호를 누릴 수 있는 선택권이 확대되어 서로가 즐기는 문화 영역이 세분화되고 있다. 이는 곧바로 경제적 의미와 연결되어 시장 내외적으로 차별화된 상품시장, 차별화된 가격시장의 기반이 되고 있다. 즉, 다양한 선택권이 확대하는 소비자 복지 증대의 논리는 경제적 특성화를 기반으로 한 논리와 떼려야 뗄 수 없는 관계에 있다.

넷째, 기술의 통합화를 기반으로 하여 동일한 정보를 다양한 방법으로 전달·소비할 수 있다. 정보 처리에서 디지털화와 영상 압축기술의 발전은 기사나 프로그램의 선택과 작성은 물론 소비에 있어서 시간과 공간의 제약 없이 다양한 형태로 저장·운반·보관이 용이해져서 쉽게 사용할 수 있게 되었다. 이는 '콘텐츠'나 '소프트웨어'라는 말로 대변되어 단일하게 사용할 수 있도록 전 미디어 영역에 걸쳐 통합과 융합화를 촉진하고 있다.

이상과 같은 미디어 환경의 변화는 미디어 경제가 갖는 의미를 개별 미디어로 한정하는 것이 아니라 멀티미디어산업으로서 통합된 미디어를 염두에 둔 산업 연관 효과의 극대화에 주목해야 함을 강조한다.

(3) 매스미디어의 사회적 기능

어느 사회나 사회 구성원 간에 커뮤니케이션 행위가 행해지고 있다. 사회 전체적인 차원에서 원활한 커뮤니케이션은 사회가 제대로 유지되기 위한 필수적인 요소일 뿐만 아니라 사회의 생존에도 절대적으로 필요하다. 커뮤니케이션 행위가 없는 사회는 존재하지도 않고 존재할 수도 없다.

현대사회에서 사회 전체 차원의 커뮤니케이션 행위는 매스미디어에 의한 매스 커뮤니케이션에 의해 행해지고 있다. 우리는 우리 주위에서 어떤 일들이 일어나고 있는지 알기 위해 매스미디어가 제공하는 사실들에 의존한다. 우리는 우리가 인지하는 주위에서 일어나는 일들이 서로 간에 어떻게 연관되어 있는지, 또 그것들이 사회적으로 어떤 의미를 가지고 있는지 매스미디어의 설명을 통해 깨닫게 된다. 사회의 구성원들이 전체적으로 매스미디어를 이용하는 과정에서 사회가 공유하고 있는 가치와 상징 등이 자연스럽게 한 세대에서 다른 세대로 전달되고, 그럼으로써 우리는 같은 사회의 구성원으로서 동질성을 보유하게 된다. 이렇게 매스미디어는 사회적으로 매우 중요한 기능을 수행하고 있다.

커뮤니케이션 학자들은 이와 같은 매스미디어의 사회적 기능을 일찍부터 인식하고 있었다. 라스웰(Lasswell, 1948)은 매스미디어의 사회적 기능으로 환경감시의 기능, 환경에 대응하기 위한 사회 각 부문의 상관 조정 기능, 그리고 한 세대에서 다음 세대로 사회적 유산을 전달하는 문화전수의 기능 등을 주장했고, 라이트(Wright, 1959)는 여기에 오락 기능을 추가했다. 매스미디어는 사회와 그 구성원에게 유익한 위의 4가지 순기능 외에도 사회적으로 바람직하지 못한 결과를 낳게 되는 역기능을 가지고 있기도 하다. 순기능과 역기능은 엄격히 분리된 서로 다른 행위는 아니며, 매스미디어에 의한 하나의 행위가 순기능과 역기능을 동시에 행하게 되는 경우도 있다.

① 환경감시의 기능
a. 순기능
환경감시(surveillance)의 기능은 매스미디어가 사회의 구성원들에게 주위의 현실에 대한 정보를 제공하는 기능이다. 사회에서 일어나고 있는 여러 가지 일에 대한 정보를 개인적으로 수집한다는 것은 현대사회의 거대한 규모와 이에 비해 보잘것없는 개개인의 정보수집 능력을 비교해볼 때 물리적으로 불가능하다. 따라서 사회의 구성원은 개인이 모두 파악하기가 불가능한 사회 각 부문에서 일어나는 일들을 매스미디어의 환경감시 기능을 통해 파악할 수 있게 된다.

매스미디어의 환경감시 기능은 우리에게 정상적인 생활을 영위할 수 있게 해준다. 날씨에 대한 뉴스를 듣고 이에 대한 대비를 한다든지, 특정한 지역의 교통이 통제되거나 막힌다는 정보를 듣고 그 지역을 우회하여 통과한다든지 하는 것들은 일상적인 생활에 도움을 주는 정보들이다. 주식 가격에 대한 정보나 무역과 국제 수지에 대한 정보 또는 은행 이자율 등에 대한 경제적인 정보는 각 개인이 경제적인 환경에 적절히 대처할 수 있게 해줌으로써 개인적 차원과 상호 전체적 차원에서 경제가 원활하게 수행되게 한다. 또한 정치적인 현안과 여론에 대한 정보를 알려줌으로써 시민이 건전한 의견을 가지도록 도움을 주며 이를 통해 정치적 의사결정 과정이 민주적으로 이뤄지도록 한다.

b. 역기능

매스미디어의 환경감시 기능은 순기능적 역할만 하는 것은 아니다. 환경감시 기능이 결과적으로 사회 구성원에게 나쁜 영향을 미치게 되는 몇 가지 역기능이 있는데, 사회에 대한 위협이나 위험에 대한 과장된 보도로 인해 사람들에게 극심한 공포감을 일으키는 것이 그 하나다. 주위의 위험에 대한 보도는 사람들에게 그 위험에 대한 대응책을 강구하도록 하여 위험을 극복할 수 있도록 하는 순기능의 역할을 하지만, 어떤 경우에는 사람들이 위험에 대해 과도한 반응을 보임으로써 결과적으로 사회나 개인에 해를 주는 역기능을 초래하기도 한다. 미디어를 통해 강력범죄에 대한 보도를 자주 접했을 때 범죄에 대한 공포심이 지나쳐서 외출하지 못하고 생활에 지장을 줄 정도가 된다면 이는 환경감시의 역기능이 된다. 또 북한의 전쟁 위협에 대한 보도가 있을 때 전쟁의 공포심으로 인스턴트식품과 생필품을 잔뜩 사재기하는 것도 역기능이다.

중독(narcotizing) 기능도 환경감시의 역기능 중 하나다. 라자스펠

드와 머튼(Lazarsfeld & Merton)이 주장한 중독 기능은 어떤 이슈에 대해 매스미디어가 반복적으로 보도할 때 사람들이 그 이슈에 대해 관심이 많아지기보다 오히려 무관심해지거나 수동적이 되는 상황을 말한다. 학교 폭력에 대한 보도를 예로 들면, 학교 폭력이 자주 매스미디어를 통해 보도될 때 처음에는 사람들이 새삼스레 알게 된 학교 폭력의 실상을 충격적으로 받아들여 그에 대한 관심과 개선책을 만들어야 한다는 의견이 증가하게 된다. 그러나 점차로 그러한 보도에 익숙해지면서 처음의 충격적인 인상은 사라지고 일상적인 무관심으로 받아들이게 된다. 더구나 학교 폭력 대응책에 대한 매스미디어의 보도를 자주 보게 되면서 마치 실제로 학교 폭력에 대한 대응행위를 하고 있는 듯한 착각에 빠지게 되며, 이러한 착각이 학교 폭력에 대한 대응책을 마련하기 위한 현실적인 사회적 참여를 방해하게 된다는 것이다.

또 다른 환경감시 기능의 역기능은 사회적 상황에 대한 잘못된 인식을 심어준다는 것이다. 환경감시의 대표적인 방법인 뉴스는 원래 정상적인 것보다 비정상적인 것을 다루는 특성을 가지고 있다. 평범한 것, 일상적으로 일어나는 사건은 뉴스 가치가 떨어지기 때문이다. 이렇게 비정상적인 것을 강조하는 특성을 지닌 뉴스를 많이 접하다 보면 자칫 정상적인 사회에 대한 감각을 상실할 위험이 있다. 즉, 사회가 정상적으로 유지되고 있음에도 불구하고 매스미디어에서 보도되는 각종 부정부패, 재난 등으로 온통 덮여 있다는 그릇된 현실 인식을 가지게 될 수도 있다.

② 상관 기능

a. 순기능

상관(correlation) 기능은 사회가 전체적으로 잘 작용하도록 하는 기능이다. 상관 기능은 매스미디어가 사회환경에 대한 정보를 사회 구성원에게 알려주는 과정에서 행하게 되는 정보의 선택과 해석에 의해 일어난다. 매스미디어는 사회 구성원에게 단순히 주위 현실에 대한 정보를 알려주는 환경감시의 기능뿐만 아니라 종종 보도되는 현실에 대한 비판과 그 현실에 어떻게 대응해야 하는가 등에 대한 정보를 알려주기도 한다. 매스미디어에 의해 제공되는 현실에 대한 비판과 대응책은 객관적인 뉴스 제공과는 달리 주관적인 의견이나 견해, 전망 등에 근거하게 되는데, 사회 구성원들이 이것을 읽고 보게 됨으로써 사회 전체적으로 비슷한 의견이나 시각이 형성되고 이를 통해 사회적인 통합이 이뤄진다. 따라서 상관 기능은 주관적인 시각이 반영되는 사설이나 논평 등을 통해 행해지는 경우가 많다.

사회적인 규범을 강화하고 사회의 통합을 유지하는 상관 기능은 사회적인 비행을 들춰내어 이를 억제함으로써 수행되기도 한다. 정부에 대한 견제 기능이 여기에 속한다고 할 수 있다. 또 매스미디어에 의해 선택된 인사들이 미디어에 자주 등장함으로써 사회적으로 저명한 인사로 인정받게 되고, 이들이 사회에서 지도적인 역할을 하게 되는데, 이것도 매스미디어에 의한 상관 기능의 하나라고 하겠다. 매스미디어가 상관 기능을 수행함으로써 사회적 안정을 해치는 요인들을 방지하게 된다. 여론을 알려주거나 여론을 주도하는 역할을 매스미디어가 담당하는 것도 상관 기능의 일종이다.

b. 역기능

상관 기능도 역기능을 가지고 있다. 상관 기능의 가장 중요한 역기능은 사회의 변화와 변혁을 억제한다는 점이다. 매스미디어는 상관 기능을 통해 사회적으로 널리 퍼져 있는 고정관념을 공고히 하게 되고, 사람들을 사회의 기존 관습에 순응하게 하여 사회적 변화의 잠재성을 감소시킨다. 또한 사회비판을 최소화시키고 매스미디어를 통해 표출되지 못하는 소수의 의견을 다수의 의견으로 덮어버린다. 기존의 지배적인 사회세력을 견제하기보다 오히려 그 세력을 보존하고 확장시키는 역기능을 하는 경우도 있다.

사회의 변화와 변혁을 억제하는 역기능은 미디어가 상관 기능을 기지고 있는 특성상 어쩔 수 없이 일어나게 되는 경우지만, 미디어의 상관 기능을 의도적으로 이용함으로써 일어나는 역기능도 있다. 흔히 홍보 과정에서 의도적으로 어떤 사건을 만들거나 특정 인물의 성격이나 이미지를 인위적으로 미디어를 통해 사람들에게 형성시키고자 할 때 이러한 역기능이 작용된다.

의도적으로 인위적 사건(pseudo events)을 일으켜 미디어의 관심을 끌어 보도함으로써 사회적으로 우호적인 인식을 심어주거나 사회적으로 저명한 이미지를 형성시키려는 시도는 기업이나 사회단체 또는 정치인 등에서 자주 볼 수 있는 일이다. 이런 결과로서 특정한 의견이나 견해가 매스미디어에 자주 보도되어 실제보다 과장되게 대다수의 의견처럼 사람들에게 인식되기도 한다. 실제로는 저명하거나 전문가가 아닌 개인이 의도적인 연출을 이용함으로써 미디어에 자주 등장하여 사람들에게 저명하거나 전문가인 것처럼 인식되어 사회적인 영향력을 행사하게 되는 경우도 있다. 이런 역기능을 방지하기 위해 매스미디어는 잘못 이용되지 않도록 주의해야 하며, 개인들도 매스미디어에 노출될 때 무의식적으로 수용하기보다는 이성적으로 판단해야 한다.

③ 문화전수의 기능

a. 순기능

문화전수(transmitters of culture)의 기능은 매스미디어가 한 세대에서 다른 세대로 정보나 가치관, 규범 등을 전수해주는 것을 말한다. 즉 사람이 태어난다는 것은 새로운 사회 구성원이 탄생한다는 것을 의미하는데, 이 새로운 사회 구성원에게 기존 사회에 대한 정보를 알려줌으로써 새로운 사회 구성원과 기존 구성원이 서로 공유하는 문화적 토대를 마련하여 사회적 동질성을 유지하게 된다. 현대사회에서 사람들은 일찍부터 매스미디어와 접촉하기 마련이다. 아직 학교 갈 나이가 되지 않은 미취학 아동도 텔레비전 시청을 통해 사회에 대한 정보와 가치관, 규범 등을 습득하게 된다. 학교에 다니는 어린이나 청소년들도 학교나 가정에서 예의나 문화, 규범 등을 배우겠지만 텔레비전이나 신문 등의 매스미디어를 통한 사회화의 학습효과도 그에 못지않게 중요하다. 특히 현대사회의 다양성을 감안할 때 학교나 가정을 통한 사회화는 한계를 갖게 마련이지만 매스미디어를 통한 사회화는 개인이 쉽게 접할 수 없는 사회의 여러 부문에 대한 다양한 적응력을 길러준다.

매스미디어의 문화전수 기능은 개인에게는 사회의 다른 구성원들과 공유하는 경험을 증대시킴으로써 사회에 좀 더 잘 적응하게 하는 역할을 하고, 사회 전체 차원에서 보면 사회가 동질성을 유지하여 같은 사회의 구성원이라는 유대감을 증대시킴으로써 사회적 안정을 이루는 데 기여한다. 매스미디어의 내용이 개인으로 하여금 다른 사람들과 같은 사회의 구성원이라는 인식을 갖게 하여 사회적 소외감을 감소시키는 것도 매스미디어의 문화전수 기능의 바람직한 측면이라고 볼 수 있다.

b. 역기능

부정적인 측면을 살펴보면 매스미디어와 접촉은 개인 간의 접촉과 달리 삭막하고 비인간적인 특성을 가지고 있어서 미디어에 의한 문화전수가 자칫 비인간적인 현대사회의 부정적인 특성을 증가시킬 수 있는 소지를 지니고 있다. 또 개인 간의 접촉보다 매스미디어에 의한 접촉이 더 우세할 때 커뮤니케이션에서 개인과 개인 간의 접촉을 감소시킬 수 있는 우려도 있다.

매스미디어의 문화전수 기능의 역기능 중 하나는 문화의 다양성을 훼손시킬 염려가 있다는 점이다. 매스미디어의 특성상 사회의 주류 문화가 매스미디어의 내용에서 대부분을 차지하게 되고 그에 따라 다양한 하위문화(subculture)가 사라지게 됨으로써 대중사회의 획일적 특성이 조장될 수 있다. 매스미디어와의 피할 수 없는 접촉으로 사람들이 점점 동일한 말투를 쓰게 되고, 같은 스타일의 옷을 입게 되며, 행동과 행위양식이 획일화되어간다는 비판은 바로 이러한 역기능의 측면을 지적한 것이다. 수많은 시간을 매스미디어의 이용에, 특히 텔레비전의 시청에 사용함으로써 사람들은 행동의 표준을 매스미디어에서 발견하고 따라 하게 되며, 그 결과로 사람들의 행동이 결국 동일화된다는 것이다. 이러한 매스미디어에 의한 동일화 또는 표준화의 폐해로 문화 발전이 정체된다는 비판도 있다.

④ 오락 기능

a. 순기능

오락(entertainment) 기능은 매스미디어의 중요한 기능이다. 매스미디어의 여러 기능 중에서 오락 기능은 매스미디어가 실제적으로 사람들에게 제공하고자 하는 가장 중요한 기능이라고 볼 수 있다. 이것은 매스미디어의 대부분 내용이 오락적이거나 오락과 관계가 있는 것들로 채워진 것을 볼 때 쉽게 유추할 수 있다. 언뜻 생각하기에는 객관적인 뉴스로만 채워져서 오락과 거리가 멀 것으로 인식될 수 있는 신문도 자세히 살펴보면 오락에 관련된 부분들이 의외로 많다는 것을 알 수 있다. 만화나 소설, 칼럼 등이 오락적이고 문화나 TV/연예면도 오락적인 기사로 채워져 있다. 또 신문을 읽는 것이 단지 객관적인 정보만을 얻기 위한 것이 아니라 신문기사를 읽는 자체가 즐거움을 주는 오락적인 기능도 하고 있다는 것을 알 수 있다.

매스미디어의 오락 기능은 사람들에게 즐거움을 제공하는 동시에 현실의 어려움을 잠시 잊게 해줌으로써 일상의 피곤으로부터 도피처를 제공해준다. 또 거의 비용을 들이지 않고 여가시간을 간편하게 소비할 수 있도록 해준다. 비록 대중적인 취향이라 할지라도 예술이나 문화적인 내용을 제공하여 사람들의 전반적인 문화 수준을 향상시켜주기도 한다.

b. 역기능

매스미디어의 오락 기능 역시 사회에 부정적인 역기능을 하기도 한다. 개인이 매스미디어의 오락적 내용에 지나치게 탐닉하게 되면 점차 현실로부터 멀어지게 되고, 나중에는 현실의 생활보다 매스미디어의 내용에 더 집착하게 되는 현상이 일어날 수 있다. 예를 들면, 해야 할 일을 하지 않고 하루 종일 텔레비전을 시청하면서 현실에서 직면하는 문제들을 외면하는 일이 벌어질 수 있다.

또한 매스미디어가 지나치게 오락 기능을 강조함으로써 매스미디어를 통해 제공되는 내용이 경박해지고 통속적이 되어 사람들이 이것을 수용하는 과정에서 사회의 평균적인 기호도 더불어 경박해지고 낮아져 저질 문화가 득세하게 된다는 주장도 있다. 이렇게 되면 우수한 예술품에 대한 감상 능력이 점점 줄어들어 문화적인 수준이 낮아진다는 것이다(배규한·류춘렬·이창현, 1998).

(4) 스포츠와 매스미디어

매스미디어와 대중문화의 관계에서 중요한 요소의 하나가 스포츠다. 매스미디어의 내용 중에 스포츠가 차지하는 비율이 높다. 방송을 보면 스포츠 중계가 적지 않은 시간을 차지하고 있으며, 매일 스포츠뉴스를 방영하여 하루 동안 일어난 스포츠에 대한 사람들의 관심을 충족시켜주고 있다. 신문의 경우도 적지 않은 지면을 스포츠 기사에 할애하고 있으며, 심지어 우리나라에는 내용의 대부분을 스포츠 관련 기사로 채우는 스포츠신문이 활성화되어 있다. 매스미디어와 스포츠의 관계를 이해함으로써 매스미디어와 스포츠의 관계 자체뿐만 아니라 매스미디어와 대중문화의 관계를 이해하는 데도 많은 도움이 될 것이다.

흔히 매스미디어와 스포츠의 관계를 연상할 때 방송미디어를 떠올리기 쉽다. 그러나 방송 이전에도 인쇄미디어와 스포츠는 상당한 관계를 가지고 있었다. 일찍부터 인쇄미디어와 스포츠가 발달한 미국이나 유럽에서 20세기 이전에도 스포츠를 전문으로 보도하는 잡지들이 활성화되어 있었다. 1950년까지는 물론 여자들도 있었으나 대부분 중년 남자들이 스포츠 잡지를 구독하고 있었다.

1920년대에도 이미 미국에서 권투와 야구 경기가 라디오를 통해 중계되고 있었다. 1921년 권투 경기가 처음으로 중계되었을 때 사람들은 라디오를 통한 스포츠의 중계에 의구심을 갖고 있었으나 이는 기우였음이 드러났다. 라디오를 소유한 가정이 늘어나면서 라디오의 스포츠 중계를 청취하는 사람들은 계속 증가하여 1927년의 한 권투 경기는 1,500만 명이 청취했다. 독일에서는 1925년에 처음으로 축구 경기가 중계되었다. 영국은 당시 방송국이었던 BBC가 통신사와의 계약에 의해 방송 중계를 하지 않다가 1927년에 처음으로 생중계를 하게 되었다.

가장 강력한 미디어라는 텔레비전의 등장으로 더욱 생생한 스포츠 중계가 가능하게 되었다. 1936년 독일의 베를린에서 약 15만 명의 시민이 조잡하기는 하지만 그곳에서 진행되고 있던 하계 올림픽의 실험적인 중계를 보게 되었다. 미국에서는 1939년 뉴욕에서 야구 경기가 텔레비전으로 처음 중계되었다. 초기에는 기술적인 문제로 스포츠 중계가 제한적이었다. 예를 들면, 야구 경기에서 경기장은 넓은 반면 공은 작고, 또 공이 오는 방향과 주자가 뛰는 방향이 달라서 중계에 문제가 있었다. 하지만 권투 경기는 좁은 경기장에서 오직 같이 싸우는 두 사람만 있었기 때문에 텔레비전 중계에는 이상적이었다.

이와 같이 텔레비전과 스포츠는 동반적으로 발전했다. 텔레비전은 시청자의 증대를 위해 스포츠를 중계했다. 텔레비전을 시청하지 않던 사람들도 좋아하는 경기를 보기 위해 텔레비전을 구입함으로써 다른 프로그램들도 자연적으로 시청하게 되었다. 스포츠는 경기가 중계됨으로써 사람들의 흥미를 더욱 끌게 되었을 뿐만 아니라 방송 중계료를 받음으로써 막대한 수입도 올리게 되었다. 처음에는 프로스포츠의 구단주들이 입장 수입이 줄어들 것을 염려하여 중계를 하지 못하게 하고 실제로 초기에는 입장 수입이 줄기도 했으나, 결국 텔레비전의 중계가 스포츠의 활성화에 도움이 될 것이라는 확신으로 방송 중계가 보편화되었다.

하계와 동계 올림픽 경기의 방송 중계료가 계속 올라가는 것은 방송으로 인해 스포츠의 인기가 계속적으로 증가하는 것을 나타낸다. 프로스포츠의 중계료도 계속적으로 상승하고 있어 미국의 인기 있는 풋볼이나 농구 등의 중계료는 최근 십수 년 동안 수십 배가 상승했다. 방송의 스포츠 중계는 스포츠 시청 인구의 확대를 가져왔다. 그동안 스포츠의 주요 수용자였던 남자어른은 물론이고 여성과 어린이들도 스포츠에 관심을 가지게 되었다.

텔레비전이 새로 등장하여 시청자를 확보하려고 노력할 때 스포츠경기를 중계함으로써 스포츠를 좋아하는 집단을 공략한 것처럼 새로운 미디어가 등장하거나 새로운 방송국이 개국했을 때 역시 스포츠를 이용하려는 경향을 보인다. 위성방송이 새로 등장하여 공중파 TV나 케이블 TV에서 시청자를 빼앗아오려고 할 때 인기 있는 스포츠의 독점적 중계권을 확보하여 사람들로 하여금 위성방송에 가입하게 한다. 이는 세계적인 위성방송 사업자인 머독이 자주 사용하는 방법이다. 또 미국에서 폭스 네트워크(Fox Network)가 기존의 3개 네트워크(CBS, NBC, ABC)와의 경쟁을 통해 프로 풋볼의 독점 중계권을 계약함으로써 시청자를 확보하려고 하는 것도 그 같은 전략의 예라 하겠다.

하지만 매스미디어를 통한 스포츠의 중계는 자주 비난의 대상이 된다. 그 이유는 첫째, 네오마르크스주의자들의 주장에 의하면, 스포츠 중계가 자본주의 대량생산체계인 분업체계를 닮았다는 것이다. 한정된 수의 프로 선수들이 실제로 운동을 하고, 수많은 사람들은 텔레비전 앞에 앉아 수동적으로 경기를 시청한다는 것이다.

그러나 실제적인 조사결과는 특정한 운동을 좋아하는 사람들은 그 운동 경기를 더 시청하는 경향이 있다는 것이다. 즉, 테니스를 좋아하는 사람들은 테니스 경기를 더 열심히 본다는 것이다. 테니스를 좋아하기 때문에 경기를 보는 것인지 경기를 자주 보기 때문에 테니스를 열심히 하는 것인지는 명확하지 않지만 어쨌든 상관관계가 나타난다는 것이다.

둘째, 스포츠는 사람들의 관심을 정치나 사회로부터 멀어지게 하기 때문에 체제의 강화에 도움이 된다는 것이다. 운동을 열심히 하는 사람들은 정치적으로도 활동적이라는 연구 결과가 있기는 하지만, 이는 실제로 운동을 하는 사람들을 대상으로 한 것이라서 스포츠 중계의 시청자들도 그럴 것이라는 보장은 없다. 다만 독재정치 체제하의 정부들이 스포츠를 이용하려는 경향은 있다고 생각된다. 우리나라에서도 군사독재체제에서 의도적으로 프로스포츠를 활성화시키려는 노력이 있었다. 이것은 역시 국민의 관심을 정치 외에 다른 곳으로 돌리려는 의도였다고 추측되고 있다.

세 번째는 역시 네오마르크스주의자들이 주장하는 것으로, 스포츠를 시청함으로써 잠재적인 공격 욕구가 배출(catharsis)된다는 것이다. 자본주의 체제에서는 피지배 계층이 정치적인 억압을 받음으로써 혁명을 일으키고자 하는 공격 욕구를 가지게 되는데, 스포츠가 이러한 욕구를 대리로 발산하는 기회를 제공한다는 것이다. 이러한 주장은 경기장에서 자주 폭력적인 상황이 발생함으로써 설득력을 얻기도 한다. 관중은 종종 큰 소리를 지르거나 욕설을 하며 심지어 병을 던지기도 한다. 유럽에서는 축구 경기의 관중이 다른 지역이나 국가에 원정 응원을 가서 난동을 부리는 것이 자주 문제가 된다. 그러나 이런 것이 과연 정치적인 억압에서 비롯된 것인지는 알 수 없다. 일부 학자들은 이러한 행동이 지루하고 일상적인 현대인의 생활 때문이라고 말하기도 한다(배규한·류춘렬·이창현, 1998).

(5) 스포츠와 매스미디어 간의 영향

현대스포츠는 일반 대중에게 적절한 정보와 볼거리를 제공한다. 스포츠가 하나의 여가생활로 자리 잡으면서 스포츠에 대한 대중의 욕구가 다양해지고 이에 따른 미디어의 영향도 날로 증가되어 새로운 산업의 형태로 나타나고 있다. 즉 스포츠뉴스, 스포츠 중계, 언론의 스포츠 정책 개입, 스포츠경기에서의 선수 기용 및 경기내용 개입, 스포츠 스타 만들기에 이르기까지 미디어의 스포츠 보도는 많은 문제와 더불어 우리 사회에 영향력 있게 다가오고 있다.

스포츠가 매스미디어의 발달 초기부터 깊은 관계를 맺게 된 것은 스포츠와 매스미디어가 상호보완적인 기능을 하기 때문이다. 스포츠는 매스미디어에 판매 부수를 증대시키고, 광고수익을 높이며, 신문의 인지도를 향상시키는 반면에 매스미디어는 스포츠에 재정적인 후원을 하고, 스포츠 활동을 촉진시키고, 인식을 높일 뿐 아니라 스포츠의 기술발전을 돕는다.

그러나 스포츠와 매스미디어의 상호관계는 이렇게 순기능적인 것만은 아니다. 상호 간에 공생적 관계를 유지하고는 있지만, 의도하지 않은 잠재적 역기능이 발생하기 때문에 과도하게 상업화하는 과정에서 스포츠의 규칙, 진행 및 방법을 인기 위주로 끌어감으로서 스포츠를 타락시키는 역할을 하며, 스포츠는 더욱 많은 재정적 후원을 받기 위해 매스미디어에 압력을 가하고 안정적인 스포츠 보도를 위협하는 사례가 빈번하게 발생하고 있다.

① 매스미디어가 스포츠에 미치는 영향

매스미디어는 스포츠 중계와 보도를 통해 여러 가지 측면에서 스포츠에 직간접적으로 영향을 미치고 있다. 이는 현대스포츠가 매스미디어의 힘에 의해 발전되어온 것과 맥을 같이하는 것으로 볼 수 있다.

a. 긍정적 영향

매스미디어는 스포츠에 대한 정보를 대중에게 알리고, 선수의 동기수준을 높여줌으로써 스포츠의 저변확대와 높은 스포츠 기술의 발전을 가져오게 하여 스포츠가 전반적으로 대중에게 긍정적 이미지를 형성함으로써 스포츠의 전반적인 발전을 가져오게 된다. 매스미디어가 스포츠에 미치는 긍정적인 영향은 다음과 같은 내용들로 요약할 수 있다.

- 스포츠의 발전에 이바지한다.
- 스포츠의 경기수준 향상에 이바지한다.
- 스포츠를 재정적으로 지원해준다.
- 스포츠를 더욱 재미있게 만든다.

- 페어플레이나 스포츠맨십 등의 감동적인 이야기를 다룸으로써 스포츠선수와 팬들의 도덕적 자질 향상에 이바지한다.
- 스포츠의 여러 가지 문제점을 비판하고 올바른 방향 모색에 도움을 준다.

b. 부정적 영향

매스미디어는 스포츠에 관여하면서 지나치게 개입하게 되어 스포츠를 통제하는 권력자가 된다. 따라서 스포츠는 매스미디어의 종속관계가 될 수 있다. 매스미디어가 스포츠에 미치는 부정적인 영향은 다음과 같이 요약된다.

- 스포츠에 대해 부당하게 간섭한다.
- 스포츠를 쇠퇴시키기도 한다(미디어에 맞게 스포츠를 변형).
- 관람스포츠의 나쁜 영향을 확산시킬 수 있다(경기장에서의 폭력적 장면 조장).
- 지나친 상업주의로 스포츠의 건전한 이미지를 손상시킨다.

이외에도 구체적으로 매스미디어가 스포츠를 통제하는 사례를 보면 인기종목의 결승시간 조정, 경기의 흥미가 고조될 때 광고 삽입 증가, 올림픽에서 스폰서가 많은 나라의 저녁시간에 맞추어 경기를 함으로써 선수의 리듬 깨기, 주말에 집중 배치하는 결승전, 다른 프로에 쫓겨 경기 중계를 중도에서 절단(끊어버리기. 비인기 종목일수록 자주 발생), 선수의 부상을 강조하여 공격성 유발 등 권력자로서 군림하는 현상이 자주 나타난다.

② 스포츠가 매스미디어에 미치는 영향

스포츠가 방송망과 일간신문의 보도, 그리고 많은 정기 간행물 프로그램의 상당 부분을 차지함에 따라 미디어도 점차 스포츠에 의존하게 되었다. 그리고 스포츠 관련 프로그램은 신문사와 방송국의 성공적 사업의 중요한 부분이 되고 있다. 또한 스포츠는 미디어에 순·역기능적 영향을 미치고 있다.

a. 방송기술 발달

스포츠가 미디어에 미친 여러 영향 중에서 가장 대표적인 것은 방송기술의 발달이다. 방송산업의 재정적 이득을 가져다주는 스포츠의 영향력이 커짐으로써 수용자의 욕구를 충족시켜주기 위해 각종 보도기법이 향상되었다. 클로즈업, 이중화면, 정지동작, 반복 방영 등을 자유자재로 활용하는 보도기법과 수용자의 취향에 맞춰 경기를 편집하고 있으며, 멀티카메라에 의한 다양한 각도에서의 근접촬영기술, 그리고 대형스크린의 개발, 소형 전자제품의 개발, 동영상 기법 등은 스포츠의 동시성과 스펙터클한 상황을 생생하게 전달하기 위해 발달되었다.

b. 스포츠의 미디어 조절

미디어가 강력한 힘을 갖고 있지만, 프로스포츠가 미디어를 어느 정도 조정하고 있다. 스포츠가 미디어를 조정하는 방법으로서 최근에 텔레비전 방송국은 늦은 밤 뉴스에서 야구 하이라이트를 방송하고 있다. 하이라이트를 방송하는 조건은 커다란 실수장면(에러, 충돌)을 삭제하는 것이다. 그러나 많은 방송국은 이 조건을 위반하고 있다.

메이저리그 야구는 이러한 큰 실수를 방송하는 것이 경기의 이미지에 치명적인 것으로 보고 있다. 따라서 모든 지방 텔레비전 방송국은 재방송을 위해 하이라이트 방송을 받기 원한다면 메이저리그 야구로부터 감독관을 배정받아야 한다. 이러한 방법으로 메이저리그 야구는 자신이 보여주고 싶은 방법대로 텔레비전이 보도하도록 할 수 있다. 방송국은 늦은 밤의 스포츠 프로그램을 필요로 하고, 하이라이트를 원하기 때문이다. 스포츠기자나 방송가의 역할은 뉴스거리의 객관적인 보도뿐만 아니라 대중관계, 광고, 오락도 포함해야 한다. 이것은 일반적으로 표현되는 스포츠 활동에 관해 가장 좋은 이미지를 낳는다.

c. 스포츠기자 통제

일반적으로 스포츠 보도에 가장 적절한 방법은 스포츠 조직체와 미디어의 조직체 내의 클럽 같은 환경에 접근하는 것이다. 스포츠 팀은 그들의 경기를 보도하는 지방 라디오나 텔레비전 아나운서를 고용한다. 팀의 행정 담당자는 가장 좋은 이미지가 표현되도록 방송을 감시한다.

신문기자는 취재활동에 있어 팀과 같이 생활해야 하기 때문에 가끔 더 큰 압력을 받게 된다. 이러한 상황에서 기자는 뉴스를 객관적으로 보도해야 할지(팀의 경기내용이 형편없다), 혹은 스포츠와 팀과 신문을 보호해야 할지(팀이 운이 없다) 갈등을 느끼게 된다.

③ 스포츠와 매스미디어의 갈등과 공존

스포츠는 점차 매스미디어 시청자에게 의존하고 있다. 결과적으로 미국 같은 경우는 팀과 리그가 방송권의 판매로부터 수입의 많은 비율을 얻게 됨에 따라 경기를 직접 관전하는 관중은 과거보다 크게 감소되었다. 미디어와 스포츠의 관계는 약 35년 동안 무난하게 지속되어왔으나 최근 긴장과 갈등이 일어나기 시작했다. 이러한 갈등은 금전과 관련을 갖고 있다. 그러나 이러한 갈등은 일시적인 것으로 두 조직은 서로 공존의 길을 모색할 수밖에 없는 실정이다.

a. 스포츠와 매스미디어의 갈등

스포츠에 관한 비판적인 기사는 신문사와 선수 및 지도자 간에 갈등을 증폭시키고 있다. 오늘날 기자는 선수, 코치, 매니저, 구단주의 부적절한 측면에 대해 기사를 쓴다. 기자들은 자기 자신을 대중의 대표자로 생각하는데, 대중은 유능한 운동선수가 그들의 능력을 최대한 발휘하도록 요구할 권리를 갖고 있다.

스포츠저널리즘에 대한 이러한 비판적인 접근은 기자를 라커룸에서 추방하거나 스포츠 대표자(선수, 코치, 감독)가 신문사와 의사소통을 거부하는 지경에 이르게 한다. 어떤 선수는 기자들을 신용하지 않거나 신문사의 역할과 임무를 이해하지 못하기 때문에 기자들과의 대화를 거부한다.

텔랜더(Telander, 1984)는 스포츠기자가 운동선수를 시기하거나 많은 봉급을 받는 선수를 좋아하지 않고, 자신들의 잠재능력을 발휘하지 못하기 때문에 갈등을 야기한다고 지적한다. 또한 많은 기자는 백인이어서 어떤 스포츠의 경우 백인 기자와 흑인 선수 간에 소위 문화적 차이가 발생하기도 한다.

이러한 갈등은 스포츠 저널리즘의 윤리에 점차적으로 관심을 갖도록 했다. 봉급이 대중에 의해 간접적으로 지급되는 오락사업에 대해 운동선수는 신문사와 협력할 책임이 있다. 또한, 선수는 경기의 정당성을 증진하고 유지하기 위한 직업적인 책임감을 갖고 있다. 동시에 기자는 정확하고 공정하게 보도할 책임이 있고, 정확한 증거에 입각하여 보증되고 지지되도록 비평할 책임이 있다. 또한 기자는 신문의 판매고를 높이기 위해 추문을 퍼뜨리는 상사의 압력에 저항해야한다.

b. 스포츠와 매스미디어의 공존

최근 들어 꾸준히 성장을 거듭하고 있는 스포츠경기의 시청률은 스포츠를 방송하는 방송사들의 경쟁에도 불구하고 사람들에게 독특한 시청경험을 제공하고 있다. 그러나 타 방송사와의 경쟁과 여러 가지 요인들, 즉 팬은 선수와 심판에 의한 스트라이크, 많은 봉급과 선수들의 팀에 대한 충성 부족, 연고권 재조정, 경기수의 증가로 인한 경기의 질적 저하, 약물과 스카우트 스캔들, 광고 숫자, 새로운 기술의 결핍, 선수의 졸렬한 경기로 인해 식상하여 흥미를 잃게 되는 것에 대해 공동으로 대비해야 한다.

또한 체력운동, 가정에서의 영화시청을 위한 VCR의 사용, 가정밖에서 여가를 위해 사용할 수 있는 수입의 증가로 인해 텔레비전 시청에 필요한 자유시간이 적은 이중적 고민을 안고 있는 가정 등과 같이 시청자의 여가생활 추구에 대한 많은 대안들이 생겨나고 있어서 시청률이 떨어질 것에 대비해야 한다.

이러한 문제의 해결을 염두에 두면서 매스미디어와 스포츠와의 동반관계는 당분간 지속될 것으로 예상되고, 지상파 텔레비전 시장과 케이블 텔레비전이 모든 가정에서 유용하게 사용됨으로써 주요 스포츠경기에 대한 중계권을 확보하기 위해 텔레비전 방송사 간에 더욱 치열한 경쟁이 일어나게 되었다(강효민·남재화, 2006).

(6) 스포츠 미디어의 사회적 기능

립스키(Lipsky, 1981)는 "선수는 경기장 외에서의 대중과 떨어져 있지 않는 일상적 행동이 더 한층 자기동일시를 강화한다"고 언급하고 있으며, 스포츠신문 같은 미디어는 이 점에서 중요한 역할을 한다고 할 수 있다. 특히 스포츠 미디어는 지배적인 사회가치인 자유, 즐거움, 경쟁적 개인주의, 합리주의 등을 스포츠 보도로 강화하고 있다고 주장한다.

한편 비렐과 로이(Birrell & Loy, 1979)는 스포츠 미디어의 기능을 표면적으로 드러나거나 잠재된 4가지 기능을 수행한다고 했다. 첫째, 스포츠 미디어는 정보전달의 기능으로서 다양한 스포츠와 경기결과에 관한 소식을 전해주고 선수, 팀, 리그 등에 관한 풍부한 자료를 제공해준다. 둘째, 통합의 기능으로서 스포츠 수용자들은 가치, 의식, 경험 공통규범을 공유하고 표현한다. 셋째, 각성의 기능을 제공한다. 아마도 사람들은 변화 없는 단조로운 일상생활에서 흥밋거리를 찾기 때문이다. 넷째, 도피의 기능을 제공한다. 사람들은 일상으로부터 도피하려는 욕구가 일기 때문에 스포츠 미디어의 역할을 강하게 요구한다 (강효민·남재화, 2006).

(7) 현대스포츠와 스포츠 미디어의 전망

스포츠와 미디어의 관계 전망은 스포츠의 변화와 미디어의 변화로부터 추론될 수 있다. 스포츠는 참여스포츠와 관람스포츠로 양분되면서 미디어 또한 그 기능과 역할이 새롭게 변화할 것으로 보인다. 그러나 이러한 스포츠와 미디어의 관계 변화는 매우 밝다고 할 수 있다. 왜냐하면 현대사회가 후기산업사회로 진입하면서 여가가 증대되고 있으며, 사회의 가치관도 노동가치관에서 자기실현적이고 창의적인 여가가치관으로 전환되고 있기 때문이다.

선진국의 경향을 살펴볼 때 이러한 사회에 이르면 스포츠 활동은 대표적인 여가활동으로 대부분의 사람들이 생활화하게 됨으로써 직접참여 스포츠가 아마추어들에 의해 널리 확산될 것이고, 올림픽이나 프로스포츠 같은 엘리트 스포츠는 이를 근간으로 하여 발달할 것으로 전망되기 때문이다.

그러나 아마추어리즘이 상실된 올림픽 같은 거대 스포츠이벤트가 거듭 개최될수록 현대사회는 자본주의 논리에 입각한 극심한 상업주의에 크게 오염되어가고 있으며, 이에 따른 선수의 프로화와 올림픽운동의 초기에서부터 문제로 지적되어온 민족주의, 올림픽의 정치적 이용, 약물복용 등과 같은 문제들이 아직도 해결되지 않고 있는 상태다. 따라서 스포츠 미디어의 역할이 기대되기도 한다.

인터넷은 경계선을 뛰어넘고 연결시키는 정보 흐름을 더욱 쉽게 만들어내고 있다. 이는 스포츠에 대한 경험과 반응 속에서 정체성을 형성시키는 새로운 방법을 제공하고 있다. 지역과 국가적 차원에서 형성된 정체성은 전략적으로 글로벌 경쟁에서 관심을 자극하는 것으로 이용할 수 있다. 또한 대중적 텍스트는 아직 미디어스포츠 수용자 축에 끼지 못하는 여성들을 끌어내는 방향으로 움직일 것이다.

4) 매스미디어의 사회적 책임 이론

사회적 책임 이론은 20세기 미국 언론자유위원회의 입장을 대변하는 것으로, 국가 중심의 권위주의 이론과 지나치게 개인 중심적인 자유주의 이론을 보완하여 사회 중심적인 중용적 관점을 주장하고 있다. 언론의 목적은 사실 보도와 오락 제공, 그리고 여론 형성을 위한 토론의 장을 제공하는 데 있으며, 이를 위해서는 누구든지 하고 싶은 말을 할 수 있도록 언론의 문을 열어두어야 한다는 것이다. 매스미디어에 대한 통제는 정부의 몫이 아니라 언론인 스스로의 직업윤리에 따라 이뤄지도록 해야 한다. 그리고 개인의 권리를 침해하거나 사회의 공정 이익을 침해하지 않는 범위 내에서 언론의 자유를 보장하되, 언론은 스스로 자유에 따른 사회적 책임을 다해야 한다(배규한·류춘렬·이창현, 1998).

미디어가 사회에 미치는 막강한 영향력을 고려할 때 매스미디어에 종사하는 사람들은 자신들의 행위에 대해 사회적 책임을 져야 할 의무가 있다. 또한 바로 그러한 사람들이 기본적으로 지켜야 할 사회적 양심의 표출이 미디어 윤리다. 따라서 미디어 윤리와 사회적 책임이라는 용어는 거의 유사한 개념으로 사용되고 있다.

요즈음 각 미디어들은 나름대로 자체의 윤리 강령을 만들어 그

미디어에 종사하는 실무자들이 지켜야 할 의무사항을 제시하고 있다. 특히 각 분야에 새로 들어온 실무자들은 이러한 강령들이 모든 윤리적 문제들을 해결해줄 수 없다는 사실을 곧 깨닫게 된다.

따라서 이 장에서는 주로 뉴스미디어 중심으로 미디어 실무자들이 부딪치는 윤리적 문제는 어떠한 것이 있으며, 그들이 이 문제에 대해 어떻게 반응해야 하는가에 관해 살펴보기로 하겠다. 하지만 미디어에서 다루는 뉴스나 정보에 대한 윤리가 오락적 윤리에 비교해서 독특하거나 더 중요해서 이를 강조하는 것은 아니다. 단지 여기서는 실무자들이 윤리적인 딜레마에 접했을 때 이 문제를 어떻게 체계적으로 대처하고, 또한 이를 어떻게 이해해야 하는가에 대한 틀을 제공하고자 한다.

(1) 미디어 윤리의 정의

윤리가 무엇이냐고 묻는다면 일반적으로 어떤 집단이나 공동체에서 옳은 것을 선택하려는 인간적 가치와 도덕적 양심의 본질을 다루는 것이라고 대답할 수 있을 것이다. 이러한 정의는 나름대로 유용한 것이기는 하나 여기서는 다양한 철학자들의 정의들에 근거하여 좀 더 나은 해답을 찾아보고자 한다.

윤리란 좋은 사람이 어떠한 사람이며, 좋은 사람이 되기 위해서는 어떻게 해야 하는가에 대한 사람의 품성을 의미하는 그리스 단어인 '에토스(ethos)'에서 나온 단어다. 따라서 윤리는 선과 악, 옳은 것과 틀린 것에 대한 개인적 판단의 철학적 토대를 다룬다. 즉 윤리는 우리가 해야 할 의무가 무엇이며, 다른 사람들에 대한 책임이 무엇이며, 또한 세상을 좀 더 낫게 하기 위해서는 무엇을 어떻게 해야 하는가 하는 등의 '의무'와 '당위성'을 다룬다.

윤리는 라틴어의 '모레스(mores)'로부터 나온 도덕성과 유사한 개념이다. 도덕성은 어떤 문화나 사회에서 적용되는 사람들의 행동 방식을 나타내는 좀 더 광범위한 의미의 윤리를 말한다. 즉, 도덕성은 사회적으로 인정된 윤리적 관습에 기초를 두고 있을 뿐만 아니라 이를 실천하고 적용하는 의미도 포함하고 있다. 이러한 점에서 윤리란 사회의 결속을 다지고 인간 생활에 필요한 안정을 제공하는 데 관심을 보이는 것으로 도덕성에 대한 사고, 도덕적 문제, 그리고 도덕적 판단 등을 포함하고 있다(Frankena, 1973).

한편, 비록 윤리와 법의 개념이 중복되는 부분도 있지만 법은 사회를 제대로 돌아가게 하기 위한 기본적이고 꼭 지켜야 할 필요조건을 말한다. 그에 비해 윤리는 법처럼 강제적인 것이 아니라 선택의 자유가 있는 좀 더 높은 차원의 개념이다.

보통 미디어의 윤리에 대해 논의할 때 "TV 프로그램이 너무 폭력적이고 사회적으로 파괴적이다"라든지 "뉴스 보도가 상업적인 목적에 의해 편파적이다"라는 등의 불만적 요소와 윤리를 연관시키기 때문에 그 개념이 극히 부정적 의미로 사용된 경우가 많다. 실제로 이러한 경우가 자주 발생하기 때문에 이는 어느 정도 타당성을 갖고 있다. 하지만 미디어의 중요한 문제를 논리적으로 다루는 데 있어서 윤리는 항상 부정적 의미로 사용되는 것은 아니다. 그보다는 윤리란 "미디어의 역할이 무엇이며, 미디어에 종사하는 실무자들은 수용자들을 위해 어떻게 자신의 능력을 발휘할 것인가?" 등의 좀 더 긍정적인 의미에서 생각해야 한다.

(2) 윤리에 대한 접근 방법

윤리와 도덕적 행위와 관련된 문제들을 해결하기 위한 접근 방법에는 크게 의무에 기초한 방법, 목적에 의한 접근 방법, 가치에 기초한 접근 방법, 권리에 기초한 방법, 그리고 평등주의에 기초한 방법 등으로 구분할 수 있다(Slaon, Carter & Stovall, 1996).

① 의무에 기초한 접근 방법

의무에 기초한 접근 방법(deontological approach)은 18세기 철학자 칸트(I. Kant)의 '절대적 규범(categorical imperative)'이라는 의무의 개념에 기초한 것이다. 그는 비록 그러한 의무가 때로는 다른 사람에게 해를 줄 수 있을지라도 사람이 행동을 하는 데 있어서 그 모든 행동은 의무에 근거해야 한다고 믿었다. 따라서 그에게 있어 윤리란 모든 사람에게 보편적으로 적용되는 법처럼 사람이 해서는 안 되는 것은 절대 하지 말아야 함을 의미한다. 그는 또한 만약 꼭 해야 할 의무를 거스른다면 그것은 자멸이라고 주장했다.

그에 의하면, 도덕적 행위는 어떤 사람이 행한 결과에 의해서가 아니라 고유한 선의 개념에 의한 기준에 따른 것을 말한다. 따라서 모든 사람이 그러한 가치 기준을 수용한다면 그 기준은 그 사회의 보편적인 규범이 된다는 것이다.

이러한 의무에 기초한 윤리는 규칙과 의무에 따른 행위를 강조하기 때문에 예외를 인정하지 않는 절대적인 것이다. 예를 들어, 이 접근 방법에 의하면 사람이 정직해야 하는 것은 절대적인 것이기 때문에 만약 기자가 대중의 관심을 끌기 위해 또는 정보를 얻기 위한 다른 방법이 없기 때문에 거짓말을 했다고 하더라도 그러한 행위가 정당화될 수는 없다.

하지만 많은 미디어 실무자들은 비록 이러한 절대주의가 건전한 것이기는 하지만 너무 이상주의적이어서 그들이 일상적으로 부딪치는 현실에서의 결정 과정에는 도움이 되지 못한다고 생각한다. 그렇다고 절대주의의 반대인 상대주의도 결점이 많기 때문에 비록 완전한 것은 아니더라도 그들 나름대로의 원칙이 필요하다는 것은 인정하고 있다.

② 목적에 의한 접근 방법

목적에 의한 접근 방법(teleological approach)은 어떤 행위의 옳고 그름에 대한 결과에 초점을 맞추는 것이 아니라 결정의 과정을 강조하여 최대 다수의 최대 선을 추구하는 공리주의에 기초한 것이다. 공리주의는 즐거움(pleasure)이 도덕성의 유일한 선이자 목적이라고 믿는 그리스 철학자 에피쿠루스(Epicurus)에 의해 시작되었다. 그가 말하는 즐거움이란 단조로움이나 절제로부터의 고통과 근심에서 벗어나는 것을 의미한다. 이러한 자아 중심의 공리주의는 19세기에 벤담(J. Bentham)과 밀(J. S. Mill)에 의해 소수에게는 불행일지라도 다수에게 행복을 주는 '최대 다수의 최대 행복'의 개념으로 발전한다. 이들 공리주의자에 따르면, 어떤 행위의 윤리적 판단은 행위의 결과가 아닌 행위를 하려는 의도를 알아야 한다고 주장한다.

이를 매스 커뮤니케이션에 적용했을 때, 행동하는 것보다는 말하는 것이 쉽기 때문에 미디어 실무자들은 결정 과정에서 득과 실의 균형을 맞출 수 있는 능력이 있어야 한다. 예를 들어, 어떤 기자가 기사를 쓰는 데 있어서 '국민의 알 권리'와 '국가의 비밀' 사이에서 갈등을 느낄 때, 어느 것이 '최대 다수의 최대 행복'을 줄 수 있는 것인지, 또한 이들이 사회적으로 미치는 이득과 해를 전체적으로 잘 판단하여 기사를 써야 한다.

③ 가치에 기초한 접근 방법

중용(Golden Mean)에 기초한 이 접근 방법(virtue-based approach)은 원래 아리스토텔레스로부터 나왔다. 그는 가치란 선과 악이라는 양극단 간의 중간에 위치한다고 믿었다. 그는 또한 어떤 경우에는 항상 악만 존재하는 경우가 있기 때문에 중간이 없을 수 있다는 사실도 동시에 지적하고 있다. 그러나 중용을 유지하기 위해서는 근본적으로 자신의 존재 및 행위를 하는 데 있어서 항상 도덕적인 생각을 하고 지속적으로 도덕적 품성을 쌓아가는 것이 중요하다고 강조한다.

또한, 아리스토텔레스의 중용의 개념에서는 무엇을 하는 것이 중요한 것이 아니라 어떻게 할 것인가가 더 중요하다. 중용의 예로서 미국 연방거래위원회(federal trade commission: FTC)는 담배가 국민의 건강에 해롭다는 것은 누구나 다 아는 사실이지만 담배회사도 생각해야 하기 때문에 텔레비전에서 담배 광고를 하지 못하게 금지시켰고, 또한 담뱃갑에 경고문을 부착하도록 하는 조치를 취함으로써 중용의 방법을 선택했다.

④ 권리에 기초한 접근 방법

권리에 기초한 접근 방법(right-based approach)은 프랑스의 루소(J. J. Rousseau)와 미국의 제퍼슨(T. Jefferson) 등의 주장에 근거한 것이다. 이들은 시민의 의무를 제대로 수행하기 위해서는 시민이 알아야 한다는 점을 강조했다. 따라서 미국 같은 경우에는 국민의 알 권리가 수정 헌법 제1조에 명시되었다. 하지만 미국 인디애나 대학 앨철(J. H. Altschull) 교수는 이에 대해 "무엇을 알 권리인가?"라고 반문하기도 한다.

권리를 기초로 한 접근 방법은 대개 정보에 대한 접근권(access to information)을 말한다. 즉, '국민의 알 권리'를 충족시키기 위해 입법 및 사법 기관의 정보에 접근할 수 있어야 하며, 보호를 받을 정보원에 대해서는 비밀 보장법(shield law)을 지킬 수 있어야 한다.

⑤ 평등주의에 기초한 접근 방법

평등주의에 기초한 접근 방법(egalitarian approach)은 롤스(J. Rawls)에 의해 주창된 것으로 어떠한 경제적 또는 사회적 지위나 인종 또는 정당이 부여하는 특권에 상관없이 사람에게 진정으로 가치 있는 것이 무엇인가에 따라 모든 결정이 이뤄져야 한다는 것이다. 즉, 모든 사람은 도덕적으로 차별받을 정당한 이유가 없는 이상 동등하게 대접받아야 한다는 것이다.

예를 들어, 때로는 기자와 정치인 간의 갈등으로 인해 일부 기자가 사사로운 감정으로 정치인에 대해 공격적인 경우가 있다. 하지만 이는 롤스가 주장하는 평등주의에 어긋나는 것으로 모든 정치인도 미디어에 동등하게 취급받을 권리가 있다.

(3) 미디어 실무자의 윤리적 딜레마

미디어 실무자들은 수용자들에게 필요한 정보를 제때에 전달해야 할 직업적 의무가 있는 동시에 이를 전달함으로써 사회적으로 발생할 수 있는 부정적인 영향을 최소화해야 할 의무도 동시에 갖고 있다. 또한, 경우에 따라 직업적 독립성을 유지해야 할 필요성을 알고 있으면서도 특별한 고려를 요구하는 외부 기관에 어쩔 수 없이 협조해야 하는 경우도 있다. 특히, 자신에게 미치는 경제적 및 정치적인 변수들을 고려해야 하고 모든 결정에 마감시간을 맞춰야 하는 압박을 받는 상황에서는 무엇이 올바른 윤리적 판단인지를 결정하기가 더욱 쉽지 않다. 그리고 미디어 내의 불문율도 윤리적 판단을 내리는 데 있어서 갈등의 요인으로 작용하기도 한다. 따라서 이 세상의 어느 누구도 자신의 행동의 모든 결과를 예측할 수 있는 사람은 없기 때문에 미디어에 종사하는 실무자들도 경우에 따라서는 어느 것이 옳고 그르다는 것에 대해 명확히 판단을 내릴 수 없는 경우가 많다. 이러한 경우에 실무자들은 자신의 직업에 대해 갈등을 겪으며, 이 세상에서 무엇이 옳고 그른 것인가에 대해 자신감을 잃기도 한다.

그렇다면 실무자들은 어떤 경우에 윤리적인 딜레마에 빠지게 되는가? 그들이 경험하는 윤리적 딜레마는 다음과 같이 구분하여 생각해볼 수 있다.

① 객관성 유지

만약 미디어가 객관성과 중립성을 지키지 못한다면 언론의 자유는 아무런 의미가 없다. 이런 경우의 언론의 자유는 사회에 도움을 주기보다는 오히려 해악을 끼치는 경우가 더 많을 것이다. 따라서 미디어에 종사하는 모든 사람은 무엇보다도 객관성과 중립성을 지키려는 사명감을 갖는 것이 매우 중요하다.

하지만 실제로는 미디어의 실무자들이 객관성과 중립성을 유지하려고 노력하면 할수록 수용자로부터 자신이 덜 인식되는 경우가 많다. 즉, 수용자들은 단순히 객관적이고 중립적인 정보보다는 좀 더 새로운 자극적인 정보를 원하기 때문에 그들이 대학에서 배운 순수한 동기와 사고방식만으로 세상일에 대해 판단하면 할수록 자신이 수용자들의 관심에서 멀어지는 것을 느끼는 경우가 있다. 따라서 이런 경우, 기자는 자신이 올바르다고 생각하는 윤리적 판단에 따를 것인가 아니면 수용자가 원하는 방향에 맞출 것인가에 대한 딜레마에 빠지게 된다.

② 공정성 유지와 편견 배제

한편, 객관성이 공정성과 항상 일치하는 것은 아니다. 예를 들어, 어떤 기자가 한 정치가의 비리에 대해 객관적으로 보도했다고 하지만 그 보도가 그 정치인에 대해 공정하게 보도했다는 보장을 할 수 없다. 따라서 기자들은 기사가 객관적이라 하더라도 그것이 공정한 것이 아닌 경우에는 딜레마에 빠지게 된다.

특히, 매스미디어는 시간과 지면이 한정되어 있기 때문에 모든 사건을 동등하게 다룰 수 없다. 그렇기 때문에 사건이 중요하다고 판단한 기사는 크게 다루지만 그렇지 못한 기사들은 작게 다루게 된다. 이때 같은 사건이라도 비록 다른 사람들에게는 덜 중요할지 모르지만 어떤 개인이나 집단에게는 매우 중요한 사건일 경우가 있다. 따라서 매스미디어는 객관적인 판단에 의해 사건의 중요도를 결정했다고 하지만 그것이 모든 사람에게 공정한 결정이 아닐 수도 있다. 예를 들어, 한때 우리나라의 텔레비전 방송사가 모두 우리나라 팀이 참가한 국제 축구 경기를 동시에 중계한 적이 있다. 물론 그러한 방송사의 결정은 당시의 정치적 압력이 있었기 때문이기도 했겠지만, 국민의 가장 큰 관심이 축구 경기라는 방송사의 객관적인 판단은 축구를 좋아하지 않는 시청자에게 시청권을 박탈하는 공정하지 못한 방송이었다.

③ 이해관계에 의한 갈등

이해관계에 의한 갈등도 미디어 종사자들의 윤리적 문제를 야기할 수 있다. 이 같은 문제는 일반적으로 금전이나 정치적 영향력과 관련되어 있다. 예를 들어, 정치부 기자가 정치가들의 영향력으로 인해 그들의 비리를 눈감아준다든지 경제부 기자가 주식에 대한 정보를 빼내 친구들에게 알려주는 행위는 미디어 종사자들이 이해관계에 의해 갈등을 겪는 경우다. 하지만 만약 그러한 사실이 알려지면 미디어 자체에 대한 신뢰성이 의심받기 때문에 미디어 종사자들은 이러한 문제에 연루되어서는 안 된다. 베일리(Charles W. Bailey)는 이러한 경우를 염두에 두고 "의심스러운 짓은 하지 말자"고 충고한다.

④ 사생활 침해

사생활 침해는 미디어에 종사하는 사람들이 관련된 가장 일반적인 윤리 문제의 하나다. 특히 연예인이나 정치가들의 사생활 침해에 대한 논의는 모호한 점이 많다. 그것은 이들이 공인(公人)이기 때문에 그들의 사생활에 대해서도 일반 수용자들이 '알 권리'가 있다는 주장에 어긋나기 때문이다. 하지만 어떠한 경우라도 미디어에 의해 일반인들의 사생활이 침해받는 일은 절대 없어야 한다. 미디어 실무자는 대중의 인기에 영합하는 정보들을 전달하기보다는 이를 자제함으로써 공중의 이익에 기여하는 것이 더 올바른 길을 선택하는 것이다.

⑤ 속임수

미디어 실무자들이 속임수를 쓴다는 것은 수용자에게 허위 정보를 전달한다거나 과장된 정보를 전달하는 경우를 말한다. 허위 정보를 전달한 대표적인 사례로는 1981년에 『워싱턴포스트(Washington Post)』지의 제넷 쿡(J. Cooke)의 경우를 들 수 있다. 그녀는 여덟 살 난 지미라는 소년이 마약에 중독되어 죽었다는 이야기를 '지미의 세계(Jimmy's World)'라는 기사로 다루어 퓰리처상을 수상했다. 그러나 실제로는 지미라는 소년이 존재하지 않았고 나중에 그것이 그녀에 의해 지어낸 이야기임이 밝혀졌다. 그 때문에 기사의 내용을 확인하지 않은 편집진은 물론이고, 퓰리처상을 수상한 『워싱턴포스트』지의 명성에도 커다란 오점을 남겼다.

또한 길거리 가판대에서 판매하는 '황색 저널리즘'이라고 불리는 신문이나 잡지들은 연예인이나 정치인의 사생활을 과장되게 표현한 기사로 수용자들을 현혹하는 경우가 많다. 거기에 나타난 기사들은 과장된 정보의 전형이라고 할 수 있다.

한편, 정보의 취재원과 기자 간에 불문율로 되어 있는 '엠바고(embargo)'나 '오프 더 레코드(off-the record)'의 약속을 어기는 사례도 미디어의 속임수에 속한다. 즉, 취재원에게는 일정 기간 보도를 보류하거나 취재원의 신변을 보장한다고 약속했음에도 불구하고 이를 어기는 행위는 미디어 실무자들이 해서는 안 될 일 중의 하나다.

⑥ 표절

미디어의 실무자가 다른 사람의 저서나 생각, 말 등을 마치 자신이 한 것처럼 정보를 전달하는 행위를 '표절'이라고 한다. 이 또한 실무자들의 윤리와 관련된 중요한 문제의 하나다. 따라서 취재원이 원하지 않는 경우를 제외하고, 다른 사람의 의견이나 생각을 정보로 전달할 때는 취재원을 확실히 밝혀야 한다.

⑦ 뇌물

우리나라의 매스미디어 분야에서도 '촌지'라는 것이 관행처럼 받아들여진 때가 있었다. 이는 취재원이 자신에 대한 정보를 제대로 전달해달라는 의미에서 전달하는 사례비의 성격이다. 하지만 그 사례비의 금액이 많을 때 그것은 사례비가 아니라 뇌물이 된다. 이때 실무자들은 이를 과감하게 뿌리칠 수 있는 용기가 필요하다. 그것은 실무자들이 단순히 사실적 정보를 전달하는 것이 아니라 그 취재원에 대한 과장된 정보를 전달하게 되는 경우가 많기 때문이다.

(4) 미디어 윤리 원칙

위에서 지적한 대로 미디어 실무자들은 많은 경우에 딜레마에 빠질 수 있다. 그럼에도 불구하고 미디어 종사자들은 다른 전문직과 마찬가지로 윤리적인 문제에 대해 올바른 판단을 내릴 수 있는 능력이 있어야 한다. 즉 생활이 복잡할수록 그들은 자신의 행위로 인해 발생할 수 있는 모든 결과를 예측할 수 있어야 하고, 또한 그 결과에 대해 책임을 져야 한다. 대부분의 경우, 미디어 실무자들은 자신의 판단에 대해 사회로부터 보호를 받는다. 하지만 그 때문에 오히려 분명하고 세심한 윤리적 원칙에 따를 필요가 있다. 그들의 결정이 모두 똑같지 않을 수도 있고, 모든 사람으로부터 지지를 받지 못할 수도 있다. 그럼에도 불구하고 그들의 판단은 윤리적으로 정당해야 한다. 즉, 비록 다른 사람들이 자신의 마지막 결정에 동의하지 않더라도 윤리적으로 원칙을 엄격히 지켰다는 말을 들을 수 있도록 해야 한다.

하지만 불행히도 미디어에 종사하는 일은 이러한 윤리적 결정 과정을 모두 준수할 만한 충분한 시간적 여유가 없는 경우가 많다. 따라서 그들의 결정을 자세히 설명해줄 수 없는 상황 속에서 수용자들은 때로 미디어 종사자들이 특정한 원칙 없이 모든 일을 결정하고 또한 일관된 결정을 내리지 못한다는 비난을 하는 경우도 있다. 이럴 때를 대비해서 실무자들은 생각할 시간이 없는 다음 위기상황에 미리 대처할 수 있도록 윤리적인 판단을 내릴 수 있는 일반적 원칙을 미리 생각해두어야 한다. 위에서도 지적했듯이, 윤리란 상황에 올바르게 대처하거나 최선의 방침을 선택하게 하게끔 하는 행동 규칙이나 도덕적 원칙을 말한다. 여기서는 미디어 실무자들에게 적용시킬 수 있는 5가지 원칙을 제시하고자 한다(Dominick, 1999).

① 중용의 원칙

중용의 원칙은 아리스토텔레스의 개념에 기초한 것이다. 즉, 아리스토텔레스는 음식을 너무 많이 먹는 것도 적게 먹는 것도 건강에 안 좋다고 지적하고 있다. 따라서 적당한 양을 먹는 것이 무엇보다 중요하다. 마찬가지로 윤리적 딜레마에 빠진 미디어 실무자들은 양극단의 한쪽을 선택하기보다는 양측의 입장을 동시에 고려하는 것이 바람직하다. 예를 들어, 여야의 정당들이 첨예하게 대립하고 있는 민감한 정치적 사항에 대해 미디어는 어느 한쪽의 입장만을 옹호하는 것이 아니라 양측의 입장을 동시에 제공해야 한다. 하지만 중용이 실무자가 양측에 대해 모호한 입장을 취하라는 것을 의미하지는 않는다. 오히려 중용을 지킨다는 것은 수용자에게 양측의 입장을 적극적으로 반영하는 동시에 중립적인 정보를 전달함으로써 수용자들 스스로 올바른 판단을 할 수 있게끔 유도해야 한다는 것이다.

② 명확한 지침

이는 칸트(I. Kant)의 절대주의적 윤리관에 근거한 것으로 한 사람에게 옳은 것은 모든 사람에게 옳다는 절대적 윤리 지침을 강조한 것이다. 그에 의하면 명확한 것은 예외가 없는 무조건적인 것을 의미한다. 즉, 그 결과가 무엇이든 간에 옳은 것은 옳은 것이라는 것이다. 따라서 그는 자신의 행위의 정당성을 위해서는 보편적으로 적용될 수 있는 규칙에 따라 행동하라고 제시하고 있다.

여기에는 개인의 양심이 큰 작용을 한다. 즉, 양심이 우리에게 무엇이 옳은가를 알려준다는 것이다. 만약 어떤 행위를 하고 나서 불편하거나 죄책감을 느낀다면 그것은 양심에 거슬리는 행위다. 따라서 명확한 지침은 양심을 점검함으로써 알 수 있다. 예를 들어, 기자가 취재할 때의 명확한 지침이란 어느 경우든 자신의 양심에 가책을 받는다면 그것은 잘못된 것이고 이를 피해야 한다는 것이다. 따라서 기사를 위한 정보를 수집할 때 기자라는 직분 이외의 다른 어떤 것도 고려해서는 안 된다.

③ 실용성의 원칙

이는 벤담(J. Bentham)과 밀(J. S. Mill)의 공리주의에 기초한 것이다. 여기서 실용성이란 다수에게 최대의 이익을 주는 것을 말한다. 그들의 기본적인 생각은 어떻게 선과 악에 대해 가장 적절한 비율로 선택할 것인가를 생각하고 선과 악에 대한 판단을 해야 한다고 주장한다. 즉, 어떻게 하면 선을 극대화하고 악을 최소화할 것인가를 묻고 있다. 예를 들어, 한 가출한 소녀가 사창가에 팔려 매춘과 마약으로 인해 죽었다고 했을 때, 이를 보도하는 것은 그 개인의 사생활에 대한 침해가 되겠지만 이를 보도함으로써 사회적으로 경종을 울릴 수 있다. 이때 미디어 실무자들은 두 가지 선택에서 갈등에 빠지게 된다. 하지만 미국의 한 신문사에서는 개인의 사생활보다는 사회에 대한 공익성이 더 중요하다고 판단했기 때문에 이를 보도한 경우가 있다.

이러한 윤리적 판단을 내리는 데 있어 공리주의자들은 첫째, 윤리적 판단을 내리는 데 영향을 미치는 모든 선과 악의 결과들을 계산하고, 둘째 가치를 극대화하고 손실을 최소화할 수 있는 방안을 선택하라고 제시한다. 따라서 칸트는 절대적인 선을 주장하는 데 비해 이들은 상대적인 선을 강조하고 있다.

④ 동등권 유지

이는 롤스(J. Rawls)의 평등주의에 기초하여 모든 사람이 사회적으로 불평등한 대우를 받지 않을 때 사회적 정의가 살 수 있다는 것이다. 어떤 면에서 동등권은 공정성과 관련이 있다. 즉, 그는 같은 점수를 받은 사람은 같은 성적을 받는 것처럼 사람들의 역할에 있어서 사회적 차별이 사라지고 사회 구성원 전체가 동등한 대접을 받을 때 모든 사회적 문제가 해결될 수 있다고 주장한다. 이는 사회에서 외면당하는 소외 계층의 사람들도 보호받을 권리가 있다는 점을 강조한다.

이 원칙은 미디어 실무자들에게도 적용될 수 있다. 즉, 모든 뉴스원은 동등한 것이다. 따라서 만약 정치가와 언론인 사이에서도 이러한 원칙이 적용될 수 있다면, 지금까지 언론인들의 냉소주의나 정치인들의 불신주의에 의해 불필요한 적대관계를 형성해온 것이 사라질 수 있을 것이다.

한편, 경제계의 사정을 잘 아는 기자가 자신의 친구에게 기업에 대한 정보를 줌으로써 이익을 주었다면 이는 그 기자가 모든 수용자에게 동등하게 정보를 전달해야 한다는 점을 어겼기 때문에 이러한 경우도 롤스가 말하는 동등권의 개념을 벗어난 것이다.

따라서 미디어 실무자들은 정보를 제공하는 사람이나 정보를 받는 사람이나 모두 동등하게 취급해야 한다.

⑤ 자결권

인간은 그 어떤 조건이나 상황 속에서도 절대적 가치를 지녔기 때문에 어떤 한 사람의 목적을 성취하기 위해 미디어 자결권이 손상되는 일은 없어야 한다.

예를 들어, 어떤 한 정치가가 자신의 정치적 반대자가 뇌물을 수수했다는 사실을 미디어에 알려 수사를 받게 되었다고 하자. 그 정치가는 이 일로 인해 정치적 이익을 얻을 수 있을 것이다. 하지만 이때 미디어가 그 정치가의 목적을 위한 수단으로 이용되었다면 이는 미디어의 자결권을 포기하는 결과를 낳게 될 것이다.

(5) 윤리적 결정의 고려사항

그렇다면 미디어 실무자는 윤리와 연관된 문제를 결정할 때 어떠한 사항들을 고려해야 하는가? 포터(Ralph Potter)는 실무자들이 자신의 의견을 정립하기까지는 상황파악(definition), 가치 확인(value), 원칙수립

(principles), 충성심(loyalties)의 4가지 사항을 고려해야 한다고 지적하고 있다(Potter, 1972).

① 상황파악

뉴스거리는 대개 제보에 의해 결정된다. 즉, 어떤 제보자가 사건에 대해 미디어에 알려오면 그 정보를 바탕으로 실무자가 직접 현장에서의 취재를 통해 기사를 작성하게 된다. 하지만 모든 제보가 진실한 것은 아니다. 따라서 실무자는 먼저 이에 대한 정확한 상황파악을 통해 제보의 진위 여부를 가려야 한다. 만약 그 제보가 허위 제보이거나 음해성 제보였음에도 불구하고 그것을 그대로 수용자들에게 전달한다면 그에 대한 책임은 미디어가 감당해야 할 몫이다. 따라서 아무리 진실해 보이는 제보라 하더라도 그 정보가 수용자에게 전달되었을 때 피해를 보게 될 당사자의 입장도 파악하는 것이 실무자로서 우선시해야 할 작업이다.

② 가치 확인

첫 번째는 그 문제에 어떠한 가치가 있는가를 파악하는 일이다. 이때 고려해야 할 사항으로는 우선 공중의 안전을 고려해야 한다. 만약 어떤 사건이 공중의 안전을 해칠 우려가 있는 일이라면 미디어로서는 우선적으로 그 문제를 다룰 필요가 있다. 두 번째는 그 정보의 신뢰성이다. 허위 정보나 음해 정보는 미디어 자체의 신뢰성을 손상할 수 있다. 따라서 정보의 뉴스로서 가치를 우선적으로 판단하고, 또한 그 정보의 신뢰성을 확인해야 한다.

③ 원칙수립

여기서 말하는 원칙이란 앞에서 설명한 실무자로서 지켜야 할 원칙들을 말한다. 이때 가장 우선시해야 할 원칙은 미디어 자신의 자결권을 지키는 것이다. 즉, 정보가 얼마나 값진 것이든 간에 미디어는 어떤 개인의 목적을 성취하기 위한 수단으로 이용되어서는 안 된다. 실용주의적 사고도 실무자가 갖춰야 할 자세의 하나다. 즉, 개인의 사생활은 최대한 보장해주면서 공중을 위해 알려야 할 것은 알려야 한다.

④ 충성심

미디어 실무자들은 수용자들에게 정보를 전달하는 데 있어서 객관성과 공정성을 잃고 어느 한편에 치우치다 보면 때로는 너무 감정적으로 사건을 바라보는 경우가 있다. 또한 텔레비전이나 라디오 프로그램 같은 경우에는 주요 시간대가 있고, 신문이나 잡지의 경우에도 중요한 사건이나 기사가 실리는 곳이 있다. 이런 시간과 장소를 만드는 실무자들은 자신이 속한 미디어에 대해 이익을 남기기 위해 시청률이나 판매 부수를 올려야 하는 의무감을 느끼게 된다. 하지만 실무자들이 이러한 시청률이나 판매 부수에 신경을 쓰다 보면 자신도 모르게 대중의 인기에 영합하기 위해 지나치게 경쟁하게 되는 경우가 있다. 한편으로는 실무자들의 이러한 태도가 자신이 속한 조직에 대한 충성심의 발로라고 할 수 있지만, 만약 그러한 태도가 수용자에게 피해를 준다면 결코 바람직한 태도라 할 수 없다.

우리나라에서도 한때 '몰래카메라'를 통해 사람들에게 흥미를 유발하고 시청률을 올린 프로그램들이 유행한 적이 있다. 이렇듯 몰래카메라를 설치하여 사람들의 당황하는 모습을 담는 것은 일면 흥미를 유발할 수 있는 장점이 있지만, 또 다른 한편으로는 그 사람에 대한 모독일 수도 있다. 따라서 미국에서는 한 고발 프로그램에서 몰래카메라로 슈퍼마켓의 종업원과의 인터뷰를 방영했다가 재판에서 패배한 적도 있다(김학철·김병길·김동규, 2001).

2. 매스 커뮤니케이션과 스포츠 비즈니스

신문의 스포츠면 증가, 라디오와 TV의 프로그램 요인화된 스포츠 중계방송, 스포츠 전문 잡지의 다양화 등은 스포츠와 매스미디어의 관계를 불가분의 공생관계로 만들며 공시행위의 중요한 자료가 되고 있다. 매스미디어를 통해 스포츠 기사, 중계방송을 소비하는 행위는 이제 하나의 문화적 틀로서, 커뮤니케이션 행위의 일부분으로 파악되고 있다(송해룡·최동철, 1999)

1) 매스 커뮤니케이션의 특성

매스 커뮤니케이션이 대인 커뮤니케이션이나 집단 커뮤니케이션, 조직 커뮤니케이션 등과 다른 가장 두드러진 특성은 매스미디어를 이용한다는 점이다. 따라서 매스 커뮤니케이션을 올바로 이해하기 위해서는 먼저 매스미디어의 특성을 구체적으로 살펴볼 필요가 있다.

첫째, 전달의 대량성 또는 대중성이다. 매스미디어는 다수에게 대량으로 정보를 전달할 수 있다.

둘째, 내용의 다양성이다. 매스 커뮤니케이션의 수용자들은 다양한 사회계층으로 구성되어 있기 때문에 필연적으로 그 내용이 다양해야 한다. 신문이 정치, 경제, 사회, 문화, 스포츠 면 등으로 구성되고 텔레비전의 프로그램이 보도, 교양, 오락, 스포츠 등으로 편성되는 이유는 다양한 사회계층의 요구에 부응하려는 시도라 할 수 있다.

셋째, 전달의 신속성이다. 매스미디어는 신속한 전달, 신속한 정보 제공의 서비스를 하고 있다. 특히 전파매체의 경우 즉각적으로 메시지를 다수에게 동시에 전달할 수 있어 그 영향력을 확대시키고 있다.

넷째, 공공성(공익성)을 중시한다. 매스미디어는 다수 대중을 대상으로 하기 때문에 특정 개인의 이익보다는 다수의 이익을 중시해야 한다. 특히 공공재인 전파를 사용하는 방송매체의 경우 공익성이 더욱 강조된다.

이러한 매스미디어를 이용한 매스 커뮤니케이션은 여타 커뮤니케이션과는 달리 다음과 같은 특성을 가지고 있다.

첫째, 수신자와 수용자의 성격과 역할구분이 분명하다. 즉, 매스 커뮤니케이션에 있어서 수신자는 다양한 정보를 대규모로 수많은 대중에게 전달해야 하기 때문에 개인이라기보다는 상당한 전문적 기술과 지식을 가지고 있는 조직화된 전문 집단이라고 할 수 있다.

이에 비해 수용자는 메시지를 수신할 수 있는 특정 장비를 갖추고 있거나 메시지를 해독할 수 있는 사람은 누구나 매스 커뮤니케이션의 수용자가 된다. 그렇기 때문에 매스 커뮤니케이션의 수용자는 수신자와는 달리 조직화되어 있지 않은 보편적 다수라 할 수 있다.

둘째, 매스 커뮤니케이션은 메시지 전달에 있어 시간과 공간의 장벽을 극복한다. 매스 커뮤니케이션의 대표적인 기술인 인쇄술과 방송기술은 정보의 생산과 배포의 시간을 단축시켜 원하는 지역으로 동시에 동일한 메시지를 전달할 수 있게 만들었다.

셋째, 메시지 전달의 공개성이다. 매스 커뮤니케이션은 다수 대중에게 메시지를 전달하고 이들이 균등하게 메시지를 수용할 수 있어야 하기 때문에 메시지 전달에 있어서 공개적이어야 한다. 예를 들어 방송에 출연하여 개인적인 이야기를 할 때 이것이 공개되는 것은 당연하다고 할 수 있다.

넷째, 매스 커뮤니케이션의 메시지는 보편성과 다양성을 갖고 있다. 매스 커뮤니케이션에서 메시지를 수용하는 수용자는 이질적이며, 익명적이고, 상호작용이 결핍되어 있는 다수의 사람들이기 때문에 이들에게 메시지를 전달하기 위해서는 이들의 공통된 관심을 불러일으킬 수 있는 내용을 담아야 하며, 이에 맞는 형태로 메시지를 구성하게 된다(이재학·권기남·이종석, 2005).

2) 매스 커뮤니케이션과 스포츠의 관계

매스미디어와 스포츠는 서로 역동적이면서도 순환적인 관계를 갖는다. 매스미디어를 통한 스포츠 보도는 스포츠 행위를 사회적 커뮤니케이션의 커다란 부분으로 변화시켰으며, 특별한 사회적 위상을 갖도록 유도하고 있다. 스포츠뉴스가 중요한 미디어 정보라는 사실과 우리나라에서 TV를 통한 스포츠 중계방송이 높은 시청률을 보이는 것은 매스미디어에 있어서 스포츠에 관한 논쟁이 사회적으로 의식된 책임이 수반되는 커뮤니케이션학의 새로운 영역으로 편입돼야 한다는 논제로 연결된다.

매스미디어를 통한 스포츠 보도의 역사는 바로 사회사의 한 부분으로, 사회발달사와 분리되어 연구될 수 없다. 스포츠 보도의 증가는 대중 매스미디어의 보급률 확산 및 커뮤니케이션 과정의 상업화와 불가분의 관계에 놓여 있다.

스포츠는 여가선용이나 체력단련이라는 단순한 목적을 떠나 개인적인 부의 추구, 민족적 우월성 추구, 국민적 동질성 확립 같은 준거틀에 목적성을 두게 됨으로써 스포츠 행위의 가치위상을 변화시키는 결정적인 동인으로 작용하고 있다. 이러한 일련의 사실과 맥을 같이 하여 현대 산업사회에서 스포츠는 단순한 유희나 오락이 아닌 경제행위의 한 부분으로 상업화되고 있다.

스포츠이벤트는 사회 시스템에 따라 여러 가지 집합적 목적에 이바지하지만, 스포츠산업의 일부분으로서 경제영역에 편입되어 스포츠를 물적(物的) 성격을 갖는 사회행위로 정착시키고 있다. 텔레비전과 신문, 인터넷은 스포츠이벤트의 중개구성물이며 간접적인 지원 조직으로서 필수적인 모습을 갖는다. 스포츠이벤트는 이제 국내적·초국가적인 차원에서 이뤄지는 범세계적인 현상으로 정착되고 있다. 그 토대를 분석해보면 다음과 같다.

① 고능률 스포츠의 직업화와 전체 스포츠의 기능 학문화로서 전문화
② 스포츠이벤트와 사회 스포츠를 외교정책 및 사회정책의 수단으로 이용하려는 과정으로서 도구화
③ 비상업적인 영역을 경제적인 이해관계로 이식시키는 과정으로서 상업화
④ 테크놀로지 발달의 결과로서 커뮤니케이션 과정의 국제화

⑤ 기술 발달과 개혁의 이데올로기적 반영으로서 시청각화 및 변화하는 커뮤니케이션 구조와 가치 개념의 변화

위의 현상들의 인과율적인 관계를 형성하지는 않지만, 서로 간에 다양한 상관관계적 모습을 표출시킨다. 스포츠는 더 이상 개별적인 운동선수의 행위가 아니라 기계기술적으로 배경화되고, 경제적으로는 비즈니스화된 제도로서 한 시스템의 목적대상체 그 자체가 되었다. 다시 말해 스포츠는 스스로의 행위 의지에 의해 운영되는 것이 아니라 사업적 이해관계에 의해 각색되며, 경제의 일부분이라는 연결선상에 놓여 있다. 이것은 스포츠의 경제행위적 이해관계를 역사적 관점에서뿐만 아니라 시스템론적으로 보아야 하며, 스포츠를 경제·사회질서의 한 부분으로 파악해야 한다는 것을 의미한다.

스포츠를 경제·질서적 측면에서 분석토록 하는 요인은 기술적인 변화와 사회커뮤니케이션 구조의 변동에서 찾을 수 있다.

사회커뮤니케이션 구조는 교통수단의 발달과 팽창, 특히 위성과 항공기술의 발달에 의해 급격히 변화되었고, 이러한 커뮤니케이션 구조의 변화가 바로 스포츠의 이벤트화 또는 비즈니스화를 가능케 한 것이다.

스포츠는 세계의 어느 곳에서라도 개최되는 국제적 사회현상이 되었지만, 이윤 추구가 가능한 대도시에서만 이뤄지는 특징적인 모습을 나타낸다. 스포츠 행위는 이제 중요한 커뮤니케이션 행위로 포장되어 물적 성격을 갖는 상품가치로 변화했다. 이러한 논리에 대한 범례는 올림픽 경기, 월드컵 축구대회, 윔블던 테니스대회같이 거대하고 국제적인 스포츠이벤트에서 찾아볼 수 있다.

국제적으로 대형화된 스포츠경기는 곧바로 신문사, 방송국, 전문 스포츠 잡지, 인터넷으로 하여금 광고 수입을 증대시키는 계기가 되며, 텔레비전의 경우에는 시청률을 높이는 매개물로 작용하고 있다(송해룡, 1993).

매스미디어와 스포츠는 앞으로도 밀접한 관계를 지속할 것이다. 디지털 기술의 발달에 따라 다채널 시대가 되면서 스포츠는 더욱 각광받고 있다. 이에 발맞춰 스포츠는 높은 수준의 품질을 지니고 있어야 한다. 스포츠의 품질이 높아지면, 가격(방송권료)도 높아지게 되고 수지를 맞추기 위해서는 더 많은 사람들이 시청할 수 있도록 해야 한다. 스포츠 프로그램에 대한 관심을 높이기 위해서는 스포츠 자체의 매력이나 재미만으로는 부족하다. 스포츠 프로그램을 예쁘게 장식할 수 있는 액세서리가 필요하다. 다만, 지나친 액세서리는 경계해야 한다. 스포츠 환경은 빠르고 폭넓게 변화하고 있으며 올림픽과 월드컵이 지니고 있는 특징, 즉 스포츠 비즈니스를 빼면 오늘날의 스포츠는 성립할 수 없다. 사람들의 여가시간이 증가함에 따라 스포츠는 생활에 더 많은 윤택함을 가져다줄 것이므로 스포츠에 대한 비즈니스적 접근과 스포츠의 산업화가 더욱 절실하게 요구되는 시점이다.

3. 매스 커뮤니케이션과 스포츠 그리고 사회

스포츠의 방송 중계는 경기장에서 팬들이 환호하며, 심판이 이 경기규칙을 준수하도록 하고, 감독의 전략에 의해 불꽃 튀는 시합을 만들어내는 스포츠 스타들의 호화로운 구경거리를 제공한다.

안방에서 시청하는 팬들은 선수들의 행동에 초점을 맞춘 텔레비전 카메라에 의해 경기를 이해하며 도움을 받는다. 신문의 스포츠 면은 종종 방송되는 경기의 중요성을 보도한다. 스포츠신문은 여러 가지 방법으로 세상의 사소한 사건과 스포츠 선수들을 배열하여 상당한 억측이 게재되는 가십을 제공한다. 이러한 일들은 스포츠 세계와 그 스포츠 스타의 중요성을 배우는 첫 번째 대상체로서 사회화의 과정이다.

1) 스포츠 미디어에 대한 사회화

스포츠 사회학자들은 대부분의 사람들이 텔레비전을 통해 스포츠와 관련된 내용을 시청한다는 데 동의하고 있다. 텔레비전 스포츠 중계를 시청하는 사람은 라디오를 통해 경기를 청취하고, 스포츠 잡지와 신문, 인터넷의 스포츠 면에서 스포츠 스타와 경기에 관한 것을 읽는다. 이러한 커뮤니케이션 형태는 우리 사회의 공유된 스포츠 문화를 토대로 한다.

매스 커뮤니케이션의 형태를 띠며 고도로 산업화된 스포츠 문화는 사회화, 개인 간 커뮤니케이션, 가치형성, 인종과 성의 평가, 그리고 정치력과 경제력의 조화와 관련된 무수한 이슈들과 관계가 있다. 스포츠 팬이든 아니든 간에 모든 사람은 스포츠 문화와 연관된 커뮤니케이션으로부터 다소 영향을 받는다. 스포츠 미디어 문화는 피할 수 없는 현실이고, 모든 사람의 삶의 일부분이 되었다.

따라서 스포츠 커뮤니케이션 자체는 다른 커뮤니케이션 연구분야와 자연적인 연관성을 가지며, 유일한 연구영역으로 더욱 발전될 수 있다. 다른 사회과학 분야에서 왜 사람들이 스포츠에 참여하는지, 그리고 이러한 참여에 내재된 가치가 무엇인지에 대한 몇 가지 기본적인 법칙을 잘 관찰해야 한다.

2) 스포츠 미디어와 스포츠 역할

세이지(Sage)는 다양한 사회과학 분야로부터 가장 보편적으로 확인된 스포츠의 역할을 요약했다. 세이지는 "왜 사람들이 스포츠를 하는가?"라는 질문에 대한 대답을 7가지 범주로 분류했다. 즉 본능, 인식계발, 숙달, 사회통합, 사회화, 사회통제, 개인적인 표현이다.

(1) 본능

스포츠에 대한 본능은 일찍부터 시작되었고 스포츠 같은 신체적 활동에 쓰이는 물질적 에너지와 의자에서 편히 휴식을 취하며 시청하는 텔레비전을 통한 스포츠경기 관람은 소비된 에너지를 보강하기 위한 하나의 본능적인 에너지 유형을 제공한다.

(2) 인식계발

스포츠의 계발과 인식의 기능에 대한 초점은 피아제(Piaget), 미드(Mead), 브루너(Bruner) 등에 의해 시작되었다. 경기를 하는 것은 어린이들이 배우고 학습하고, 그리고 훗날 창조적인 문제를 해결하는 데 도움을 줄 수 있는 인식을 계발하는 방법이다.

그리고 스포츠 미디어는 성인을 대상으로 광고를 방송할 때 이 메시지를 소비하는 어린이들이 보기에 따라서는 성인화될 수 있는데,

"아이들이 스포츠 미디어로부터 배우는 것이 무엇이고, 자극을 받고 지체되는 경향이 있는 인식력은 무엇인가?"라는 물음은 특별한 연구 가치가 있다.

(3) 숙달

스포츠경기에 대한 능동적인 참여는 스포츠 미디어의 경험으로 전이되면서 숙달의 다양성이 변화된다. 사람들은 스포츠 활동에 참여함으로써 숙달과 활동의 질을 극적으로 변화시킨다. 스포츠 팬은 스포츠 미디어 문화를 마스터하고 더 큰 문화적 힘을 사회에서 상대적으로 상승된 위상으로 인정한다.

(4) 사회통합

사회통합 기능을 제공하는 스포츠는 광범위한 관점에서 조명된다. 스포츠는 팀에 대한 집단 멤버십을 통해 규범적인 사회통합을 장려한다. 그리고 공유되는 상징적인 의미는 규칙을 따르면서 스포츠경기를 하는 데 필요하다.

또한, 사회통합은 사회의 가치를 반영하는 일반적인 상식적 토대 위에서 스포츠와 제휴한 의식과 관습에 의해 일어난다. 코젠스(Cozens)와 스텀프(Stumpf)는 "그러한 습관은 다른 계층과 제휴하여 친밀감을 증대시키고 계층을 뛰어넘는 이해를 촉진함에 따라 스포츠 관중 정신을 존재하게 한다"고 말한다. 다시 말해 스포츠 미디어의 관점에서 사회통합의 과정은 규칙이 변화하면서 행해진다고 할 수 있다.

(5) 사회화

스포츠의 사회화 기능은 앞에서 언급한 다른 기능들을 배경으로 삼고 있다. 사회적인 가치, 규범, 행동의 내재화와 학습에 기초한다. 사회과학연구는 대부분 스포츠팀의 멤버십이라는 환경에서 사회화를 보는데, 세이지(Sage)는 "스포츠 사회학에서 강조된 가치들은 용기, 자기 훈련, 리더십, 협동, 충성심 그리고 정직의 특성을 쌓는 것"이라고 했다.

(6) 사회통제

사회통제의 기구로 작용한다는 스포츠의 개념은 많은 이론적 틀에서 기원하는데, 정치문제로부터 일반대중의 시선을 다른 곳으로 돌리는 마약으로서 역할을 한다는 마르크스주의자들의 주장을 들 수 있다. 예를 들어 호흐(Hoch)는 유물론적 자본주의의 표현으로서 "스포츠는 국민으로부터 그들의 창조성과 결정하는 힘을 빼앗고 소비와 오락의 감각을 촉진시킨다"고 주장했다.

그러나 사람이 스포츠를 일종의 마약으로 생각하든지 않든지 간에 그것은 각자의 비판적인 입장에 달려 있다. 스포츠 미디어는 단순히 즐겁게 소비되기 위해 디자인된 것뿐만 아니라 생산물의 소비를 증진시키는 메시지를 운반하는 매개물로서의 역할을 한다. 따라서 통제가 있는지의 여부는 모든 사람의 판단에 달려 있다.

(7) 개인적인 표현

스포츠 행위에 참여하는 것은 스포츠가 제공하는 즐거움 때문이고, 사람들은 즐거워하고 만족하고 성취하는 존재론적 차원에서 스포츠를 한다.

잉햄(Ingham)과 로이(Loy)에 의하면 스포츠는 사교성과 즐거움을 제공한다고 했다. 개인적인 수준에서 스포츠 미디어의 소비자는 그들 스스로 많은 즐거움을 갖는다. 중계방송 되는 경기는 소집단 또는 개인에 의해 맛볼 수 있는 유쾌한 사건이다. 스포츠 미디어 관람과 연계하여 돈과 동기를 무시하는 스포츠 미디어 팬들은 만족스런 고객이다.

3) 스포츠 커뮤니케이션의 구조

커뮤니케이션의 상호 교환적 관점에서 스포츠 커뮤니케이션의 하부구조는 3가지 분야로 나눌 수 있는데, 그것은 스포츠 조직체, 미디어 조직체, 스포츠기자다.

(1) 스포츠 조직체

스포츠 조직체들은 대부분 미디어와 관련되어 있다. 미국의 프로팀은 미디어 조직체와 관련된 MLB, NBA, NHL, NFL 같은 연맹들에 의해 재정지원을 받고 운용된다. 대학팀은 과거 NCAA가 소속 선수팀에 대한 유일한 전국 방송권의 대행자가 됨으로써 막강한 영향력을 가지고 있었다. 이러한 관례는 1984년에 시장에서 거래를 금하고 경쟁을 제한한다는 대법원의 판결에 의해 소멸되면서 개개의 대학으로 이러한 권리가 양도되었지만, 아직도 NCAA는 미디어에 관련된 대학 스포츠의 많은 부분을 통제한다.

(2) 미디어 조직체

스포츠 조직체들과 마찬가지로 미디어 조직체들은 갖가지 특성이 있다. 미디어 조직체들은 스포츠 프로그램이 시장적 측면에서 중요하기 때문에 주말 방송 프로그램에서 만연하고, 방송국이 질 좋은 스포츠 이미지를 갖도록 하기 위해 프로그램 편성을 보강하고 있다. ESPN은 거의 24시간 유선방송을 시청하는 시청자에게 스포츠 프로그램을 내보낸다. 현재 경기뿐만 아니라 어떤 것은 하이라이트 프로그램, 최신 정보, 그날 스포츠뉴스의 토론, 과거의 재방송 경기 등은 청중의 흥미를 끌어모으기 위한 프로그램 구성이라 할 수 있다.

상품으로서 스포츠의 주요 장점 중 하나는 그것이 무한히 소비할 수 있는 매개물이라는 것이다. 인쇄미디어의 스포츠 면은 칼럼니스트들의 통찰력을 제공하고, 팀과 코치와 선수들에게 초점을 맞추어 장래에 일어날 수 있는 사건들을 예견한다. 스포츠 잡지는 스포츠팬을 더욱 세분화시키고, 특집 기사는 시대의 한계가 없고 장래에 일어나는 사건보다는 이미 시합이 이뤄졌던 팀 또는 개인들을 거슬러 올라가는 경향이 있다.

스포츠 조직과 미디어 조직 사이에서의 경제적인 공생관계는 스포츠 중계라는 큰 시장을 창출했다. 그리고 스포츠 시장은 스포츠기자의 작업에 의존한다.

(3) 스포츠기자

스포츠기자의 직업윤리는 뉴스를 정확하고 올바르게 청중에게 알리는 것이다. 스포츠기자는 실제적인 리포팅을 요구하는 미디어 조직을 위해 팀과 선수, 코치 등 그 밖의 사람들과 좋은 관계를 유지해야 한다. 또한, 스포츠 조직은 홈팀에 대한 부정적인 보도를 두려워하기 때문에 스포츠기자나 아나운서와 협상을 하기도 한다. 스포츠기자들에게 직접 또는 간접적으로 촌지를 주는 것은 이러한 영향력으로 생겨난 결과로, 스포츠기자들은 윤리와 이익에 대한 갈등에 대립하게 된다.

　스포츠는 이상화된 현실구조, 즉 자본주의적 현실주의 형태를 명백히 보여준다. 스포츠는 중요한 사회적 변증행위를 미디어화하고, 이것을 동일한 사회구조에 침투시키는 사회화 과정을 제공한다. 이와 같은 추앙은 변형화되었고, 미디어 생산품을 발전시키는 스포츠로 더욱 대중화되었다. 이것은 대체로 시장을 위한 생산품으로 정의되고, 시장을 위해 준비된 생산품으로서 스포츠 미디어의 하부구조를 구성하는 요인들 사이의 관계를 필요에 의해 부추기는 변증적인 것이다(송해룡, 1993).

:: 참고문헌

강효민 · 남재화(2006). 『스포츠 미디어와 미디어 스포츠』. 서울: 대한미디어.

강한섭(1991. 11). "비디오 때문에 터지는 분통".

고광헌(1988). 『스포츠와 정치』. 서울: 푸른나무.

김경용(1994). 『기호학이란 무엇인가』. 서울: 민음사.

김용원(1988. 7. 16). "서울 '방송올림픽' 개막". 서울신문사.

김윤식 · 엄정국 · 한경호(1999). 『컴퓨터 PC 통신』. 서울: 21세기사.

김은정 · 이선재(2002). "의류점포의 대고객 관계마케팅에 관한 연구". 『한국
의류학회지』, 제25권 6호, 1079-1090.

김정기(1981). 『새 PR론』. 서울: 탐구당.

김태욱(2009). 『똑똑한 홍보팀을 만드는 실전 홍보세미나』. 서울: 커뮤니케
이션북스.

김학철 · 김병길 · 김동규(2001). 『현대미디어의 이해』. 서울: 건국대학교 출판
부.

김인숙 · 남유선(2016). 『4차 산업혁명, 새로운 미래의 물결』. 수원: 호이테북스.

미래창조과학부(2017. 4. 27). "5G를 미리 만나는 법, 2018 평창동계올림픽
미리보기!"

배규한 · 류춘렬 · 이창현(1998). 『매스미디어와 정보사회』. 서울: 국민대학교
　　출판부.

송해룡(1993). 『스포츠 커뮤니케이션론』. 서울: 도서출판 전예원.

송해룡 · 최동철(1999). 『미디어 스포츠와 스포츠 커뮤니케이션』. 서울: 커뮤
　　니케이션북스.

신호창(1997). "행정홍보의 특성과 과제에 관한 고찰". 『홍보학연구』, 1,
　　107-110.

스포츠경향(2017. 3. 28). "SKT는 야구 · KT는 올림픽… 이통사 5G 경쟁 '스
　　포츠가 격전장'". 조진호 기자.

스포츠월드(2013. 3. 3). "LA다저스, 한국어 라디오 중계방송 추진".

유재천 · 한진만 · 강명현 · 김경희 · 박승현 · 박용규 · 안정임 · 윤태일 · 전규찬 ·
　　정윤식 · 조정열(2004). 『매스커뮤니케이션의 이해』. 서울: 커뮤니케이
　　션북스.

윤양수(2014). "미래첨단 ICT 융합 스포츠 신산업 창출". 미래첨단 ICT 융합
　　창조경제 활성화 세미나, 대구광역시, 대구테크노파크, 한국전자통신연
　　구원, DGDC, 3D융합기술지원센터, 계명대학교.

윤정길(2000). 『관리와 PR』. 서울: 대영문화사.

이종혁(2006). 『PR 프로젝트 기획』. 서울: 커뮤니케이션북스.

이재학 · 권기남 · 이종석(2005). 『매스커뮤니케이션론』. 서울: 선학사.

원우현(1991). "선거에 있어서 방송의 역할과 원칙". 『방송 91』, 방송위원회.

위키백과(2013. 1. 2). "LG전자".

전석호(2006). 『미디어경제와 문화』. 서울: 커뮤니케이션북스.

전자신문(2017. 6. 1). "U-20월드컵 VR중계 시청자 수 평균 2만 명 넘어". 최
　　재필 기자.

조계현(2005). 『PR 실전론』. 서울: 커뮤니케이션북스.

차배근(1976).『커뮤니케이션학 이론』. 서울: 세명사.

최양수·김태용·김유정·조수선·김예란·이시훈·안주아·김영주·이화진·
정재민·이재현·최현철·최승범·김주환·김효동·김광재·박한우·박
웅기(2006).『디지털시대의 미디어 이용: 21세기 신인류의 미디어 백
서』. 서울: 커뮤니케이션북스.

최양호(2006).『이미지PR』. 서울: 커뮤니케이션북스.

최윤희(2007).『PR의 평가와 연구』. 서울: 커뮤니케이션북스.

한진만(1982). "TV폭력 측정방법에 관한 연구 및 실험적 사례". 미간행 석사
학위 논문. 고려대학교 대학원.

YTN(2005. 1. 28). "배드민턴, 랠리포인트 방식 도입 추진".

Bagardus, E. S. (1952). "Measuring social distances". In Thomas, K. (eds.),
attitudes and behavior. London: Penguin Book Ltd.

Berry, L. L. (1995). "Relationship marketing of services growing interest,
emerging perspectives". *Journal of the Academy of Marketing Science*, 23(4),
236-245.

Blumer, H. (1939). "Collective behaviour". In Park, R. E. (eds.), *an outline of
the principles of sociology*. New York: Barnes and Noble.

Burnett, K. (1992). *Relationship fundraising*. London: White Lion Press.

Cutlip, S. M. & Center, A. H. (1978). *Effective public relations*(5th edn),
Englewood Cliffs, NJ: Prentice Hall Inc.

Davis, S. C. & Gilman, A. D. (2002). "Communications coordination". *Risk
Management*, 49(8), 38-44.

Eells, R. & Walton, C. (1961). *Conceptual foundations of business*. Homewood,
Ⅲ.

Fang, I. (1997). *A history of mass communication: six information revolutions*. Boston: Focal Press.

Festinger, L. (1957). *The theory of cognitive dissonance*. Stanford California: Stanford University.

Frankena, W. K. (1973). *Ethics*. New York: Prentice-Hall.

Gaffney, T. (1996). "Advanced techniques of donor recognition". *Journal of Nonprofit and Voluntary Sector Marketing*, 1(1), 41-49.

Gruber, W. & Hoewing, R. (1980). "The new management in corporate public affairs". *Public Affairs Review*, 1, 13-23.

Grunig, J. E. (1993). "Image and substance: from symbolic to behavioral relationships". *Public Relations Review*, 19, 121-139.

Grunig, J. E. & Hunt, T. (1984). *Managing public relations*. New York: Holt, Rinehart, and Winston.

Harlow, R. F. (1942). *Public relations in war and peace*. New York: Harper & Row Publisher.

Hovland, C. I. (1954). "Effect of the mass media of communication". In G. Lindzey, G. (eds.), *Handbook of Social Psychology*. Cambridge, MA: Addison-Wesley.

Irwin, R., Sutton, W. & McCarthy, L. (2002). "Evaluating New Zealand sports stars as celebrity endorsers: intriguing results". *Proceedings of ANZMAC Conference*, University of South Australia, Adelaide, December, 122-129.

Kotler, P. (2000). *Marketing Management*. NJ: Prentice hall, Inc.

Lerbinger, O. (1965). "The social function of public relation". In Lerbinger, O. & Sullivan, A. (eds.), *Information, Influence and Communication*, New York: Basic Book Inc.

Lerbinger, O. (1997). *The crisis manager: facing risk and responsibility*. Machwah, NJ: Lawrence Erlbaum Associates.

Marston, J. E. (1979). *Modern public relations*. New York: McGraw-Hill.

McGuire, W. J. (1968). "Personality and attitude change: an information processing theory". In A. G. Greenward, T. C. Ostrom, T. M. (eds.), *psychological foundations of attitudes*. San Diego, CA: Academic Press.

McGuire, W. J. (1968). "Personality and susceptibility to social influence". In E. F. Borgatta & W. W. Lambert (eds.), *Handbook of personality theory and research*. Chicago: Rand McNally.

Moore, H. F. & Canfield, B. R. (1977). *Public relations*. Home Wood: Richard D, Irwin.

NCAA(National Collegiate Athletic Association)(2004). "Government relations". Retrieved November 1. 2004, from www1.ncaa.org/eprise/main/Public/hr/about.html.

Paul, A. A. & Janis, F. (2006). 이승봉 역. 『기업홍보의 힘』. 서울: 커뮤니케이션북스.

Pavlik, J. V. (1987). *Public relations: what research tell us*. Vol, 6. Newbury Park, CA: Sage Publications Inc.

Plous, S. (1993). *The psychology of judgment and decision marking*. New York: McGraw-Hill.

Potter, R. (1972). *The logic moral argument*. Boston: Boston University Press.

Sargeant, A. (2001). "Relationship fundraising: how to keep donors loyal". *Nonprofit Management & Leadership*, 12(2), 177-192.

Schramm, W. D. (1976). "How communication works". In Wilbur, D. Schramm. & Donald, F. Roberts (eds.), *the process and effects of mass communications*. IL: University of Illinois Press.

Slaon, W. D., Carter, W. G. & Stovall, J. G. (1996). *Mass communication on the information age*. Alabama: Vision Press.

Smith, H. J. (2003). "The shareholders vs. stakeholders debate". *MIT Sloan Management Review*, 44(4), 85-90.

Stier, W. (1994). *Successful sport fund-raising*. Dubuque, LA: Brown.

Stier, W. & Schneider, R. (1999). "Fundraising: an essential competency for the sport manager in the 21st century". *The Mid-Atlantic Journal of Business*, 35, 93-104.

Stoldt, G. C., Dittmore, S. W. & Branvold, S. E. (2006). *Sport public relations*. IL: Human Kinetics Publishers.

Stoldt, G. C., Miller, L. K., Ayres, T. D. & Comfort, P. G. (2000). "Crisis management planning: a necessity for sport managers". *International Journal of Sport Management*, 1, 253-266.

Timm, P. R. (2001). *Seven power strategies for building customer loyalty*. New York: Amacom.

Weir, L. & Hibbert, S. (2000). "Building donor relationships: an investigation into the use of relationship and database marketing by charity fundraisers". *The Service Industries Journal*, 20(2), 114-132.

Wenner, L. (1998). 『미디어스포츠』. 송해룡(2004). (1998). 서울: 커뮤니케이션북스.

Wimmer, R. D. & Dominick, J. R. (1999). *Mass media research*. Michael Rosenberg. New York: Wadsworth Cengage Learning.

Zajonc, R. B. (1968). Attitudinal effects of mere exposure. *Journal of Personality and Social Psychology Monograph Supplement*, 9, 1-27.

Zeithaml, V. A. & Bitner, M. J. (1997). *Services marketing*. New York: McGraw Hill.

:: 찾아보기